GENGHIS KHAN

成吉思汗传

【详注版】

[前苏联] 符拉基米尔佐夫（著）
郭廷春　蔡传亮（译注）

中国长安出版社

图书在版编目（CIP）数据

成吉思汗传：详注版 / (苏) 符拉基米尔佐夫著；郭廷春, 蔡传亮译注. -- 北京：中国长安出版社, 2015.6

ISBN 978-7-5107-0933-3

Ⅰ. ①成… Ⅱ. ①符… ②郭… ③蔡… Ⅲ. ①成吉思汗（1162~1227）-传记 Ⅳ. ①K827=47

中国版本图书馆CIP数据核字(2015)第135230号

成吉思汗传：详注版

[前苏联] 符拉基米尔佐夫（著）
郭廷春，蔡传亮（译注）

出版：中国长安出版社
社址：北京市东城区北池子大街14号（100006）
网址：http://www.ccapress.com
邮箱：capress@163.com
发行：中国长安出版社
电话：（010）85099947 85099948
印刷：重庆市大正印务有限公司
开本：787mm×1092mm 16开
印张：14
字数：200千字
版本：2015年7月第1版 2015年7月第1次印刷

书号：ISBN 978-7-5107-0933-3
定价：49.80元

「目录」CONTENTS

孛儿只斤·铁木真（1162–1227）

「译者序」

作为世界历史上的著名人物，成吉思汗一直饱受争议，但从未被人忽视。有关他的研究著述和传记作品也是颇为可观的。十三世纪时就有《蒙古秘史》、《史集》、《世界征服者史》等煌煌大作传世，近现代则有法国学者勒内·格鲁塞、美国学者哈罗兰姆、日本学者小林高四郎、中国学者冯承钧等人为其所作的传记。而蒙古学大师符拉基米尔佐夫的这本《成吉思汗传》则为诸种成吉思汗传记中的佼佼者。

五十年前，余元盦先生便已将这部作品的中文译本带到中国读者们的面前，其翻译深谙“信、达、雅”之韵味，其注释则旁征博引，管中窥豹，尽显其大家风范。珠玉在前，要重新译述符拉基米尔佐夫的作品，我们心怀惴惴。学界人都深知，符拉基米尔佐夫是一位很有见地的治学者，为研究蒙古史，他不但涉猎众多史籍，且几度赴蒙古等地现场考察，以掌握第一手鲜活的资料；而余元盦先生以自学闻名，他勤学善思，曾师从韩儒林、胡朴安等史学、古文字学大家，著作等身，翻译作品更独树一帜。他学识渊博，不囿成见，苛求细节。故可想见我们拜读两位先师大作时的崇敬与译述时的忐忑。

转念想来，又生发了诸多勇气：一则，这犹如再一次向两位先师讨教，聆听他们醍醐灌顶般的教诲；再则，借此不但可释一些学术上的疑惑，且可深度领略两位长者严谨的治学态度。在此，向两位先师致以崇高的敬意！

肯綮符氏原著与余先生译著，我们在行文之时力求通俗流畅，且又不失原文魅力，怎奈我们浅陋，曲解或错误之处在所难免，恳请方家及读者批评斧正。如能让读者在茶余饭后多少能增长一些知识、读出一些趣味，对成吉思汗的一生有更深的了解，则吾愿足矣。

郭廷春 蔡传亮

2015年6月

前言

《成吉思汗传》是世界权威蒙古学家符拉基米尔佐夫的一部力作。它不是单纯的学术专著，并非只有搞相关专业研究的才能看懂，但同时也不是很平白的庸俗读物，作者的写作角度既专业又大众，易为普通读者接受。

鲍里斯·雅科夫列维奇·符拉基米尔佐夫（1884-1931）是前苏联科学院院士、东方学家、蒙古学家，一生著述约70种。他的蒙古学造诣很深。相关作品除《成吉思汗传》以外，还著有《西藏和蒙古的佛教》（1919）、《喀尔喀卓克图台吉碑铭考》（1926-1927）、《蒙古的社会制度》（1934）、《蒙古文学与哈尔哈方言比较法》、《蒙古书面语与喀尔喀方言比较语法》（1929）、《“五卷书”中的蒙古故事集》（1921）、《蒙古——卫拉特英雄史诗》（1923）等。

为了研究蒙古学，符拉基米尔佐夫在1908-1926年间四赴北蒙古、西蒙古考察语言、文化和历史，搜集了大量资料。而《成吉思汗传》写于苏联十月革命以后的四五年间，通过大量史实，生动翔实地勾勒出“一代天骄”戎马一生的印迹。符拉基米尔佐夫将成吉思汗勇武的个性、敏捷的才智与宏博的思想都融于其所处的时代和环境，展现出一个接近真实的伟大人物丰满的历史形象。

成吉思汗是一个备受争议的人物。无论是中外的史学家，还是政治家，乃至普通人，对他的评价或褒或贬，莫衷一是。但总体看来，对其正面评价占主要部分。

∧ 符拉基米尔佐夫（1884-1931）

丘处机（1148-1227，字通密，道号长春子，全真道掌教教主）曾在1220年向成吉思汗奏陈情表，道："伏闻皇帝天赐勇智，今古绝伦，道协威灵，华夷率服。"并表示："是故便欲投山窜海，不忍相违；且当冒雪冲霜，图其一见。"

南宋赵珙在其著述《蒙鞑备录》中写道："今成吉思皇帝者，……其人英勇果决，有度量，能容众，敬天地，重信义。"

《元史》修订者之一明代的宋濂对成吉思汗也赞赏有加："帝深沉有大略，用兵如神，故能灭国四十，遂平西夏。"

明开国皇帝朱元璋对成吉思汗也有好感："（成吉思汗与忽必烈）以仁德著称，……混一天下，九夷八蛮、海外番国归于一统，百年之间，其恩德孰不思慕，号令孰不畏惧，是时四方无虞，民康物阜。"（《明太祖实录》）

而民国史学家屠寄在肯定了成吉思汗的功绩后话锋一转："独惜军锋所至，屠刿生民如鹿豕，何其暴也。"（《蒙兀儿史记》）

孙中山对成吉思汗后代建立的元朝评价颇高："亚洲早期最强大的民族之中元蒙古人居首位。""元朝时期几乎整个欧洲被元朝所占领，远比中国最强盛的时期更强大了"。

蒙古帝国伊儿汗国史学家志费尼说："倘若那善于运筹帷幄、料敌如神的亚历山大活在成吉思汗时代，他会在使计用策方面当成吉思汗的学生，而且，在攻略城池的种种妙策中，他会发现，最好莫如盲目地跟成吉思汗走。"（《世界征服者史》）

民国官修正史《新元史》柯劭忞对成吉思汗的评价是："太祖龙兴朔漠，践夏戡金，荡平西域，师行万里，犹出入户闼之内，三代而后未尝有也。"

民国史学家张振佩称成吉思汗："继往圣之绝学，奠百世之和平。"并说："成吉思汗之功业扩大人类之世界观——促进中西文化之交流——创造民族新文化。"（《成吉思汗评传》）

1939年6月，成吉思汗灵柩西迁途中到达延安时举行祭祀仪式，中共中央将成吉思汗正式尊称为"世界巨人"、"世界英杰"。

《马克思印度史编年稿》中也谈及成吉思汗："成吉思汗戎马倥

偬，征战终生，统一了蒙古，为中国统一而战，祖孙三代鏖战六七十年，其后征服民族多至720部。”

英国学者莱穆说：“成吉思汗是比欧洲历史舞台上所有的优秀人物更大规模的征服者。他不是通常尺度能够衡量的人物。他所统率的军队的足迹不能以里数来计量，实际上只能以经纬度来衡量。”（《全人类帝王成吉思汗》）

印度前总理尼赫鲁在《怎样对待世界历史》一书中说：“蒙古人在战场上取得如此伟大的胜利，这并不靠兵马之众多，而靠的是严谨的纪律、制度和可行的组织。也可以说，那些辉煌的成就来自于成吉思汗的指挥艺术。”

凡此种种，不一而足。至于怎样评价成吉思汗才算公正，想必读过此书后，每位读者自会做出评判。

为使读者更浅近地阅读，本书增加了一些原著所没有的注释及背景阅读，现做以简单说明：

一、书中一些地名人名，除惯见者外，大多据《元朝秘史》译写。而文中所引述的《元朝秘史》中的相关章节，则使用了余元盦先生在《成吉思汗传》（上海巨轮出版社，1949）中的译文。

二、书中的专门名词尽量浅近通俗，同时为原著中所采用资料注明了出处。其中一些注释也参考了余元盦先生的译作。

三、原著所引证中国资料部分，一些与中国史汉籍不符，或所引证史料并非出自原典处，附上中国史汉籍汉文原文，而民族文字部分翻译（如《元朝秘史》蒙文部分）亦录于注解。

序论

公元十三世纪，中国出现了一个广袤帝国。这个帝国的创立者属于横跨中国北方草原和高地的蒙古民族。令人刮目的是，在极短时间内，众多文明民族为这个帝国所征服。其兵锋扩展至亚洲大部分，并延伸到欧洲，把远东和近东各文明国家归于唯一的王化之下，成为古今中外罕见的最大帝国。不仅如此，虽然帝国由游牧民族建立，其中夹杂着众多异族分子，但它却能在长时期内保持统一。其后，虽因宗室间的罅隙而形成数个分支，数个藩邦一度对峙，但其观念上的统一仍未消亡。可以说，整个旧世界的历史建构，尤其受到蒙古民族深远的影响。

公元十三世纪，中国出现了一个广袤帝国。这个帝国的创立者属于横跨中国北方草原和高地的蒙古民族。令人刮目的是，在极短时间内，众多文明民族为这个帝国所征服。其兵锋扩展至亚洲大部分，并延伸到欧洲，把远东和近东各文明国家归于唯一的王化之下，成为古今中外罕见的最大帝国。不仅如此，虽然帝国由游牧民族建立，其中夹杂着众多异族分子，但它却能在长时期内保持统一。其后，虽因宗室间的罅隙而形成数个分支，数个藩邦一度对峙，但其观念上的统一仍未消亡。可以说，整个旧世界的历史建构，尤其受到蒙古民族深远的影响。

由是，亚洲各文明民族——无论是否曾与蒙古民族接触过，抑或被其彻底征服，都会热衷于讨论这个从来"不知道的生疏"的民族和其令人心生忧惧的领袖——成吉思汗的命运。

在中国、突厥斯坦、西亚、亚美尼亚、格鲁吉亚等国的史书中，对蒙古民族的蒙昧、勃兴、战役及征服各国的历史，已记之甚详。而这些记录就是我们获知成吉思汗本人和十二三世纪蒙古民族历史的史料之源。当然，这些史料并非完全属实，这需要我们先在这些史料中探求史家的著述动机，同时还要注重剖析其写作环境，然后才能做出慎重而相对客观的评判。亦即，我们应该用研究欧洲学者著作的方法一样来研究这些史料。因为持批判态度，在深入研究成吉思汗及其同时代的最重要史料后，欧洲的东方学者得出如下结论：

一、波斯史家剌失德丁（Rashid-u' d-Din）十四世纪初编纂而成的《史集》（Jami 'ut-Tawàrikh），主要根据蒙古人所传说的口碑，这里面包括官方的或非官方的。

二、《蒙古秘史》系十三世纪用蒙古文字写成的，至十四世纪音写为汉字并加旁译（每个蒙语词旁注有汉文词义）和总译（每段蒙文的汉译文），刊行于世。

三、《元史》[1]系十四世纪用汉语编写而成。

四、与蒙古侵入同时代的伊斯兰教徒所撰述的几种记录：

（一）《阿拉伯编年史》[2]（原名"Kamilut-Tèvarikh"，意为"全史"）由伊本·阿昔儿（Ibnu 'I-Athir）撰写，编纂于美索不达米亚（在伊拉克境内）；

① 《元史》为纪传体断代史，记述了从蒙古族兴起到元朝建立和灭亡的历史。成书于明洪武三年七月。由宋濂（1310-1381）、王濂（1321-1373）奉敕主编。全书210卷，包括本纪47卷、志58卷、表8卷、列传97卷。

② 《阿拉伯编年史》又译作《全史》，系历史学家伊本·阿昔儿（1160-1234）所著，采用编年史体例，分12册，起于人类开创之初，迄于1231年。其中第12册为最早记载蒙古西征的穆斯林史，涉及自1220年以来蒙古入侵河中、波斯、美索不达米亚、谷儿只等地的战事，因为史料多为同时代亲历者见闻（有很多人都是目击者），故弥足珍贵。俄国学者齐曾高曾将此部分译为俄文，收入《金帐汗国历史资料》之第1卷（圣彼得堡，1884）。

長春眞人西遊記序
長春子蓋有道之士中年以來意此老人固已飛昇變
化侶雲霞而友鴻濛者久矣恨其不可得而見也己卯
之冬流聞師在海上被安車之徵明年春果次于燕駐
車玉虛觀始得一識其面尸居而柴立雷動而風行眞
異人也與之言又知博物洽聞於書無所不讀由是日
益敬聞其風而願執弟子禮者不可勝計自二三遺老
且樂與之游其餘可知也居無何有龍陽之行及使者
再至始啟途而西將別道衆請還期語以三載時辛巳
夾鍾之月也迨甲申孟陬師至自西域果如其旨識者

長春眞人西遊記序　一　榕園叢書

长春真人西游记

（二）Tabakāt-iNassiri[③]（波斯文），术兹札尼（Juzjani）撰。作者生于阿富汗，1260年到印度，用波斯文书写自传（1873-1876年间，此书被译成英文，收于《印度文库》本中）；

（三）《世界征服者史》（波斯文，原名“TarikhDjihan-kushai”）为志费尼（Juwayni）撰，此书成于1260年（米尔咱·移罕默德曾译此书第一卷为英文，收于《吉布纪念丛书》第十六卷，1916年出版）。志费尼虽然比术兹札尼年轻，但其著作完成于蒙古帝国瓦

③ 或译作《纳昔儿史话》，书成于1254-1260年，共23章，其中包括阿拉伯帝国及波斯、印度穆斯林王朝史，最后是蒙古入侵史。作者术兹札尼(1193-？)，先在呼罗珊之古尔王朝入仕，蒙古入侵后逃奔德里苏丹国，任法官。书中对成吉思汗蒙古军在阿富汗地区的战事所载最为详细，为不可多得的史料。

解之前。因为作者曾游历过突厥斯坦和蒙古各地，故能够使用蒙古方面的史料，如口碑和各种记录等。

五、中国旅行家的一些记述，如将军赵珙[①]和长春真人[②]的记录[③]。

如上所述，蒙古民族自身也有许多依据口碑和传说编纂的历史文献[④]，而这些文献成为我们最重要的参考史料，但由于大部分史料佚失，所以我们只能从中国和伊斯兰教史籍的记载和引证中才获悉它的存在。而《蒙古秘史》却例外，它是一部描绘成吉思汗及其同伴的英雄史诗。

十三世纪，欧洲的三位旅行家——修士柏朗·迦宾（Plano Carpini）、鲁勃洛克[⑤]（Rubruk）、马可·波罗[⑥]曾（Marco Polo）经到访过蒙古，他们也记下了自己的所见所闻——包括各民族的国土、风

马可·波罗画像

① 原文此处作孟珙，系赵珙之误（见王国维在笺注本中的考证）。赵珙，南宋人，生卒不详。著有《蒙鞑备录》，为研究早期蒙古史参考史籍之一。

② 长春真人，即丘处机，山东登州人。他拜全真道祖师王重阳为师，王重阳为其取名处机，字通密，号长春子。所著《长春真人西游记》以记述所经山川道里及沿途所见风俗人情为主，是研究13世纪漠北、西域史地及全真道历史的重要资料。该书系乾隆年间钱大昕从《道藏》中抄出，现流行较广的是王国维1926年校注本。

③ 另彭大雅《黑鞑事略》、耶律楚材《西游录》，也为蒙古民族勃兴时期的重要史料。

④ 参阅小林高四郎《成吉思汗传记蒙古文史料之研究》（《西北民族文化研究丛刊》第一辑，余元盦译）。

俗习惯等等。虽然其作品没有为我们提供成吉思汗或其同时代的重要知识，但他们的记录资料无疑具有重要的参考价值——我们可以从中搞清蒙古征服时期的历史背景。而东西方的一些学者曾经利用这些资料，编成许许多多关于蒙古民族和成吉思汗的历史。其中两位作者的著述最为重要：一是多桑（D'ohsson）所著《蒙古史》（法文，海牙，1834–1835年）；再者是列宁格勒苏联科学院巴托尔德的一些作品，尤其是《蒙古入侵时代的突厥斯坦》（俄文本于1900年刊行，英译本成书于1928年，收于《吉布纪念丛书》）。

不得不说，无论我们拥有的史料如何有价值，但对于重新刻画成吉思汗这位伟大征服者的征战生涯、特殊人格，或者再现其感情和理想来说，这些史料不过是只言片语、碎简断片而已。而许多重要史料我们还不了解（比如成吉思汗的各种律令、著名的"札撒"等等。同时还有其他更重要的史料，或者没有刊行于世，或者尚未翻译、整理和研究）。

无论怎样，如果我们借助上述列举的各种史料，用粗线条去勾勒这位因创建伟大帝国而影响整个世界命运的"天才野蛮人"——成吉思汗，倒还是可行的。

背景阅读:《史集》

《史集》由波斯伊儿汗国的剌失德丁（1247–1318）主持编撰。剌失德丁是哈马丹人，起初任伊利汗阿八哈（1265–1282在位）的御医，其后合赞汗（1295–1304在位）对其赏识有加，便将剌失德丁擢升为宰相，以辅佐合赞汗进行政治、经济等诸项改革，取得一定成绩。完者都汗（1304–1316在位）时期，剌失德丁继续任宰相，他的儿子也都出任地方长官。因权势日盛，终于招致政敌攻讦。1317年，在屡遭谗言后，剌失德丁被不赛因汗（1317–1335在位）罢黜，次年被处死。

1300年，在合赞汗旨意下，剌失德丁开始主持编纂蒙古历史，1307年完成。进呈后，再奉完者都汗命，剌失德丁又增编了世界各民

⑤ 柏朗·迦宾、鲁勃洛克行记，见吕浦译、周良霄注《出使蒙古记》（中国社会科学出版社，1983年）。

⑥ 马可·波罗（1254-1324），世界著名旅行家、商人。著有《马可·波罗游记》（The Travels of Marco Polo），是马可·波罗1298年撰写的其东游见闻。该书共分四卷，其中第二卷记载了忽必烈及其宫殿、都城、朝廷、政府、节庆、游猎等事，以及自大都南行至杭州、福州、泉州，东地沿岸及诸海诸洲诸事《马可·波罗游记》有穆尔(A.C.Moule)、伯希和据多种版本的集校英文本（伦敦1938年，纽约1976年）。中译本很多，自1913年到1981年68年间共有6种。可供参考的，有冯承钧译注的沙海昂注释本（商务印书馆1936年版）、张星烺译本（1937年7月上海商务印书馆出版）等。

《史集》手抄本插图：成吉思汗携妻子孛儿帖接受臣民朝拜

族历史和舆地图志，1311年宣告完成，定名为《史集》。

按原书总目录，《史集》共分三卷：第一卷蒙古史，为奉合赞汗旨所修，完者都汗最后钦定，称为《合赞汗祝福史》。该卷分两章：第一章——蒙古、突厥诸部族志；第二章——成吉思汗先世纪，成吉思汗纪，窝阔台合罕、术赤、察合台、拖雷、贵由汗、蒙哥合罕、忽必烈合罕、铁穆耳合罕纪传，旭烈兀、阿八哈、帖古迭儿、阿鲁浑、海合都、合赞六代伊利汗传。

第二卷世界史，也分两章：第一章为完者都汗传；第二章为世界史，包括古代波斯诸王、穆罕默德和历代哈里发、波斯诸穆斯林王朝（哥疾宁、塞尔柱、花剌子模、法儿思、木剌夷）以及乌古斯、中国、犹太、拂朗、印度诸民族史。

第三卷为《诸域志》。现存各种抄本均无第三卷和第二卷中的完者都汗传，或许并未编成。

由于是伊利汗国官修国史，因此，在编写《史集》过程中，剌失德丁及其助手利用了伊利汗宫廷的大量档案，如《金册》（或为元朝颁发给各汗国的《实录》）等；参考了波斯、阿拉伯历史著作，如志费尼的《世界征服者史》、伊本·阿昔儿的《全史》等。此外，还征询了当时任职伊利汗国的蒙、汉及其他民族官员，搜集了大量的书面和口头资料。

《史集》现存多种波斯语抄本。现存于土耳其伊斯坦布尔市托普卡庇·萨莱图书馆中的1317年抄本是剌失德丁在世时抄本，抄本上写明该本于1317年11月在巴格达抄写。该书卷帙浩繁、内容丰富。包括世界各民族史，尤其是蒙古帝国史（十四世纪以前），以及信仰伊斯兰教的各民族历史。

《史集》主要译本有：贝烈津译《剌失德丁撰著的蒙古史》（1858–1888）；卡忒美尔译《剌失德丁用波斯文写成的波斯蒙古史》（1836）；伯劳舍校注的剌失德丁《史集》第二卷（《吉布纪念丛书》第十八卷第二册）；前苏联莫斯科、列宁格勒出版的剌失德丁《史集》俄译本，共三卷四册（1946–1960）。余大钧、周建奇据此俄译本译为中译本，共三卷四册（商务印书馆，1983–1986）；波义耳的《史集》第二卷《成吉思汗的继承者》英译本（1971）；周良霄汉译本（天津古籍出版社，1992），等等。

背景阅读：《蒙古秘史》

《蒙古秘史》汉名为《元朝秘史》，蒙古文名作“Mongol–unniguchatobchian”

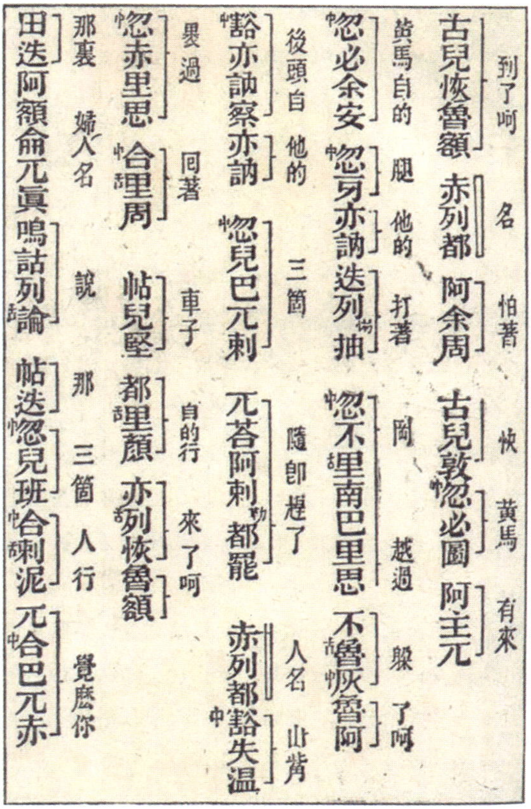
到了呵 名 怕著 快 黄馬 有來
古兒恢魯額 赤列都 阿余周 古兒敦忽必圖 阿主兀
黄馬 自的 腿 他的 打著 閫 越過 躲 了呵
忽必余安 忽孙亦訥 迭列抽 忽不里南巴里思 不魯恢魯阿
後頭 自 他的 三箇 隨即 趕了 人名 山背
豁亦訥察亦訥 忽兒巴兀剌 兀荅阿剌都罷 赤列都豁失温
畏過 回著 車子 自的行 來了呵
忽赤里思 合里周 帖兒堅 都里顏 亦列恢魯額
那裏 婦人名 說 那 三箇 人行 覺麼你
田迭阿額侖兀眞鳴詁列諭 帖迭忽兒班合剌泥 兀合巴兀赤

^ 1908年中国出版《蒙古秘史》的一页，左侧大字为用汉字标音的蒙古文，右侧为中文翻译和注解

（《蒙古秘史》）。日本东洋史学家那珂通世（1851–1908）曾将此书译成日语，书名为《成吉思汗实录》。此外，有英、俄、德、法、匈牙利、捷克、土耳其文等各种外文译本。汉文译本有谢再善译本（中华书局1956年版）、札奇斯钦译注本（台湾1979年版）、余大钧译注本（河北人民出版社2001年版）。

《蒙古秘史》是一部记述蒙古民族形成、发展、壮大历程的历史典籍，是蒙古民族现存最早的历史文学长卷。原书作者佚名，在十三世纪用畏吾体蒙古文（即古蒙文）写成，成书地点在蒙古高原的克鲁伦河（今蒙古国克鲁伦河）流域。该书从成吉思汗二十二代先祖孛儿帖赤那、豁埃马阑勒写起，直至斡歌歹罕十二年（公元1240年）为止，时间跨度长达500多年。因事涉民族天机和隐秘，在蒙古族入主中原的元代秘而不传，又因文字变化妨碍在本族中流传。明清时虽列于大型类书、丛书，但远离民间。到清中叶翻印出版时已成为一部高深的学问书籍。《四库全书总目》将此书附录于《四库未收书目提要》。中国文学研究所第一任所长郑振铎对该书评价颇高，称其“天真自然的叙述，不知要高出恹恹无生气的古文多少倍！”

背景阅读：《世界征服者史》

《世界征服者史》是志费尼（1226–1283）的倾力之作。志费尼是呼罗珊志费因（今伊朗霍腊散省内沙布尔西北）人，其祖曾任花剌子模国财政大臣。1233年，其父巴哈丁被蒙古人俘获，被呼罗珊蒙古长官成帖木儿任用，做了财政官。而志费尼则出任阿姆河行省长官阿儿浑的书记，曾三次随阿儿浑入朝，前两次皆中途折回，第三次于1252年复抵达蒙古首都哈剌和林，1253年秋返回。也正是在此期间，志费尼始撰《世界征服者史》。此后，他跟随旭烈兀讨灭木剌夷（亦思马因派）和报达哈里发国。1259年被任命为报达副长官，直到去世。

《世界征服者史》属于未完成的著作，该书从蒙古之兴写起，只写到1257年灭木剌夷国。1260年以后，志费尼不再继续创造，或因公务繁忙。《世界征服者史》分三部，第一部讲述蒙古建国及其征服畏兀儿、西辽和花剌子模，窝阔台至贵由时期的蒙古政事和拔都西征；第二部讲述花剌子模兴亡史和统治波斯的历任蒙古长官（成帖木儿、阔里吉思、阿儿浑）的事迹；第三部讲述蒙哥登基和旭烈兀西征，木剌夷兴亡史。

志费尼熟谙中亚历史，且所载多为亲历事件，尤其对成吉思汗西征、旭烈兀西征和蒙古对波斯的统治等部分的记述非常详尽、确实。值得一提的是，志费尼在书中将亲眼看到的蒙哥登基后无情镇压政敌窝阔台、察合台两系诸王大臣的情形记述尤为详细，而这段史实在《元史》中多被删略或隐瞒。

《世界征服者史》以抄本流传后世。二十世纪初，伊朗学者卡兹维尼以巴黎国家图书馆所藏最古的1290年抄本为底本，用其他多种抄本进行校勘，于1912、1916和1935年先后出版了一、二、三卷波斯原文集校本（《吉伯丛书·旧编》第十六号，伦敦）。英国波斯学家波义耳据此译为英文，并加详细注释（曼彻斯特大学出版社，1958）。何高济据英译本重译为汉文（上、下册，内蒙古人民出版社，1981）。

背景阅读：札撒

“札撒”或“札撒黑”（“Yasa”或“Jasak”音译），《元朝秘史》释为“法令”、“敕令”、“法度”、“军法”等，亦有“法律”、“条例”、“政治”等义。

小林高四郎日译本注曰：“关于‘札撒’和‘必里克’可参阅梁赞诺夫斯基教授著《蒙古习惯法的研究》。元人对于‘札撒’的解释，或作‘法令’（《元史》卷二），或作‘依条制法度也’（徐元瑞撰《吏学指南·法例条》）的意思。其他如在即位时，于严肃的大宴里亦颁布‘札撒’以为训诫。”《元史》卷二《太宗元年秋八月己未条》：“诸王百官，大会于怯绿连河曲雕阿兰之地。以太祖遗诏，即皇帝位于库铁乌里，始立朝仪，皇族尊属皆拜，颁大札撒”。又柯九思《宫诗》十五首的初首：“万国贡珍陈玉陛，九宾传赞卷朱帘，大明殿前筵初秩，勋贵先陈祖训严”。其自注：“凡大宴，世臣掌金匮之书，必陈祖宗大札撒以为训”。又《元史》卷一三六《拜住传》：“英宗登极，拜中书平章政事，会诸侯王于大明殿，诏进读太祖金匮宝训，威严整暇，语音明畅，莫不注目竦听。”

南宋嘉泰二年（公元1202年）蒙古部始有札撒，开禧二年（公元1206年）蒙古汗国建立后渐趋完备，设专人执掌，立“青册”，以畏兀儿字记蒙古语，逐渐演变为成文法，称“札撒大典”。每逢新汗即位、诸王集会、军队调动等国家大事，均聚众颂读，按律遵行。《元史·太宗纪》：“秋八月己未……始立朝仪，皇族尊属皆拜。颁大札撒。”1225年，成吉思汗下令颁布了札撒和训令，史称为《札撒大全》或《大札撒》。同时，成吉思汗还要各个宗王将一部《大札撒》藏于金盒子中保存。

元朝正式建立后，虽然其效力被其他法律代替，但在大规模集会时大家一起诵读《大札撒》还是作为一种王朝仪式保留下来。

札撒主要由三部分组成：经过铁木真认可的习惯法（约束）、铁木真所颁行的法令（札撒）和铁木真的命令（必里克）。因为当时没有系统的编纂，少量零散的书面记载也几乎都失传了。只有少量记载留在《史集》、《世界征服者史》、《埃及志》和一些汉文史籍中。札撒有两大特点：一是汗权至高无上，二是刑罚十分残酷。所有法条皆由铁木真个人意志产生，并且动辄便是死刑。如发现逃亡奴隶不交还主人者处死，擅自离开自己所属的千户、百户者处死，擅自给俘虏衣服食物者处死，盗马贼要罚马九匹（没有马就把儿子给马的主人做奴隶，若 没有儿子就处死），说谎者处死，在枯草时遗落火种的杀全家，男女私奔者处死，甚至在水中便溺的也要处死。

第一章 十二世纪的蒙古民族

十二世纪，在中国和东突厥斯坦北部，包括现在的蒙古和西伯利亚南方地带这一广大疆域上，居住着许多游牧部落。这些部落大部分是蒙古民族，但当时他们都不用这个称谓，「蒙古」这一称呼后来才为他们所采用。

十二世纪，在中国和东突厥斯坦北部，包括现在的蒙古和西伯利亚南方地带这一广大疆域上，居住着许多游牧部落。这些部落大部分是蒙古民族（Mongols），但当时他们都不用这个称谓，“蒙古”这一称呼后来才为他们所采用。

其实，蒙古民族的许多特质，尤其在语言学方面，可以证明其与突厥民族和满洲民族［通古斯（Tunguz）民族群］有密切关系[1]。

那时，蒙古民族祖先的生活，分成“氏族”（Omuk[2]），再由氏族细分为“小氏族”（Yasun[3]，或称“家系”）。几个氏族还可以合并成一个“部落”（Ulus[4]，或称“小邦”）。

诸如这样的合并形式还有很多。之所以这样合并，有种种原因。有时候是因为他们当中产生了卓越的统帅，也有时候因为某一氏族由于各种原因而获得超群的权力和影响，于是就把众多氏族或部落结合在一起，完成政治上的统一。

此外，因为氏族间关系密切，便逐步形成部落联盟。这种情形并不

① 参阅白鸟库吉《蒙古民族的起源》（《史学杂志》）一八卷二、三、四、五期），韩儒林《突厥蒙古之祖先传说》北京研究院《史学集》刊第四期）。

② 《元朝秘史》将“Omuk”作“斡孛黑”（Obuk），旁译作“姓氏”，亦即“氏族”。现代蒙古语辞典里二者皆有“姓”、“族”、“家”等意义。

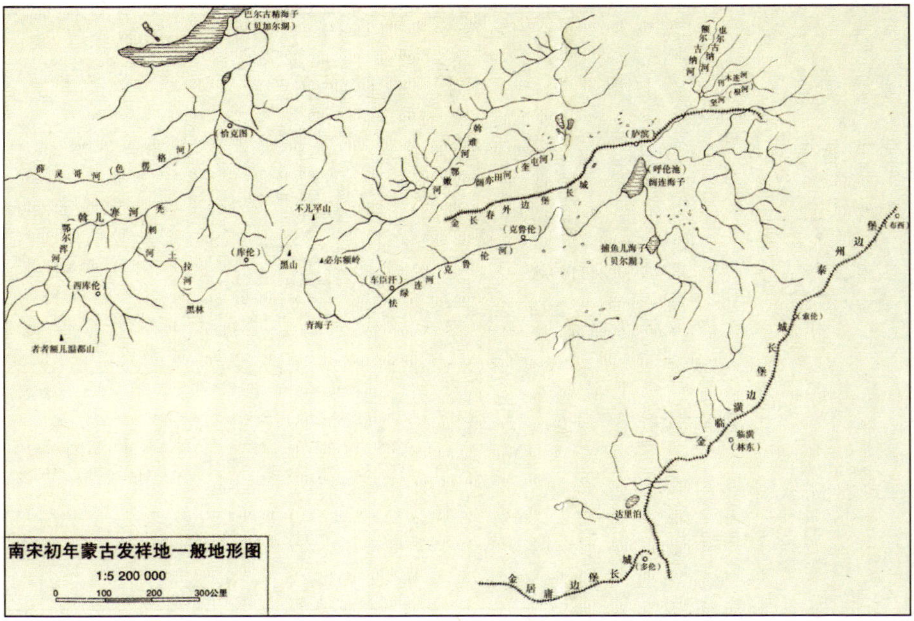

南宋初年蒙古发祥地一般地形图

必采取一定的政治形式。这种联盟，只是氏族间基于血统意识或同一方言，以及共同的传统与制度而结缔。由此，一个氏族通过这种形式便能感觉到自己是大部族里的一部分。“氏族”对于“部落”（Ulus）或者“部落联盟”⑤的关系，与各个“成员”、“家族”或“家系”对于“氏族”的关系相同。

蒙古民族的“氏族”和“部落”，分为两个主要集群：草原游牧民、森林狩猎民。这两个集群操着同样的蒙古方言，不同的只是生活方式和文化水准。但这些部落人群心目中却没有感觉到他们是有共同起源的。也就是说，他们不承认自身是一个整体民族，也没有共同的种族名称。个别氏族（尤其是游牧民族）里为首的通常是一个贵族的家系，依据其身份，他们的领导者有不同的称号，包括：“把阿秃儿”（Bagatur，英雄、勇士）、“薛禅”（Sechen，贤者）、勒格”（Bilge，智慧者）、太子（T‘ai-tsi）、“那颜”（Noyan，统治贵族、官长）等。“部落”或其他“邦”（Ulus）的领导者，则冠以“汗”（Khan，kan，王）或“合罕”（Kagan，皇帝）的尊号。由于与具有高度文化的汉族帝国为邻，一些游牧部族的汗时常从汉人那里接受“王”的封号。总之，游牧的蒙古民族，因为与更文明的民族为邻，或者在十二世纪时占据了这些民族的居住地，从而受到不少影响，所以他们之间往往使用外族称号。除汉人使用的“王”和“太子”等称号外，唐兀惕语（西藏语）“干布”或“札合干布”（Gambo或Djagambo），和突厥语的“的斤”（Tegin⑥）、“必勒格”（Bilge⑦）等称号也在他们中间通用。

由于自身是古老的贵族苗裔，有些氏族易分支成新的“氏族”和“家系”。为了获得独立，这

③《元朝秘史》里“Yasun”音译为“牙孙”，旁译为“骨头”；蒙古语“Yasun”还有“氏族”或“家族”之义。

④《元史》和《元朝秘史》里“Ulus”的译音皆为“兀鲁思”，有“国家”、“国民”、“小邦”等义。另，多桑曾释此语为：蒙古帝国统治下的全体部落、“分地”或“分民”。

⑤“Ulus”中的“l”在蒙古语里仅有“滋养”、“养育”等义；而在波斯语里有“统治、首领、主席、开首、种族、泉源、王朝”等种种不同的意义；在突厥语和回纥语中，有“基础”、“根底”和“发端”等意义，但却没有“部落联盟”的含义。不知原作者所本为何。另据余元盦释义：“卡忒美尔书里所记，在波斯语和东突厥语里，有一个单语叫‘il’，据其考证，有‘国家’、‘民族’、‘人民’和‘部落’等义。”

⑥“Tegin”的对音也作“特勤”，在突厥汗国最初为可汗子弟所专用的官号，其后演变为“狄银”、“惕隐”、“的斤”等异译。《周书·突厥传》谓：“大官有叶护，次设，次特勤，……凡二十八等，皆世为之。”《新唐书》谓特勤乃可汗子弟，不在二十八等之内。《旧三代史》卷一三八回鹘有“狄银”，《辽史·百官志》有“惕隐”、元代则有“的斤”，皆“特勤”之异译。韩儒林著有《突厥官号研究》，相关释义可见此书。

⑦“Bilge”的对音为“必勒格”，意为“智者”。一说为突厥语官号，亦用作突厥系可汗的称号，唐时译为“思伽”，义为“贤明”。一说系唐兀主的称号“杯禄汗”、“不儿罕”的异文，意为“佛”，亦即满族贵族尊号“贝勒”之对音。传入蒙古后作为贵族首领尊号。依《元朝秘史》，成吉思汗四世族祖想昆必勒格、乃蛮部主亦难察必勒格等均享有此称。

些氏族的“把阿秃儿”和“那颜”开始收揽能够使他们在广袤的草原上占领独立牧地的从臣和家将。蒙古游牧贵族和“把阿秃儿”、“那颜”等豪门氏族的目的有三：一是寻求便利的牧地（蒙古语为Nutuk，突厥语为Yurt）[①]，二是众多的属臣和从臣，三是奴隶。这些奴隶可以为他们看管牲口，也可以在贵族帐幕里充作仆役。其实，在“森林民”（Oi-inirgen[②]）中，贵族的地位无足轻重，他们往往扮演着不起眼的角色。森林氏族常常拥立“珊蛮”（Shaman）做其首领，因为他们认为“珊蛮”能够和精灵“对话”，所以“珊蛮”便是氏族和部落领袖，其称号为“别乞”（Beki[③]）。有时草原贵

① “Nutuk”和“Yurt”意义相同。前者蒙古语辞典里有“本乡、邦、居住地”等义，《元朝秘史》作“嫩秃黑”，旁译作“营盘”；《元史·德薛禅传》作“农土”，释为“经界”。后者在突厥语辞典中，有“国、家、乡、居住地”等义。多桑《蒙古史》译为“分地”。

② “Oi-inirgen”在《元朝秘史》音译作“槐因亦儿坚”，旁译为“林的百姓”，总译为“林木中百姓”。

③ “Beki”的对音为“别乞”，尚有“别”，“毕”等异译。意为“族长”。指民族或部族的长老、元老。亦为高级军官之名。《元朝秘史》卷十：“如今‘达达’体例里，以别乞官为重。” 李文田注：“别乞即今回部之‘伯克’二字对音也。《西域闻见记》曰：回部大头

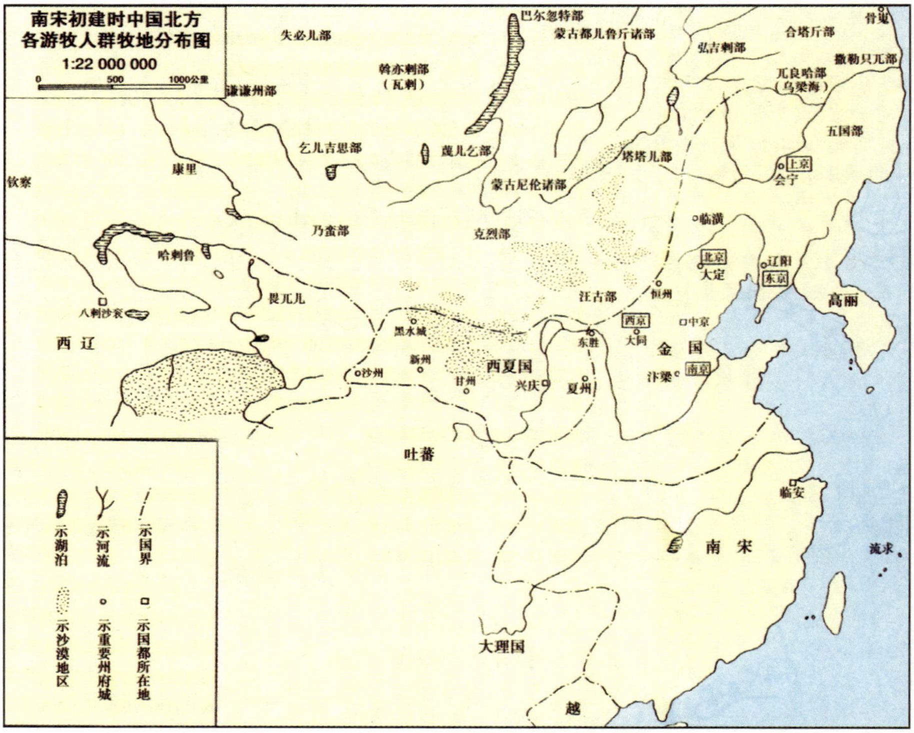

十二世纪的草原诸部。图中称部者，指游牧人群而言，其居无城镇，多呈各部杂居或犬牙交错情形

族社会里的成员也使用此称号。

贵族下面的平民蒙古语叫“阿剌惕”（Arat，古代突厥语为Harachu）④，平民之下就是奴隶，或称“孛斡勒”（Bogul⑤）。

十二世纪，塔塔儿（Tatar）⑥部落在蒙古部落和氏族里占据最优势地位。他们的牧地在蒙古领域最东部，捕鱼儿湖（Buir-nor，即贝尔湖）附近。另一个大部族叫克烈（Kereit），住在杭海（Khangai，今杭爱山）和肯特（Kentei）两山中间，斡儿寒河⑦（Orkhon）和土兀剌河⑧（Tola）流域。再往西便是乃蛮（Naiman）部，他们占据杭海和阿勒台⑨（Altai）两山脉间的地方。此外，其他的许多弱小的部落和氏族，则散居在这三大部族中间。而塔塔儿、克烈和乃蛮三大部族，又细分出许多附属“部落”、“氏族”和“家系”。

十二世纪时，因为塔塔儿（鞑靼）部落人口众多、势力强大，一些蒙古氏族和部落常常冒充自己是塔塔儿部落。因此，除与之邻接的民族外，这些冒充者原有的部落和氏族名称很难令外人得知。也正因为如此，一般的弱小部落也习惯上采用与己有血统关系的强大邻族称号，甚至在和他们有敌对关系的时候也是如此。这些资料来自于人类学家从世界各地（如高加索、阿尔泰山和现代蒙古）得来的报告。而剌失德丁对于这种习惯的叙述最为明晰：“因为他们（塔塔儿人）非常伟大和重要，所以突厥民族（蒙古或突厥二系中的任何游牧民族）中的其他氏族，以为塔塔儿的名称很容易为一般人所知，于是会混淆他们的世系支派和名称，而冒充自己是鞑靼人。”所有冒充的氏族都认为他们属于塔塔儿（鞑靼），还因为这个著名的部落名称，令其感觉到自身的伟大和威严。这种现象就像我们现

目，谓之阿奇木伯克，最为尊贵。”另，“别”（Beg）在突厥语里有“贵人”之义，唐代汉译为“匐”。符拉基米尔佐夫在《蒙古社会制度史》里，曾引述巴托尔德的解释云：“别乞”用于珊蛮教的巫师上，有“酋长”和“僧正”的意义。

④ 《元朝秘史》中“阿剌惕”旁译为“人口”和“人每”，“群众”和“人民”之义。Harachu“合剌出”蒙古语辞典中有“庶民”和“臣民”等义。

⑤《元朝秘史》里Bogul音译为“孛斡勒”，旁译为“奴婢”。

⑥ 塔塔儿和鞑靼为“Tatar”的同名异译。本书将前者指为原来的塔塔儿部族，这是属于狭义的。后者指一切其他民族自称为“Tatar”名称的，这是属于广义的。例如：明代指蒙古为鞑靼，和现代俄罗斯人指一部分的突厥人为鞑靼等。为使头绪清楚，所以保留两种译名。

⑦ 现称鄂尔浑河。《新唐书·回鹘传》作昆河或昆水；《元史·太宗纪》作斡儿寒河；《明宗纪》为斡耳罕水；虞集《句容郡王世绩碑》作斡欢河；欧阳玄《偰氏家传》作斡尔汗河。

⑧ 土兀剌河即今蒙古国土拉河，在《新唐书·铁勒传》作独乐水，《回鹘传》作独逻水，张德辉《纪行》作独浑剌河。

⑨ 阿勒台山即阿尔泰山，Altai乃蒙古语“金”的意义，故亦称金山。

贝加尔湖风光

在所处的时代一样，由于成吉思汗和蒙古氏族的伟大，其他突厥部落即使清楚自己的称号，也改称自己为蒙古民族。其后，鞑靼（**即塔塔儿**）的威名就传播到了世界各地。而蒙古民族的名称，起初只有亚洲人知晓，后来在欧洲还是以鞑靼人的名称而著名。这是因为所有这些自称为鞑靼的民族后来都被蒙古人征服，并且成了蒙古人的臣民，当他们随同征战欧洲的时候，欧洲人就把这个名字（**指鞑靼**）扩展到这些民族（**自称鞑靼人的一群**）的头上。也正因为如此，我们依然称一部分突厥人为鞑靼人①，虽然他们和原来的塔塔儿人毫无关系。

在塔塔儿和克烈两部族所占据的疆域中间，沿着斡难②和克鲁伦河③居住着许许多多游牧和狩猎的部落与氏族。其中一个蒙古氏族至十二世纪时已变得很强大，他们的领袖合不勒便享用了“合罕”的尊

蒙古人祖先之一东胡人的头盔（战国）

① 今日的鞑靼人总数超过五百万，广泛分布于中亚、阿富汗、俄罗斯的喀山、乌克兰的克里米亚和欧洲的波兰、白俄罗斯，立陶宛，芬兰各地，尤以伏尔加河流域到乌拉尔山一带分布最多。分布最多的区域是俄罗斯联邦的鞑靼斯坦共和国，首府在喀山。他们是钦察人、保加尔人和蒙古人的混血民族，在文化上则主要受突厥文化影响，大部分信奉伊斯兰教。中国境内也有几千名塔塔儿族，他们是在清代时从今俄罗斯境内迁徙至此的。

② 斡难河(Onon)也称鄂伦河、鄂诺河或敖嫩河。古称黑水，为黑龙江上游之一。

③ 克鲁伦河(Kerulen)《元史》作“曲绿怜河、怯绿连河、怯吕连河”等。《元史·太祖本纪》又作“胪朐河”。丘处机《长春真人西游记》称之为“陆局河”，现称克鲁伦河。

④ 孛儿只斤，蒙古皇族姓氏，也可作

西方油画中的鞑靼人

号。当时他甚至可以远征到女真人（Jurjen，国号金）所统治的区域。

其后，合不勒的儿子忽图刺也获得“合罕”尊号，他曾因与金人作战时立下战功而赢得一定声望。合不勒所属贵族氏族的原有名称为孛儿只斤[④]（Borjigen）。该氏族采用“蒙古”这个名称是在其征服和吞并了好几个部落和氏族之后，因此便构成一个新政治单位的联邦，叫作“兀鲁思”（Ulus）。这个“兀鲁思”，因为纪念古代伟大的民族或氏族的缘故，所以命名“蒙古”。当然，这种氏族的纪念，是被口碑传说保存了下来。

约十二世纪中叶，金人因受勃兴的游牧强国——蒙古经常侵犯，为避免深受其害，便施计去利用塔塔儿人，因而当时蒙古“兀鲁思”的权力曾被塔塔儿人所摧毁[⑤]。

博尔济吉特、博尔济吉忒、博尔济锦、孛儿只斤、孛儿吉德、孛儿吉根、孛儿吉济锦、博罗特、布儿赤金、孛尔吉，包尔积金，包俪赤金等。多桑称其意为“灰色眼睛”（多桑《蒙古史》冯承钧译本）。

⑤ 合不勒汗的内兄赛因德金患病后，曾请塔塔儿部落的一位珊蛮医治，医治无效死亡，珊蛮被合不勒汗杀害。因此蒙古和塔塔儿结怨，塔塔儿起兵复仇，进攻蒙古，这种矛盾为金国所利用。合不勒汗死后，俺巴孩继位，当俺巴孩汗去呼伦贝尔送女儿出嫁的途中，塔塔儿捕捉了俺巴孩并把他押送到金国，金国将他钉死在木驴上杀害。俺巴孩汗被捕前遣发他的随从回来，指定由他的儿子合答安或者合不勒子忽图刺为汗，一定要为自己复仇：“今后以我为戒，你每将五个指甲磨尽，便坏了十个指头，也与我报仇”。后来合不勒的儿子忽图刺被选为汗，率众誓师，决意向塔塔儿和金朝复仇。忽图刺汗和合答安等率领蒙古部众顽强地同塔塔儿先后进行了十三次战斗，也多次进攻金国。忽图刺的英勇行动博得了草原部众的一致称颂：“他的洪亮的声音，好象空谷的雷鸣，强劲的双手，好象厚重的熊爪；把人来折成两截，就好象折筋一般”（出自《史集》第一卷）。1162 年，忽图刺的哥哥把儿坛之子也速该，随从忽图刺前去与塔塔儿作战，俘虏了一个名为“铁木真”的塔塔儿人。为纪念这次胜利，也速该按照草原部族的习惯，将他刚出生的儿子也命名为铁木真，这个孩子便是其后的成吉思汗。

背景阅读："蒙古"得名起源

关于蒙古的名称及其异译，有很多说法。唐代已见于著录。《旧唐书·北狄传》作"蒙兀"，《新唐书·北狄》作"蒙瓦"。唐代以后，蒙古之名的异译至少有30 余种（详见洪钧《蒙古考》、王国维《萌古考》、韩儒林《蒙古的名称》、邵循正《蒙古的名称和渊源》等）。

在文献上正式使用"蒙古"二字，是在《炀王江上录》中（宋徐梦莘《三朝北盟会编》卷二四三引）。"蒙古"一词的含义，各书解释各不相同。

蒙古族学者道润梯步在《新译简注〈蒙古秘史〉》中说：《黑鞑事略》云：'其常谈必曰：托着长生天底气力，皇帝的福荫。彼所欲为之事，则曰：天教怎地；人所已为之事，则曰：天识着。无一事不归于天，自鞑主至其民，无不然……蒙古是个敬天的民族，而天是个永恒的存在，故曰长生天。据此看来，'蒙古'一词似与长生天有关。……故蒙古云者，即长生（或永恒）的部族之意。"元史权威韩儒林与道润梯步的意见不谋而合。

而余大钧《关于'阻卜'的语源、对音及语义》说，经过二十世纪数十年中外学者的努力研究，"逐渐得出一个结论：阻卜即鞑靼，阻卜为鞑靼的一个别称……'阻卜'的原名意为'草原'。"（《辽金时代蒙古考》146–154 页）

方壮猷《鞑靼起源考》说，"鞑靼一名之内容，实含有下列四义：最广义——亚洲北方诸民族之统称；较广义——中国北方诸民族之总称；较狭义——蒙古民族之别称；最狭义——蒙古民族之一部塔塔尔之专称。"（《辽金时代蒙古考》第43 页）如取较狭义，鞑靼——阻卜——蒙古应是同义词。而按余大钧意见，"蒙古"一词即"草原游牧民、草原游牧部落"之意。

背景阅读：蒙古民族与突厥民族的密切关系

《蒙古秘史》对蒙古人起源的说法是："成吉思汗的根祖是苍天降生的孛儿帖赤那（苍色狼）和他的妻子豁埃马阑勒（白色鹿）。他们渡腾汲思水来到位于斡难河源头的不儿罕山，生有一个儿子叫巴塔赤罕"，而《周书突厥传》引用突厥自己关于族源的传说也和狼有关："突厥者，盖匈奴之别种，姓阿史那氏，别为部落。后为邻国所破，尽灭其族。有一儿，年且十岁，兵人见其小，不忍杀之，乃刖其足，弃草泽中。有牝狼以肉饲之。及长，与狼合，遂有孕焉。彼王闻此儿尚在，重遣杀之。使者见狼在侧，并欲杀狼。狼遂逃于高昌国之西北山。山有洞穴，穴内有平壤茂草，周回数百里，四面俱山。狼匿其中，遂生十男。十男长大，外托妻孕，其后各有一姓，阿史那即一也。子孙蕃育，渐至数百家”。

而在唐人笔记《酉阳杂俎》所记载的突厥起源传说中也有关于白鹿的：“突厥之先曰射摩舍利海神，神在阿史德窟西。射摩有神异，又海神女每日暮，以白鹿迎射摩入海，至明送出。经数十年。后部落将大猎，至夜中，海神谓射摩曰：“明日猎时，尔上代所生之窟当有金角白鹿出，尔若射中此鹿，毕形与吾来往。或射不中，即缘绝矣。”至明入围，果所生窟中有金角白鹿起，射摩遣其左右固其围。将跳出围，遂杀之。射摩怒，遂手斩呵尔首领，仍誓之曰：“自杀此之后，须人祭天。”即取呵尔部落子孙斩之以祭也。至今突厥以人祭纛，常取呵尔部落用之”。射摩既斩呵尔，至暮还，海神女报射摩曰：“尔手斩人，血气腥秽，因缘绝矣。”

《史集》中更明确说：“大约距今两千年前，古昔被称作蒙古的部落，与其他突厥部落发生了纠纷，终于诉之战争。据值得信任的可尊敬的人们口头转述的一个故事说：其他部落战胜了蒙古人，并对他们进行残酷的屠杀，活下来的只有两个男人和两个女人。这两家人逃到了一个偏僻的地方，那里周围都是山林，除了一条狭窄难寻的小径之外，别无他路可通。那些山中间有丰富的青草和良好的草原，这个地方名为额尔古纳昆。那两个人的名字是捏古思和乞颜，他们和他们的子孙就长久的居留此地，生息繁衍着”。

当然这只能表明蒙古人深受突厥文化影响（可能和蒙古民族形成过程中加入了大批的突厥部族有关），并不能说明蒙古民族本身有强烈的狼图腾，也不能说明蒙古人就是突厥人。

背景阅读：早期蒙古草原游牧民与森林狩猎民的不同生活方式

草原部落主要畜牧牛、马、羊、骆驼。马作为主要的交通工具而特别受到珍视，非大宴会不杀马，马的数量是一个部落强弱的主要标准。游牧民族一般在秋高马肥时才发动侵略战争，就是因为此时可以发挥骑兵战的优势。《蒙鞑备录》中对此曾对此有描绘：马儿刚生下来一两年时间就在草地上加以训练，前后达三年之久。由此训练出来的马匹很有纪律性，千百匹的马群不会撕咬乱叫，即便主人下马也依旧可以驱策，也不会走脱。白天并不喂草料，到夜里才开始放牧。随其草之青枯，在野外放牧，到拂晓时再来搭鞍乘骑。出征时每个人都有好几匹马，每天轮流骑乘，所以马儿不会疲惫”。牛也用来拉车，大车用前后两组各十一头牛并排拉动，贵族的大车上可以载运不需拆卸的帐幕。牧民主要食物是牛马羊的奶和奶酪，喝马奶酒，有时也吃羊肉，但牛轻易不宰杀，马更是如此。牲畜的皮可制衣服、水囊，毛可制成毡毯与绳线，是制作毡帐的主要材料。每一个氏族都有大致固定的地域，牧民们每遇冬夏，便沿着习惯形成的路线在牧地间迁移。此时已经懂得将牛马羊分开畜牧，但是还不知道建立圈棚和储备冬饲料。

由于要随着水草迁徙，所以无法长期在一地定居，只能住在毡帐里。毡帐有两种，一种可以拆卸，用交错的棍棒做成圆形骨架，顶端向上深处一个烟筒一样的东西（同时也是天窗），帐顶和圈周用白色的毡毯覆被，门帘也是用毡子制成。帐门总是朝向南方，主人的床榻安置在帐的北边，妇女起坐之处在东侧，火灶在帐的正中，以干牛粪、树枝为燃料。另一种则用柳木织定硬圈，直接用毡子固定，不可拆卸，在牛车上载行。这种车帐有的相当庞大，车的两轮间的距离长达六米，车上的帐幕直径达九米，需要二十头牛分成两列来挽拉。车上空间很大，可以坐也可以卧。卧具和贵重物品则放在毡柜里由骆驼车拉运。牧民们迁徙时，妇女们赶着牛车，连绵数十辆，甚至长达十五里。车队扎营时，帐幕坐落在成行排列在东西两边的车辆之间，车辆其实起到了临时防御工事的作用。

狩猎则是森林人的生活来源，猎物主要是有兔、鹿、野猪、黄鼠、黄羊、野鸭、野马、土拨鼠等，捕鱼的方式有结网捕、鱼叉叉、钩儿钓等。在食物严重缺乏时，还会采摘杜梨，挖山韭、山丹根等野菜、野果充饥。他们居住在桦皮搭成的敞棚或茅屋里，在狩猎和交通中除了马匹还是用滑雪板，也饲养少量的山牛、山绵羊和哲阑，挤奶以供使用，迁徙时则用山牛驮载。

此外，早期的蒙古人也有了自己的手工业和商贸。妇女用羊毛织毡、捻线，用毛皮缝制衣帽，用皮革制成靴子、皮带和皮囊。男子则制造甲胄、鞍具、弓箭、车帐、车辆，由于中原铁钱的流入，草原上依旧出现了制造铁制工具和武器的铁匠。由于草原经济的单一性，蒙古商贸主要是适应贵族需求的对外商贸，用马匹交换中原和西域的奢侈品和铁。

背景阅读：珊蛮

“珊蛮”（Shaman）一词蒙古语意为“巫师”。据东西方学者考证，其语源可分为阿尔泰语系说和梵语的“Shramana说”。（见岩井大慧《关于珊蛮教所表示世界观的佛教因素》）。多桑《蒙古史》称：“畏吾儿人先奉之宗教为珊蛮教，与亚洲北方诸部族同。其教之巫者曰珊蛮。”

“珊蛮”现在一般翻译为“萨满”。当时的草原上除了克烈、乃蛮、汪古等部较早的开始流行景教之外，大多信奉珊蛮教。珊蛮教的主要教义是万物有灵论，相信太阳、月亮、山岭、河流、雷电、树木皆为神灵，而长生天（音译腾格里）则是高于一切神灵的至高神，世界的主宰，即便后来的蒙古大汗也一直自称“托长生天底气力”。而太阳和月亮则能体现出长生天的意志所在，所以礼拜日神和月神也是重要的仪式。地神则被称作额秃该，可以保佑子女牲畜田禾，也备受崇拜。而用毡子裁成人形偶像放在帐幕门户两边，偶像下放上毛毡制成的牛羊乳房模型，则可以保护牛马。每年四月初九和重九都要举行重大的祭祀仪式，以敬谢上天。

珊蛮有占卜吉凶、交通天地、祷告风雨、驱除邪异和医治疾病的职权。其最重要的职能是占卜，占卜时将羊骨灼烧，根据其纹理的逆顺来辨识吉凶，称作烧琵琶。烧炙后的羊肩胛骨上，如果裂纹是直的就是吉兆，如果是横纹或裂纹则是凶兆。

背景阅读：塔塔儿部

塔塔儿（Tatar）有“鞑靼、达靼、达达、达打”等许多异译，其名称最先见于突厥“阙特勤”碑（公元732年，即唐玄宗开元二十年，突厥汗国时期所立碑刻。“阙”是人名，“特勤”是突厥贵族子弟称号。十九世纪末俄国学者发现于今蒙古国呼舒柴达木湖畔），碑文载有“三十姓塔塔儿”字样。中国史籍里最早记载着鞑靼名称的，为《旧唐书僖宗纪》、《旧五代史唐武皇纪》、《新唐书·沙陀传》、《新五代史·鞑靼传》等。（参见箭内亘《鞑靼考》、和田清内《蒙古诸部落的起源》）。

七世纪时东突厥、薛延陀先后被唐朝打垮，回纥则臣服于唐，漠北地区相对安定，室韦—达怛人在没有强大外敌压迫的情况下逐渐向西迁移。虽然高宗末年后突厥重新崛起，并将达怛人看作敌人，但已不容易对付了。据突厥文《毗伽可汗碑》记载，毗伽可汗三十二岁时（715年），突厥出兵攻打铁勒，破其汗庭。铁勒人与九姓达怛联合起来与突厥作战。744年回纥首领药罗葛氏骨力裴罗推翻后突厥汗国，建立回纥汗国。此后，九姓达怛又和铁勒联合起来反抗回纥，虽然被打败，但并未被完全征服。八世纪时室韦人陆续向草原迁徙，屡屡和回纥、唐朝发生冲突。840年回鹘汗国被

"阙特勤"碑

吉嘎斯人推翻，回鹘人或南逃或西迁，但吉嘎斯人数过少，很快就退到叶尼塞河上游的故乡，草原陷入权力真空的状态。此时室韦—达怛人趁机蜂拥西迁，从克鲁伦河到杭爱山地区布满了达怛人部落。其中最强大的就是达怛（鞑靼）人，也因此回鹘把东面的草原部族统称为"三十姓鞑靼"。他们的首领曾被唐朝授予都督官位，辽国则把他们称作"阻卜"。塔塔儿人就是他们的后代，分成六部，有七万家之多。但由于内部分裂、无法统一，虽然他们屡次与辽金战争，却始终无法崛起，反过来常常成为辽金控制草原的棋子。

背景阅读：克烈部

克烈（Kereit）部为十二世纪和十三世纪时住在蒙古斡儿寒和土兀剌两河流域间的部落，在中国史籍里有"客列、克列、怯列、怯烈"等异译。唐代起他们就住在贝加尔湖西方谦河（Kem）附近，后来逐渐南下移至斡儿寒和土兀剌两河地方。详见《史集·部族志》、多桑《蒙古史》第一卷、樱井益雄《怯烈考》。

克烈部是辽金时期漠北最强大的部落，他们可能是九姓达怛的后人之一。分布于东起怯绿连河上游之南，西至杭爱山，北至图拉河和斡儿寒河下游一带，南临大漠，其大帐则在斡儿寒河流域。克烈部分为八部，有比较集中的王权，辽代时其统治家族在中亚基督教商人的介绍下，信奉了基督教聂斯托利派（汉文称作景教）。早在1012年，克烈部首领阿里底就曾杀死辽国派驻的节度使，攻打可敦城，被西北路招讨使萧图玉击退。1092年克烈部首领马儿忽思起兵叛乱，击杀西北路招讨使耶律挞不，八年后才被塔塔儿人打败，送给辽廷处死。马儿忽思死后，其寡妻忽图黑台缝制了一百个盛放马奶的特大革车，每辆车上都暗藏一百位武士，派人告诉塔塔儿人说自己要送牛羊和马奶。塔塔儿人信以为真，设宴款待，武士们乘机杀出，塔塔儿部首领纳兀儿被抓获处死。由于长期与突厥语族部落杂居，在风俗、语言上深受突厥化影响，社会发展水平较其他蒙古语族部落先进，以至于被《史集》算作突厥部落。克烈部肤色较黑，相貌和蒙古部迥然不同。马儿忽思有两个儿子：忽儿扎忽思和古尔汗，忽而扎忽思继位后为了防止儿子争位，将领地分给两个儿子台帖木儿和不花帖木儿，后来他的另一个儿子脱斡邻赶走两位兄弟，自立为汗。古尔汗在乃蛮的支持下赶走脱斡邻，脱斡邻则在也速该的支持下又赶走了古尔汗，他就是大名鼎鼎的王罕。拖雷的妻子、忽必烈的母亲唆鲁禾帖尼就是克烈部人，她是王罕的侄女。

背景阅读：乃蛮部

乃蛮部为突厥系民族之一，十世纪至十三世纪生活在阿尔泰山脉一带，牧地在阿尔泰山之阳，北接斡亦剌，西界回鹘。十一世纪起改奉景教（Nestorian），更以畏兀儿字（即蒙古字）作为本国文字。又译为“乃马、乃满、乃蛮、奈曼、奈蛮、耐满”等。参阅多桑《蒙古史》（冯承钧译）、《史集·部族志》。

乃蛮部分布于蒙古高原西部，以安台山为中心，西至额尔齐斯河，北与吉尔吉斯人接界，东与克烈部相邻，南面直到今黑额尔齐斯河和乌伦古河，隔着沙漠与畏兀儿为邻。乃蛮是突厥语族部落，其祖先可能是当年南下的吉嘎斯部落中的一支。乃蛮人也分成许多部，最强大的是别帖乞部，和克烈部一样，乃蛮部也是信仰景教的基督徒。他们的君主被称作屈出律汗，曾被金国封为大王，讹称“太阳”，所以被称作“太阳汗”。在漠北各部族中乃蛮因为久与回鹘文化接触，社会发展水平最为先进。太阳汗拜不花在位时，已经有了维吾尔语的印章出纳财务。

背景阅读：女真

女真的译名很多。也做“女贞”、“女直”，亦作女真族，或源自3000多年前的肃慎，汉至晋时期称挹娄，南北朝时期称勿吉（读音“莫吉”），隋至唐时期称黑水靺鞨，辽至金时期称“女真”、“女直”（避辽兴宗耶律宗真讳），直到明朝时期仍然自称为女真，至今也有自称为女真族后代至今，认为与满族不同。“女真”一名最早见于唐初。“女真”在明朝初期分为建州女真、海西女真、野人女真三大部。可参阅韩儒林《女真译名考》。

女真族战士画像

背景阅读：十二世纪初蒙古部的勃兴

蒙古部最初并不强大，即便被辽军打得溃败的札剌亦儿人也差点将蒙古部灭族，只有海都汗（铁木真的六世祖）等少数人得以逃出，牧场被札剌亦儿人侵占。多年后，海都与其叔叔纳真联合巴拉忽部东山再起，才击溃了克鲁伦河流域的札剌亦儿部，恢复了斡难河上游和不儿罕山的故地。海都死后，由于长子拜姓忽儿（铁木真的五世祖）早死，部众由察剌海统领（即泰亦赤兀部的先祖），拜姓忽儿的儿子屯必乃（铁木真的高祖父）时，蒙古诸部落已经有了很大的发展，逐渐形成了松散的部落联合。乞颜部长合不勒（屯必乃子，铁木真的曾祖父）被推选为诸部落的共同领袖，开始采用汗的称号。这时，松散的部落联合的汗，是由部落成员大会（忽里勒台）推举产生。汗并不限定选自某一部落或家庭，但汗有权提出继任的候选者。此时正是辽国灭亡之际，草原上的部族如鞑靼人拒绝效忠金国，草原上出现权力真空，合不勒汗趁机独立建国，即蒙兀（古）国。1137年，金熙宗派万户呼沙呼北攻蒙古，深入蒙古腹地后粮食断绝，被迫撤退，合不勒汗率军追击，大破金军。金熙宗邀请合不勒汗参加宴会，企图加以杀害，但合不勒汗在宴会上羞辱了金熙宗后转身离开，并杀死了追杀他的金国使者。由于金国宗室左丞相挞赖发动叛乱，金熙宗自顾不暇，无力征讨。1139年，挞赖被剿灭后，其子腾花都率父亲的旧部攻打辽东，并向蒙古求援，合不勒汗趁机率军侵掠金国边境，金军无力抵挡。蒙古军队甚至出现在上京附近，金熙宗派完颜希尹，完颜宗磐等重臣率军出征才抵挡得住。此后，完颜宗弼（金兀术）率军八万连年攻打蒙古，均未能攻克。最后双方议和，金国不得不撤出克鲁伦河以北，将27个团寨割让给蒙古，并每年“赏赐”蒙古牛羊、粮食。次年，金国正式册封合不勒汗为蒙兀国王，这也是蒙古人建立的第一个国家。

第二章 成吉思汗的童年时代

大约1155年的时候，在斡难河畔迭里温·孛勒答黑境界石附近，也速该·把阿秃儿家里生了一个男孩。这个孩子降生的时候，右手握着一块凝血。这个婴儿便是后来名扬四海的成吉思汗。

大约1155年的时候，在斡难河畔迭里温・孛勒答黑[①]境界石附近，也速该・把阿秃儿家里生了一个男孩。这个孩子降生的时候，右手握着一块凝血。这个婴儿便是后来名扬四海的成吉思汗。

也速该・把阿秃儿属于孛儿只斤氏族的乞牙（Kiyat，为“乞颜”的复数）系，是合不勒汗次子把儿坛的儿子。一些史料认为，也速该只不过是一个“长”[②]，而其他史料均称他是所有蒙古部族的首领[③]。英雄诗的秘史（《蒙古秘史》）对于他的记载似乎没有不可置信的地方，而且他生平的大部分已为其他史料的证合所确认。据此史料分析，也速该・把阿秃儿是一个典型的草原贵族。因为他的次兄捏坤太子[④]和他的弟弟答理台・斡惕赤斤二人似乎都使用过也速该的牧地，并承认他的首领地位。也速该曾经拥有过奴隶和平民阶级的家臣，他的随从里还有若干名和泰亦赤兀[⑤]氏族有血统关系的人。所以，也速该到外面去侵袭和劫掠的时候，常常能够纠集充足的人马，而其营帐也因为防卫甚严使得也速该极其安全。除了贵族血统出身以外， 也速该还是一个远近闻名的战士，他没有辜负“把阿秃儿”这一称号，也正是这个缘故， 也速该能够在草原里确保势力。也速该在兄弟们的帮助下，打跑了蔑儿乞[⑥]（牧地在克烈部领域北面的一个部落）人。因为蔑儿乞人和斡勒忽纳兀部的女子结婚，按照草原上的传统，也速该便在途中抢了该女子做正妻。这个女子名叫诃额仑，后来被称为诃额仑额客（“额客”为蒙古语“母亲”的意思），意即诃额仑母亲，或称为诃额仑兀真（“兀真”为汉字“夫人”的音译，在满语里音译作“福晋”），也就是“诃额仑皇后”。

为支援同族，也速该常和塔塔儿人交战。一次远征回来的时候，恰巧诃额仑生下一个儿子。而也速该因为率蒙古军侵袭获得成功，还擒住了两个塔塔儿俘虏，其中一个年长的叫作铁木真。一边是儿子降生，一边是凯旋班师，面对如此巧合，也速该便依照古突厥、蒙古给婴儿命名的习惯，给这个儿子取名为铁木真[⑦]。几年后，也速该与诃额仑又生了三个儿子，他们就是拙赤・合撒儿、合赤温・额勒赤、帖木格・斡惕赤斤，另外还有一个女儿帖木仑。另外，也速该的妾（别妻）也生了两个儿子，他们分别叫作别克帖儿和别勒古台。

当铁木真九岁时，也速该决定给这个孩子找一个妻子。当时蒙古

① 据《蒙古秘史》记载，诃额仑在斡难河（今鄂嫩河）畔的迭里温・孛勒答黑（形如脾脏的山）的地方生下了铁木真。关于“迭里温・孛勒答黑”的具体地点，至今学界仍争论不休。而孛勒答黑还有“孤山”的意思。

② 宋赵珙《蒙鞑备录》载：“鞑主忒没真，乃旧牌子头结娄之子，牌子头者，乃彼国十人之长也”。

③ 按照惯例，蒙古部的汗位由泰亦赤兀系和乞颜系轮流执掌，如合不勒汗死后由泰亦赤兀氏的俺巴孩汗继位，俺巴孩死后由乞颜氏的忽图剌继位，但是忽图剌死后，泰亦赤兀部由于内讧，长期没有推选出汗位继承人，导致汗位多年空虚。也速该是乞颜部最强大的贵族，但没有能继承汗位。

④《至元译语・君臣门》“太子”条下音译为“太子”，《元朝秘史》也作“捏坤太子”。而小林高四郎注释称：“明译写作‘太子’实误，

应作‘太石’，因为这个名称由汉语‘太师’转化而来，为辽代以来北方人的美称。”小林高四郎此说本自那珂通世之说。另一说，“台吉”是“太子”二字转讹，详见符拉基米尔佐夫《蒙古社会制度史》。

⑤ 泰亦赤兀(Taichiut)亦作“泰亦赤兀”。为蒙古部族中的一个氏族。蒙古族兴起前，曾在薛凉格(Selenga)河畔一带游牧。可参阅《史集·部族志》、多桑《蒙古史》。

⑥ 蔑儿乞(Merkit)在《元史》中作“篾里乞、篾里吉、篾里期”等；《辽史》作“梅里急、密里急”。《辍耕录》作“灭里乞歹、灭里吉、木里乞、末里乞歹”等异译。为蒙古系部族之一，游牧于薛凉格河流域一带。可参阅多桑《蒙古史》、《史集·部族志》。

⑦ 铁木真的名称，与有“铁”意义的蒙古语“帖木儿”(temür)近似，是古代传说中的铁匠。这种传说曾见于伊宾·巴图塔、海屯和鲁勃洛克的记载里，可在柏朗·迦宾和马可·波罗的著作中却未曾提及。

诃额仑画像

族的部落组织实行“异族结婚”，就是说，氏族男子所娶的妻子不能是近亲，而应该在其他氏族里。这种制度固然可以保障后代质量，但也导致另外一种结果，那就是对婚姻适龄女子的掠夺。为此，部落之间不断发生争执、交战和侵袭等情形（也速该抢夺诃额仑即是最好例证）。此外，还有一种解决婚姻的办法，就是氏族间签订互相交换妇女的协定。两个氏族的各方人员在缔结这种协定后，就互称对方“忽答”（亲家）。为了给长子铁木真找到合适的妻子，也速该便来到斡勒忽纳兀部他妻子的亲眷那里。此前，斡勒忽纳兀人本来将本族女子嫁与蔑儿乞人，可后来被蒙古孛儿只斤氏族人员抢去了（指也速该抢诃额仑这件事），但斡勒忽纳兀人对此并不以为意。因为斡勒忽纳兀部落曾与合不勒汗在蒙古名义下所统一的部族订立过长期婚姻协定[①]。

也速该在寻亲路上偶然和弘吉剌部[②]的德薛禅（蒙古语中“薛禅”有“贤者”、“聪慧”之义）相遇。而斡勒忽纳兀部就是弘吉剌部的一个支派。德薛禅得知了也速该的意图后，又看到年轻的铁木真仪表堂堂，气度非凡，不由得动了心，于是他邀请也速该父子到他家里去看看。因为他恰巧有一个女儿叫孛儿帖（1161-1236，谥号光献翼圣皇后 。蒙古族把“成吉思汗十二代祖母阿兰高娃、成吉思汗生母诃额仑、成吉思汗夫人孛儿帖”尊为“蒙古三贤圣母”），长得如花似玉，德薛禅是想让也速该父子看看，自己的女儿是否有资格做铁木真的妻子。也速该一口答应，便和铁木真一起来到德薛禅的营帐。这时候孛儿帖刚巧十岁（比铁木真大一岁），也速该对这个孩子的印象很好，第二天便为铁木真议婚，德薛禅一家当然非常乐于接受。于是也速该就将自己的“从马”（供换骑的备用随从的马）赠予德薛禅作定礼，并让铁木真以未来女婿（“古列干”）的资格留在那里，他自己便离开德薛禅和铁木真返回。依照蒙古的习惯，这件事充分表明也速该要与德薛禅家系结为亲戚的决心。弘吉剌部所占据的疆域，在居住于长城附近的汪古部[③]塔塔儿部中间，东面一直扩展到十世纪时征服契丹（辽朝）的旧疆。也正因为这样的地理位置，弘吉剌部比蒙古其他部落受汉人的影响更为深远。 弘吉剌部与汪古部一起被汉人列在“白”[④]（即白鞑靼）一级，亦即开化的“夷狄”之中。而后来关于铁木真长时期逗留在汉邦说法[⑤]，或许正是源于他生活在弘吉剌部里的缘故。

但是，铁木真在德薛禅家的未婚婿生活，因为发生了意外变故而中止。事情的起因是这样的：也速该离开德薛禅家返回途中，恰巧遇到塔塔儿人聚集在一起举行筵会，也速该就在塔塔儿人的地面上停了下来。也速该这一举动的原因不明，或许他只是想休息一下，也可能是遵从古代蒙古的习惯，凡遇到这种筵会都必须参加。塔塔儿人里面有认识也速该的，他们想起了也速该袭击同族的冤仇，尤其是俘获了他们的两个人。于是，他们起了歹心，乘机将一些毒药搀在食物里面给也速该吃。

① 成吉思汗的远祖朵奔篾儿干，曾经和居住在巴儿忽真地方的部落女子通婚。又，明初叶子奇《草木子》卷三《杂制篇》，有如下记事：“元朝正后，皆用雍吉剌氏，自太祖与其族帐设誓，取天下，世用其女为后”《元史》卷一百十四《后妃传》中，亦有同样记载：“太祖光献翼圣皇后，名旭真，弘吉剌氏，德薛禅之女也。有旨生女为后，生男尚公主，世世不绝”。（“旭真”为“兀真”的异译，是称号。）据此可认定以上事实便是“长期婚姻协定”的例证。

② 关于弘吉剌（Khungirat）的异译，《辽史》为“王纪剌”，《金史》为“广吉剌”，《圣武亲征录》及《元史》为“弘吉剌、雍瓦吉剌、雍瓦吉里”等，《辍耕录》为“瓮吉剌歹”。其住地在蒙古东部，北起额尔古纳河流域，南至哈拉哈河流域。参阅箭内亘《鞑靼考》、多桑《蒙古史》第一卷、《史集·部族志》。

③ 汪古（Ongut）

部首见于《辽史》，为蒙古部族之一。其异译为"王孤、雍古、汪古惕、旺古、瓮古、雍古歹"等。因服属于辽，命它守卫长城，蒙古语"汪古"(Ongou)就是"长城"之义，因而得名。其住地在阴山山脉北面，西面一直到甘州黑水方面。参阅箭内亘《鞑靼考》，樱井益雄的《汪古部族考》，《史集·部族志》。

④ 宋赵珙《蒙鞑备录》云："所谓白鞑靼者，容貌稍细，为人恭谨而孝，遇父母之丧，则其面而哭，尝与之联辔，每见貌不丑恶而腮面有刀痕者，问曰白鞑靼否？曰然。凡掠中国子女，教成却弱之，与人交言有情。"如上所述，白鞑靼就是指与汉人相邻接的弘吉剌和汪古等部。

⑤ 赵珙《蒙鞑备录》云："成吉思汗少被金人虏，为奴婢者十余年方逃归，所以尽知金国事宜。"

⑥ 据一般说法，皆以为蒙力克因为娶了成吉思汗的母亲诃额仑，所以称其"父亲"。这件事在1663年术赤后裔阿不哈齐·八哈都儿所编纂的《突厥世系》(Schédjere-iTurki，突厥文，乃节录剌失德书而成，极简陋)中说得很详细。也有人认为，"父亲"只是一种尊称。详见小林高四郎《成吉思汗生母再醮说之否定》。

不一会儿，用餐完毕，也速该告别他们重上旅途，便觉得身体有些不适。几天后，他回到家里，才明白自己被塔塔儿人暗算，也感觉到来日无多，便把塔歹·察剌合（《蒙古秘史》原文为"晃豁塔歹·察剌合"）的儿子、他的家臣蒙力克叫到跟前，告诉他塔塔儿人下毒害他的事儿。因为自知死期临近，也速该便委托蒙力克照顾身后的家庭琐务，并吩咐他尽快将儿子铁木真从弘吉剌部的德薛禅家里叫回来。言讫不久也速该就去世了（公元1165年）。

蒙力克立即着手办理也速该的遗命。为避免发生意外或引起不必要的纠纷，蒙力克没有对德薛禅说明也速该中毒暴卒的事情，只是说也速该因为十分想念铁木真，想要他马上回去。德薛禅无奈，只得允许未婚婿离开，但他叮嘱铁木真必须早些回来。铁木真便随着蒙力克回到故乡。而蒙力克依照也速该的遗嘱，令铁木真称其为"额赤格"⑥（蒙古语，"父亲"之义）。

不久，铁木真及其母亲、弟弟、妹妹，加上他的亲族，开始过最艰苦的日子，同时也饱尝了人间的穷困和灾难。由于命运急转直下，铁木真不止一次濒临绝境，可每次都因为不可意料的环境变化，终使他安然脱离险境。经过九死一生，再加上黄天眷佑，这段日子给少年铁木真留下难以磨灭的印象。从幼年时代起，铁木真就表现出在灾厄中的坚定，就此而言，与其说是勇敢和冒险，毋宁说是机敏和慎重。他坚忍不拔的毅力，一直是贯穿铁木真一生的主要性格。

铁木真的厄运，在其父死后就到来了。他的亲族——泰亦赤兀部首领俺巴孩合罕的儿子塔儿忽台·乞邻秃黑和脱朵延·吉儿帖，因为感到也速该这样的强人已经死亡，便幻想获得更自由、更独立的活动机会。其次，因为俺巴孩合罕的寡妇们与诃额仑也经常争吵不休，他们也想早些叛离。于是，泰亦赤兀部决心背弃也速该家族，迁移到别处去，而对铁木真一家弃之不顾，让他们听天由命。

当塔儿忽台等人准备离开孛儿只斤的幕帐时，蒙力克的父亲察刺合试图说服他们留下，可泰亦赤兀部不但不听劝告，还用枪刺伤了这位老人家的脊背。诃额仑是一位机智、果断的妇人，她立刻召集仍旧效忠于她的少数部众，举起标有也速该·把阿秃儿符号的大旗[①]，赶上前去追截那些叛离者，终于使其中一部分人回转过来。然而事态到此地步，要想恢复旧观显然是不太容易了。也速该不能复生，他的儿子们又都幼小，诃额仑虽然果决，但终究是一个女人，无论她怎样能干，也无力去完成丈夫未竟的伟业。

不久以后，诃额仑及其子女们方才知道他们彻底被部众抛弃了。自从泰亦赤兀部叛离[②]后，其他亲族——如也速该生前的家臣和奴隶等人，也相继离去，甚至连担负照顾他们孤儿寡母重任的蒙力克也离弃了诃额仑，和她分帐别居。如今已经山穷水尽，与也速该的遗孀在一起住着的只有她自己的子女、也速该的如夫人及其所生儿子，以及少数婢仆。

这个被遗弃的家庭，即使人数很少，也不能再在自己的牧地上放牧家畜了。但是诃额仑并没有灰心，她继续以游牧贵族的观念抚养她的儿子们，她教育孩子们说，他们是正统的贵族阶级，他们唯一的责任，就是尽各种努力去改变现状。铁木真在母亲的叙述中得知了自己氏族的传说和古老故事，如关于贤淑的女祖先阿兰豁阿和孛儿只斤氏族创建者——神奇的祖先孛端察儿等。铁木真或许还从母亲那里听闻了最近代的故事，也就是其亲族和祖先的光荣历史。比如合不勒汗、被金人处死的俺巴孩汗、英雄忽图刺汗等。由此看来，诃额仑不仅是位聪敏的妇人，也是一位“古老故事”的讲述者。

也速该儿子们的日常生活，不是放牧马群，也不是看管羊群。为了生活，他们要屈身去捕鱼和狩猎些小动物，此外还得采集野葱、野蒜和草根充饥。由此，不难想象出他们所处环境是何其悲惨。

岁月流逝，铁木真和弟弟妹妹们逐渐长大了，他们都是成年人

① 即“纛”，蒙古语为“tuk”(《元朝秘史》音译为“秃黑”)，是从汉邦传入的。多桑引录《鞑靼地域史》(Visdelon)和《鞑靼语言之寻究》(AbelRêmusat)，称：“纛，中国旗名，乃于长矛上悬以土番之犁牛大尾也。是为中国皇帝之特用幢帜，其册封突厥鞑靼诸藩王时，常以此物并鼓赐之。”(多桑《蒙古史》卷一)。

② 到十二世纪时，尼伦蒙古的大部分支系都已经沦落，甚至成为他部贵族的属民，唯一强盛的只剩下泰亦赤兀部和乞颜部。泰亦赤兀的祖先是察剌海(铁木真六世祖的弟弟)，曾获得辽国给予的“令稳”官职，他的儿子必勒格获得了更高的“详稳”官职。因此获得了强大的势力。乞颜部虽然泛指整个尼伦蒙古，但到铁木真出生前的岁月则是指合不勒汗的子孙，而合不勒汗有七个儿子，长支子孙被称作乞颜主儿乞系，次子的儿子也速该一支则被称作乞颜孛儿只

斤系。合不勒汗死后，继位的俺巴孩汗（铁木真的叔曾祖父）来自泰亦赤兀部，俺巴孩汗被杀害后由合不勒汗的儿子忽图剌汗继位，可见蒙古部汗位是在乞颜和泰亦赤兀两大支系之间轮流担任的。但是忽图剌汗死后泰亦赤兀部虽然实力强大，但是内部纷争激烈，始终无法在俺巴孩汗后裔中选出汗位继承人，所以导致汗位多年空虚。也速该作为乞颜部最强大的贵族，早就遭到俺巴孩的孙子塔里忽台、忽邻拔都的忌恨。也速该的死正好给了泰亦赤兀部机会，他们便抛弃了铁木真家族而去，夺走了他们的部众，而部分乞颜部贵族也追随泰亦赤兀部而去，蒙古部公开分裂。

了。铁木真身材高大，目光炯炯，是一位天赋的奇才。虽然他的兄弟合撒儿和别克帖儿在体力上强于他，但铁木真却早已形成了毕生的性格：权力欲。他认为，他的任何东西被别人剥夺都是不能容忍的。正是因为个性如此，直接导致了他谋杀了自己的兄弟。当然，这并不是说，少年时代的铁木真便苛酷、残忍。一个例子反证了这一点，那就是当铁木真得知察剌合老人被泰亦赤兀人刺伤时，他还曾跑过去安慰他，见老臣身受重伤，还不禁涕泪横流。

铁木真刺死兄弟的经过也很简单。当时铁木真和合撒儿的获得物（比如猎物等）经常被异母弟别克帖儿和别勒古台夺走。起初铁木真他们还一起到母亲那里去诉苦，然而诃额仑额客却严厉斥责了他们，告诉他们兄弟间不得相争，并且譬喻说："除影儿外无伴当，除马尾外无鞭子"（见《元朝秘史》七六节）。同时提醒他们，千万牢记报复泰亦赤兀部的责任。而铁木真和合撒儿不顾母亲的训导，竟偷偷地前后夹击别克帖儿，并用箭把他射死。这种残酷的虐杀行为，当然激起了诃额仑的愤怒，但铁木真却并没有因此而显出极度惊慌。而其他人的态度，包括别克帖儿的亲生母亲和弟弟，也如平日一样安逸。这表明，在那个不断争斗和侵袭的时代，人们对于谋杀早已司空见惯，即使面对同一家族人员的互相杀戮也是如此。他们并不将杀人视为犯罪行为。斗争便是贵族部落组织和无法律的必然产物，也是一切蒙古幕帐中的惯例。而塔塔儿在这一点上，早已超过其他部落而名闻全世界。

背景阅读：也速该抢诃额仑为妻

据《蒙古秘史》记载，成吉思汗的母亲是其父也速该抢来的。其时，也速该外出打猎，途中遇见自斡勒忽纳兀氏娶妻归来的也客赤列都。也速该见这个女人非常漂亮，便回家叫来他的哥哥捏坤太石、弟弟答理台·斡惕赤斤二人，一起追过来。也客赤列都见势不妙，便急忙飞马逃走。也客赤列都先是绕过山头，然后又回到马车旁。坐在车上的妻子诃额仑便劝丈夫道："他们三个人来者不善，要害你性命，你赶快逃跑吧，保命要紧，女人不愁找。今后你要是挂念我，就再娶一个，让她用我的名字。快去逃命吧！"说完脱下外衣送给也客赤列都。也客赤列都无奈，朝斡难河上游逃去。

也速该兄弟三人一直将也客赤列都追出七座山冈后才返回，然后带诃额仑回家。捏坤太石则在前面引路，也速该牵着缰绳，答理台随着车辕走。诃额仑见此情景，大声哀呼："我的丈夫赤列都啊/在吹乱乌发的野风中/在漫漫无际的荒野里/你将如何熬过/那身单影只饥肠辘辘的日子啊/如今的我/长发两辫前后分/此苦此难怎度过？"

伤心欲绝的诃额仑的哭声震撼山野。答理台便上前劝解道："搂抱你的汉子/已越过重重山岭远去/挂念你的男人/已涉过道道河水远去/任你如何哭叫/再也不能回来/荒野山岭重重/归来之路难寻/闭嘴吧！"就这样，诃额仑便成了也速该的妻子，最后生下铁木真。

背景阅读：弘吉剌部

弘吉剌部也出自额尔古纳昆，他们属于迭儿勒勤蒙古，也是最早走出森林的部落。传说他们私自走出峡谷，慌乱中还把其他部落的炉灶踢翻了，因而受到其他蒙古人的集体仇视，因为它最先走出并成为他们的反对者。弘吉剌部分布在额尔古纳河上游地区，北至海拉尔河，南至哈拉哈河，与乞颜部世代通婚。弘吉剌部以一个黄金壶作为自己的祖先，表明自己天生聪明、仪态端庄、行为温和。辽末金初，耶律大石曾向十八个草原部族征兵，其中就有弘吉剌部。

背景阅读：俺巴孩合罕的寡妇们与诃额仑的争吵

某年春，俺巴孩汗的遗孀斡儿伯、莎合台二人前往祭祀祖先之地祭祖，因为迟到，诃额仑没能分到祭品食物，诃额仑很是不满，就对斡儿伯、莎合台抱怨说，也速该死了，就剩下我们孤儿寡母，你们看我们无能，连祭品不分给我们，那咱们就不要再见面了，今后起营时也不用打招呼！

而斡儿伯、莎合台二人也毫不相让，忿忿地斥责诃额仑："没有请来相分的道理/只有前来享用的权利/没有送去供用的道理/只有赶来分享的权利/可悲呀！俺巴孩可汗死后，我们竟听到了如此不恭的话！赶紧起营离开他们吧，让他们留在这里！"（据《蒙古秘史》）就这样，二人提出丢下他们迁往别处。

背景阅读：阿兰豁阿

阿兰豁阿的丈夫是铁木真的十一世祖父朵奔篾儿干。有一次朵奔篾儿干兄弟二人登上不儿罕山，他的哥哥都蛙锁豁儿从山上发现了一群迁移中的牧民正在向统格黎溪走去，在其中一辆黑色车子上有一位貌美的女子。朵奔篾儿干此时还没有成婚，便下山去查问，了解到这群百姓是豁里秃马部落的部众。他们在故乡因为猎物发生内讧，听说不儿罕山猎物众多，便来投奔此地之主兀良孩。而这个女子就是阿兰豁阿，她的父亲是豁里秃马部落首领豁里剌儿台篾儿干，她的母亲巴儿忽真豁阿也是贵族出身，是巴儿忽真洼地的领主巴儿忽歹篾儿干的女儿。阿兰豁阿尚未嫁人，因美貌出众而名闻草原，又出身贵族，正是朵奔篾儿干梦寐以求的配偶。而远来投奔的豁里秃马部落也亟须在不儿罕山立足，而作为在不儿罕山一带已经居住十几代的乞颜部后人（至少已经拥有了两匹骏马和一个奴隶），朵奔篾儿干也无疑能帮助他们解决困境。于是，朵奔篾儿干和阿兰豁阿便结为了夫妻。婚后两人生了两个儿子：不古讷台和别勒古讷台。

几年后的一天，朵奔篾儿干在脱豁察黑温都儿山上打猎时，遇见了一个正在树林里烧烤猎物的兀良合歹人，便向对方索要鹿肉。也许是十分热情好客，也许是自觉不是朵奔篾儿干的对手，那个兀良合歹人将除了鹿头、鹿皮、鹿肺之外的鹿肉都给了朵奔篾儿干。当朵奔篾儿干驮着鹿肉赶路时，又遇见了一个领着孩子的穷人。这个人是马阿里黑伯牙兀歹人，饥肠辘辘下将自己的孩子送给朵奔篾儿干，而换取了一条鹿的后腿。朵奔篾儿干便带着这个孩子回到家中，让他充当了家奴。

又过了几年，朵奔篾儿干去世，但是他孀居的妻子阿兰豁阿却又先后生下了三个儿子：不忽合塔吉、不合秃撒勒只、孛端察儿蒙合黑。这种奇怪的现象自然引起不古讷台和别勒古讷台的怀疑，他们私下议论说："我们的母亲，在我们的父亲去世而又没有改嫁的情况下生下了三个儿子。但家里只有来自马阿里黑伯牙兀歹的佣人，这三个孩子应该是他的儿子吧？"

此时，这个小家庭已经面临着分崩离析甚至骨肉相残的危险。阿兰豁阿察觉到了长子和次子的腹诽，但却不动声色。春季里的一天，阿兰豁阿煮熟风干羊肉，让五个孩子吃饱了肚子。接着让他们并排坐下，给每人发了一支箭，令他们折断。虽然不明白母亲的用意，但是孩子们还是照做了，都很容易地折断了各自手中的一支箭。然后，阿兰豁阿又把五支箭捆到一起交给孩子们去折。孩子们筋疲力尽、大汗淋漓，但最终谁都未能折断这捆在一起的五支箭。

看到时机成熟，阿兰豁阿便说道："别勒古讷台、不古讷台，你们对三个弟弟的父亲是谁心怀猜测，这可以理解。但你们有所不知，每到深夜，都有一个全身发光的人从天窗飞进屋里抚摸我的腹部，他的光芒透入我腹内。等天亮时他才像黄狗一样爬出去。你们就不要乱加猜疑了！我想你们的三个弟弟是天神的孩子，是不能和凡夫俗子相比的！将来他们会成为天下之主，那时候你们就会明白了！"在成功为自己辩解之后，阿兰豁阿接着教训自己的孩子们："你们五个都是我亲生的，要是不齐心协力，就会像单支箭那样容易被人折断。如果你们同心戮力，就会像捆在一起的五支箭那样，是不易被别人对付的！"

蒙古的传说之所以把阿兰豁阿神化，其实并不是因为她能及时化解家庭的裂痕，成为蒙古民族团结的象征，何况从阿兰豁阿死后五个孩子就分家来看，这段辩解未必令她的儿子们心服口服。而是因为阿兰豁阿成功地将孛端察儿及他的两个哥哥神化为天神之子。但是孛儿只斤氏自己也很清楚孛端察儿的父系血统是可疑的，所以才从孛端察儿开始才真正算作黄金家族的始祖。

背景阅读：孛端察儿

据《蒙古秘史》记载：阿兰豁阿过世后，兄弟五人不合，孛端察儿的四个哥哥将父母的遗产分掉，各自度日。四人认为孛端察儿很蠢笨，不把他当作兄弟看待，没分给他任何家产。

被亲人抛弃的孛端察儿愤然跨上他唯一一匹骨瘦如柴的青白马，离开了兄长们，顺着斡难河水自寻生路，来到一个名叫巴勒谆岛的地方后，才搭起草棚子住了下来。在这里孛端察儿见一雏鹰正在捕食黑野鸡，便用青白马的尾毛做成套子，套住雏鹰后把它带回家养了起来。

衣食无着的孛端察儿只能靠射杀被狼围困在山崖间的猎物或寻找被狼吃剩的残渣剩骨，用来充饥并喂养捉来的雏鹰，就这样艰难地熬过了冬天。待到春暖花开，雁鸭飞回的时候，他所饲养的那只猎鹰捕来的猎物已挂满了林间树枝。正在此时，一群百姓从都亦连山后迁到了统格黎溪边。孛端察儿每天将鹰放飞后，走到他们中间讨要酸马奶喝，晚上再回到自己的草棚子。那群百姓曾向孛端察儿讨要过他的鹰，但他没给。他们互不探问对方的来历，相隔不远地过着各自的日子。

孛端察儿的哥哥不忽合塔吉因为惦念弟弟，顺着斡难河向弟弟出走的方向出发了。他走到统格黎溪边时向那群百姓打探弟弟的消息。那群百姓说："有一个人每天来这里喝酸马奶，他的相貌和马匹与你所说的完全相同。他养有一只猎鹰。他究竟住在何处，我们也不知道。每当刮起西北风时，都会飞来满天的羽毛。由此看来，他的住处就在附近。不一会儿他就会过来，请稍等片刻！"

过一会儿，果然有一个人向统格黎溪边走来。不忽合塔吉走过去一看，果真是孛端察儿。于是不忽合塔吉便领着弟弟孛端察儿向斡难河上游急奔而去。孛端察儿跟在哥哥的后面，大声说道："兄长，兄长，身必有首，衣必有领啊！"对此，走在前面的不忽合塔吉未予搭理。接着，孛端察儿重又说了一遍，但不忽合塔吉仍未答话。当孛端察儿再次说起时，他哥哥问道："这句话，你为什么反复唠叨？"

孛端察儿回答道："统格黎溪边的那些百姓是一群散民，他们不分大小，不分贵贱，也没有头领。如此游民，我们应前去掳获！"

不忽合塔吉说："那好，我们回家与兄弟们商议掳取他们的办法。"

回家后兄弟五人商定了掳取他们的办法，并派孛端察儿打头阵。打头的孛端察儿先抓获一个孕妇，问："你是什么人？"孕妇回答道："我是札儿赤兀惕·阿当罕·兀良合歹人。"接着兄弟五人发起攻击，轻易地征服了对方。他们不仅缴获了牲畜，又将那些百姓带回家中充当家奴。

那位孕妇跟随孛端察儿后生了一个儿子。因为是札惕百姓之子，故名为札只剌歹，后来成为札答阑氏祖先。他的玄孙就是铁木真的安答札木合。

妇人又为孛端察儿生了一个儿子。因为妻子是被掳来的人，故给他取名巴阿里歹。

巴阿林氏的祖先便是他。

而孛端察儿的正妻则生有一个儿子，名为巴林失亦剌秃合必赤，他正是铁木真的九世祖。

这个掠人为奴、恩将仇报的故事确实不够光彩，但是在弱肉强食的草原上倒也是司空见惯的，更重要的是孛儿只斤氏族由此获得了众多的家奴，开始步入贵族的行列，因此孛端察儿在黄金家族的历史上具有重要的地位。

背景阅读：铁木真戮弟

《蒙古秘史》里讲述了这样一个故事：一天，铁木真、合撒儿、别克帖儿、别勒古台四人钓得一条鲱鱼时，别克帖儿、别勒古台硬是抢了过去。回家后，铁木真、合撒儿向母亲告发说："别克帖儿、别勒古台抢走了一条上钩的鲱鱼。"诃额仑听罢深情地说道："你们同为也速该的儿子，为何那般争吵呢？应该明白，如今我们举目无亲，形单影孤，这样下去如何向泰亦赤兀人报仇呢？为何又像阿兰豁阿母亲的五个孩子一样相互不和了呢？你们可不能那样呵！"

铁木真、合撒儿毫不听劝："昨天抢了一只鸟，今天又把鱼抢走了。这般下去怎能共同生活？"说罢起身而去，门被摔得嘎嘎作响。此时，放马的别克帖儿正坐在土丘上休息。他见拿着弓箭的铁木真、合撒儿一前一后包抄过来，便说："泰亦赤兀兄弟欺辱我们的仇尚未报，你们为何把我当成眼中钉，肉中刺？已是举目无亲，形单影孤，为何还要这样呵？你们不要毁了炉灶，害了别勒古台！"说毕，端正了坐式，任由铁木真、合撒儿射杀。

当铁木真与合撒儿迈入家门时，诃额仑从他们的脸上看出了一切，便怒骂道：

"害尽骨肉的你/吃尽同伴的你/从我热腹中出生时握有一块凝血的你/如同撕扯肋骨的黑狗/如同冲向悬崖的凶鹰/如同愤怒暴跳的雄狮/如同活吞生灵的莽魔/如同自冲其影的猛禽/如同凶猛残暴的野兽/又如咬断羔驼脚跟的公驼/雨天猛扑羊群的饿狼！又如捕食幼子血肉的暴鹘，袭击邻里异群的豺狗！

"你这如狼如虎又如猛禽的孩子呀，我等影子之外无同伴，尾巴之外无甩鞭，为报泰亦赤兀欺辱我们之仇而愁思之时为何干出这等事来？"

然而训斥归训斥，一家人的日子依旧过下去，没有因此分崩离析。

第三章 初露峥嵘与美满婚姻

在铁木真看来，即使自己的肉体和意志如何坚不可摧，也难逃一种命运，那就是最终必须服从「长生天」的安排。这种思想信念一直左右着他，使他坚信：在他所崇拜的诸神上面，还有至上神存在着，而至上神会把非常的力量授予自己。

长生天崇拜

在铁木真看来，即使自己的肉体和意志如何坚不可摧，也难逃一种命运，那就是最终必须服从“长生天”[1]（MongheTengri，《元朝秘史》音译为“蒙客·腾格里”）的安排。这种思想信念一直左右着他，使他坚信：在他所崇拜的诸神上面，还有至上神存在着，而至上神会把非常的力量授予自己。

此时，泰亦赤兀部的酋长塔儿忽台·乞邻秃黑（“乞邻秃黑”是“嫉妒者”的意思）又来找铁木真的麻烦。自从塔儿忽台背弃了也速该·把阿秃儿家族以后，认为这个家族定会灭亡，但事与愿违，非但他的希望没有出现，而且听说也速该的长子现在已经长成了一个有希望和有出息的男子汉了。这着实令塔儿忽台异常恐惧，因为他知道，一旦这个少年成为一个领导人物，便会危及泰亦赤兀部和自身安全，所以塔儿忽台决心去擒拿铁木真。他纠集了一帮氏族人众，打定主意去侵袭诃额仑的帐营。

面对塔儿忽台的突然袭击，诃额仑及其子女们难免感到恐怖，他们一片混乱，每个人都打算逃到森林里去，小孩子则被隐藏在岩石的裂缝中。别勒古台砍倒树木，筑成防护栅栏，神箭手合撒儿拼命放箭射击敌人。泰亦赤兀部大声叫喊着，说他们只要铁木真一人，其余的人概不为难。他们要求将铁木真交出来。铁木真闻听很是恐惧，便飞

① 蒙古族以“苍天”为永恒精神，故称为“长生天”。蒙古人认为至高无上的权力是由天神“长生天”（即草原游牧部落的主神）授予一位地上首领，并为他们的扩张政策进行辩护，成吉思汗就是一个典型。或称“成吉思汗”的含义就是“赖长生天之力而为汗者”，这与汉民族帝王“君权神授”思想如出一辙。关于成吉思汗的“长生天”思想，很多学者从政治角度进行过分析，而另一些学者则从宗教学观点对此加以探讨，并论述了“长生天”崇拜思想的形成对成吉思汗及其黄金家族的影响。参见赵金平《再论成吉思汗与“长生天”崇拜》等文章（《青海民族研究》2002年第3期）。

身上马，疾驰到山中的密林里去了。泰亦赤兀部看见铁木真逃走，立刻从后面追赶，但他们不敢贸然进入丛林，便把森林包围起来，还在每一出口处都布置了哨兵。

铁木真在森林里待了好几天。其间有两次他打算走出森林，但奇怪的是，他每次都被奇异的现象阻止了。在铁木真看来，这正是上天眷顾自己，示兆保佑他，阻挡他从隐匿场所出去。事情是这样的：第一次，当铁木真引缰牵马想要出去时，马鞍忽然无缘无故地坠落在地上，而马肚带却扣得好好的；另外一次，铁木真看见一块巨大的白石，好像也在阻挡自己从森林的出口处走出去。为此，铁木真又在森林里过了好几天，但后来因为害怕饿死便决定走出森林。他立刻被泰亦赤兀部的人抓住并枷上桎梏，被带到泰亦赤兀部营帐里。铁木真成了俘虏，每天轮流在各营帐里居住。

春季来临之际，是年四月十六日，泰亦赤兀部在斡难河畔摆开盛宴，只留着一个少年男子看守铁木真。铁木真抓住机会，举起枷锁在看守者的头上击了一下，随后逃走。他一直逃到斡难河畔的丛林边，又走进河里，单单露头在水面上，而把身子一直沉到脖颈处。

泰亦赤兀部发现铁木真逃走后，立刻开始搜索。在一个皎洁的月夜，藏在水里的铁木真被寄住在泰亦赤兀地面的速勒都思（Suldus）部（《元史·月鲁不花传》作“逊都思氏”，蒙古部落之一）的锁儿罕失剌（SorganShira）发现。他对铁木真说：“因为你太有才识了，别人都说你眼内有火，面上有光，所以泰亦赤兀部的人才这样妒忌你。你只那样卧着，我绝不会去告诉他们的。”（见《元朝秘史》八二节蒙文）

在锁儿罕失剌的劝说下，泰亦赤兀部决定第二天早晨再搜。锁儿罕失剌马上通知铁木真，劝他赶紧逃回自己家里去。但铁木真因为带着桎梏，自知万无逃脱机会，最后又偷偷走到锁儿罕失剌的帐幕里，希望得到他们再次帮助。循着拌搅马奶子的声音，铁木真很容易地找到了锁儿罕失剌的帐幕。铁木真知道这是锁儿罕失剌家庭的生业，这是因为他曾经在这里住过一夜，当时虽然是囚徒身份，但他却受到这家人优待。铁木真所料不错，他没有看错人。仅仅几刻钟的犹豫后，锁儿罕失剌就在他儿子赤老温和沉白的支持下，将铁木真接进家中，把他藏在马车里面，外边用羊毛遮挡，还把他的桎梏除掉了。

第二天早晨，泰亦赤兀部开始挨次搜索宿营地里的所有帐幕。他们来到锁儿罕失剌家，在就要搜到羊毛下面隐藏着铁木真的马车时，锁儿罕失剌插话打趣道："这么热的天气，羊毛里要是藏着人，怎么能受得了。"（见《元朝秘史》八六节蒙文）泰亦赤兀部人离开后，锁儿罕失剌一家人便秘密地为铁木真打点行装，打发他回家，并祈祷他一路平安。

铁木真回到家里，立即将营帐和整个家族迁往不儿罕·合勒敦（《元史》作"不里罕·哈里敦"，即大肯特山）去，这个地方是蒙古孛儿只斤氏族遗传下来的旧牧地。此后，铁木真与家人便依靠狩猎些土拨鼠和野鼠过活。很难想象，一个人的少年时期是在这种生活条件下度过的，而他后来竟能成为威震世界的统治者。

有一天，铁木真家里所有的8匹骟马（被阉割的马，蒙古语为"阿黑塔"），被一班不相识的盗贼抢走了。铁木真急忙骑着仅剩下的一匹马追上去。这匹马是在他们在遭到盗劫的时候，恰巧被别勒古台骑着到外面狩猎土拨鼠去了，才所幸没有落到盗贼的手里。

铁木真在追贼的途中，遇着一个年轻人。这个机敏的少年叫博尔术（《元朝秘史》作"孛斡儿出"，《元史》为博尔术，本文从《元史》），是阿鲁剌氏族（《元史·博尔术传》作"阿儿剌氏"，蒙古氏族之一，其始祖为孛端察儿）纳忽伯颜的儿子，他很愿意帮助铁木真。

回家途中，铁木真顺便去拜访了纳忽伯颜的营帐。纳忽伯颜对铁木真说："你们两个都是年轻人，应该互相帮助，日后也不得相弃。"（见《元朝秘史》九三节蒙文）遵从这位老人家的意愿，此后他们两人互相亲爱，成为终身密友。其后博尔术不仅为成吉思汗最卓越的将军，而且也是他最忠诚的幕僚。而成吉思汗也始终信赖他、尊敬他、眷顾他。

这次远行与偶遇，令铁木真备受鼓励。此后，他开始感到自己完全有能力去保卫自己和家族，他不再孤立于世界。

接下来，铁木真决定去找寻幼年时曾许嫁他的那个弘吉剌部女子。于是，他让弟弟别勒古台做伴，一起前往德薛禅的牧地。德薛禅一见到铁木真，非常高兴。他不负前盟，便把女儿孛儿帖嫁给铁木真为妻。在给女儿的嫁妆中，有一袭黑貂裘。那时候，铁木真的财产很少，因此这件黑貂裘便成为家中珍贵的财宝，他决定好好珍藏，只有最需要的时候才会用到它。

当时，蒙古氏族已然失去了政治上的一切重要性，金人便将视线转移到塔塔儿部，他们觉得这才是自己最危险的劲敌。于是，忠守中国古代传统政策的金人便乘机煽动其他蒙古游牧部落去打击塔塔儿人。而克烈部正是对抗塔塔儿部族的最强大敌手。金人便借故玩弄阴谋手段，挑起了两个部落之间的战争。克烈部的统治者脱斡里勒汗曾被汉人授予“王”的称号，所以一般人都叫他“王罕”。克烈部不仅是一个游牧部落，而且也操着蒙古语，但是他们的文化程度却高出塔塔儿部、泰亦赤兀部和其他一切蒙古部落之上。他们当中景教派（Nestorian）的基督教徒占大多数。他们不仅对文化较高的唐兀惕——当时统治中国西北诸州的西夏民族——维持着友好关系，同时对突厥斯坦和七河地方[①]（Jety-Su）的人也是如此。

王罕其实并不配称著名人物。他成名的起因是这样的：据说有一

① 符氏原注云：Jaty-Su（俄语为Semirechie）——“七河地方”，就是包含着天山山脉的西北面和准噶尔隘口（DsungarianGate）的地方。实际上位于今哈萨克斯坦和吉尔吉斯斯坦两国境内。

王罕被欧洲人当成了“长老约翰”

个教王约翰（PresterJohn，“长老约翰”）曾经在遥远东方的某个地方，光辉地统治着信奉基督教的国民，这个古传的奇谈竟被流传到欧洲，而欧洲人对此也很笃信。而王罕的称号，便成为传说中的“长老约翰”①和克烈部统治者偶然巧合的原因。实际上，克烈部的脱斡里勒汗是一个平庸之辈。他残忍寡恩，且又不自量力，完全缺乏游牧帝国统治者所具备的特质。为此，他自身时常陷入困境，而每次都是也速该对他施以援手。

王罕和也速该互相都把对方当作好友看待，并且结盟为义兄弟——安答②（Anda）。现在，铁木真为改变自己的处境，便想得到王罕的援助和保护，于是决定将自己的境遇说与王罕。

如今的铁木真虽然还没有创造出辉煌的业绩，可他的境遇已大为改观。从此他不再是被上帝抛弃的流浪者，他已经感觉到自己已经成为具有一定实力的草原独立贵族了。因为他不仅仅是贵族出身，而且拥有了像合撒儿和别勒古台那样两三个勇猛战士的家长，再加上美满的婚姻，何况他还拥有了一个家臣——博尔术。

在伴着爱妻回家的途中，铁木真派遣别勒古台将博尔术叫到自己的营帐里来。据记录（见《元朝秘史》九五节）所载，博尔术闻讯后，来不及告诉父亲，便马上随着别勒古台启程前来。

背景阅读：那可儿制度

那可儿翻译成汉语，就是伴当的意思。这是一个以战争为职业的亲兵集团，那可儿与首领的关系是在首领根据其技能而有所选择，而对于投附者而言则是在自愿的基础上结合而成的。他们的出身各有不同，但只要成为首领的那可儿，其本人就变成统治阶级的一员。众所周知，铁木真崛起的过程中不但没有得到蒙古部氏族贵族的支持，塔儿忽台这样的蒙古部大贵族反而成为其主要敌人之一。因此除了诸弟、诸子这样的至亲，他能依靠的就是那可儿这一家臣集团。博尔术的父亲纳忽伯颜是鄂嫩河上的富人，与也速该原本是好邻居。博尔术自愿离开富有的家庭，给还穷困潦倒的铁木真做那可儿，完全是出于

① 关于Prester-John的传说，可参阅《马可·波罗游记》和《鲁勃洛克行记》等书。

② 据王国维《观堂集林》卷十六《蒙古札记》“安答”条：《元朝秘史》记成吉思汗、札木合幼年初做安答时，互易髀石骨头。及攻克蔑儿乞，又互易带马，重新作安答。是安答者，必以易物为订交条件。故《亲征录》云，安答交友之物，其诂致确也。此亦契丹旧俗《辽史·圣宗纪》，上与斜轸于太后前，易弓矢鞍马，约以为友。统和元年，又与麻都骨世勋，易衣马为好。开泰四年，与夷离毕兵部尚书萧世宁，定为友契，以定君臣之好。同上《道宗纪》阻卜酋长余古赧及爱的来朝，诏燕王延禧相结为友。大安二年与蒙古结安答之俗，完全相似。则蒙古语中‘安答’一语，或即自契丹语出也。关于“安答”，可参阅王静安先生的考证。

朋友义气和对铁木真的敬慕。但是大部分那可儿本身与主人有依附关系。如札剌亦儿部的铁列格突伯颜让其长子带着两个儿子木华黎和不合送给铁木真“教永远做奴婢者。若离了你门户呵，便将脚筋挑了、心肝割了”，又令次子也把两个儿子送给铁木真做那可儿，将三子宋刚给铁木真的弟弟合撒儿。札剌亦儿部之所以这么做，是因为当年他们被蒙古人打败，成为海都汗的世仆，要表现对铁木真的忠诚。同样，兀良合歹部的札儿赤兀歹早在铁木真幼时就将自己的幼儿者勒篾许送给铁木真做家奴，后来他也成为铁木真的第一批那可儿。众所周知，兀良合歹部是蒙古人征服的第一个部落。

那可儿的主要职责是为首领充当警卫和先锋部队，但还作为使臣和信使，替首领掌管财产、掌管围猎甚至直接操持家务，有时候那可儿和家奴的职责十分相似。后来的怯薛制度就是由此发展而来。而主人对于那可儿要给予供养，并分给战利品。那可儿对于主人必须保持忠贞与服从，背叛或离弃主人将不为草原社会所容。札木合战败后，其五个那可儿将他擒拿送给铁木真，札木合让人对铁木真说：“黑老鸦会拿鸭子，奴婢能拿主人，安答如何能容得？”铁木真果然将五人连同其家人一起处死。同样，桑昆的那可儿在桑昆逃亡中抛弃了他，投奔铁木真，也被处死。相反的例子，铁木真大败王罕时，王罕的那可儿合答黑为了缠住蒙古军队，让王罕能逃命，与蒙军激战三日才被抓获。铁木真大加赞赏，不但不杀害，而且任命合答黑为百夫长，大加赏赐。

那可儿制度对蒙古民族的历史影响深远，哪怕后来蒙古帝国分裂、各汗国走上本土化的道路，出身那可儿世家的蒙古贵族依旧是各汗国统治阶级的核心力量，可以说与蒙古帝国相始终。

博尔术是铁木真的第一个那可儿。《元史》中称博尔术和铁木真的关系是“共履艰危，义均同气，征伐四出，无往不从”，“君臣之契，犹鱼水也”。铁木真夜晚睡觉时必须由博尔术警戒才得安枕，而博尔术与铁木真在内帐商量大事也是经常通宵达旦。作战时博尔术则勒马持弓，护卫于铁木真身侧。一次战役中蒙古军被克烈部打得溃败，博尔术抱着铁木真突围而出，在荒野中正好遇到风雪，找不到营帐所在，只能在草泽中休息，他和木华黎一起撑起毡毯为铁木真遮挡风雪，从早到晚一直站立，寸步不移，直到夜深，雪已厚达数尺之后才被发现。在三姓蔑儿乞人袭蒙古部时，再次被风雪围困，博尔术不顾生死冲入敌阵，但无法找到铁木真，于是急令搬走辎重，才发现铁木真已经返回卧憩车当中。铁木真统一草原后，博尔术成为右翼万户长，世代统领第二怯薛长，察合台出镇西域前铁木真还特地命他向博尔术请教。博尔术死后，被追封为广平王，其子孙世代封王，世袭怯薛长、万户长的职位，并有近两万户的封地，出任三公宰相者更是所在多有，可以说与蒙元相始终。

背景阅读：传说中的“约翰长老”

约翰长老的传说可能起源于《新约》中的约翰长老。1122年，一位自称印度长老约翰的人来到罗马，要求教皇承认他的地位。他自称是祭司兼国王，统治着一个庞大的基督教国家，还有圣多马的遗迹被基督徒崇拜。1145年德国的一位主教奥托发表的《编年史》里声称亲眼见过安条克公国的休向教皇犹金三世报告说，在世界的最东方有一位约翰国王。约翰是曾经目睹过耶稣诞生过程的三位东方学者的后裔，曾打败米底人和波斯人穆斯林国王塞米阿迪兄弟，攻占其都城。约翰在祖先的感召下想到耶路撒冷朝拜，但军队无法渡过底格里斯河而作罢。这可能是西辽皇帝耶律大石打败塞尔柱帝国苏丹这一历史事件的讹传。

1165年，一封明显是伪造的《约翰来信》风靡欧洲，据说这封信是写给拜占庭皇帝的。在信中他自称是一个慷慨的统治者和一个善良的人，统治着一个充满财富和怪奇事物的国家，圣多马曾在此居住。他的王国有“亚历山大之门”和“不老之泉”等奇迹，可媲美人间天堂。他拥有的宝物包括一面可看见每一寸国土的镜子。他的王国富庶得难以想象。学术界至今无法确定此信的作者及写作意图。但这对于正处于西亚和北非伊斯兰国家围攻中，多次发动十字军东征而屡遭失败的西欧基督教国家来说无异于雪中送炭。西欧人疯狂地追寻着传说中的约翰长老，以渴望获得与穆斯林作战的同盟者。由于蒙古帝国的崛起和西征，一系列伊斯兰国家被蒙古军重创，成吉思汗被附会为上帝拯救基督徒的使者，而当西欧人知道他曾经是王罕的义子。所以信奉景教的克烈部首领被基督教商人也看作约翰长老了。

直到新航路开辟之时，葡萄牙人还曾把埃塞俄比亚帝国这个历经千年犹存的基督教国家看作约翰的国度，曾想和埃塞俄比亚联合对付穆斯林。但后来他们发现天主教和埃塞俄比亚信奉的科普特教派格格不入，约翰长老的传说才最终作罢。

第四章 成吉思汗的勃兴

他设想从札木合那里重新获得自己原来的部众，显然他办到了。尤其重要的是，铁木真也在战役中彰显了自己的才干。因为共同作战，铁木真有机会和许多氏族成员建立联系，而他也开始成为人们议论的焦点。当他向王罕和札木合致谢时，他一再表明「长生天」就是他的最高保护者：「王罕父亲，札木合安答，因你二人与我做伴，天地与我添气力，男子的冤仇得报。」

铁木真偕同合撒儿和别勒古台，携带着孛儿帖的嫁妆——黑貂裘，来到当时在土兀剌河畔宿营的王罕那里。王罕很客气地接待了自己安答（指也速该，他曾与王罕结为安答）的儿子①。他很欢喜欢铁木真敬献给自己的礼物，便承诺要帮助铁木真召集已经离散多年的亲族和部众。

铁木真回到家里，更好的消息在等待着他。老铁匠札儿赤兀歹带着他的儿子者勒篾②（也译作“哲勒篾”）前来，说道：“你当初在迭里温·孛勒答黑地面生时，我曾经给你一个貂鼠里儿的袱，者勒篾

〈 壁画“蒙古四獒（四勇）”：者别、忽必来、者勒篾、速不台

① 也速该曾两次帮助王罕夺取汗位，因此也速该与王罕结成安答，铁木真可以算王罕的义子。

② 者勒篾系兀良合歹氏，与者别、速不台、忽必来并称“蒙古四獒（四勇）”。自幼服侍铁木真，多次营救其于危难之中，获称“有福的伴当”。开禧二年（1206），蒙古国建立，铁木真称汗后封其为千户长，为十大功臣之一，享有九次犯罪不罚特权（详见《新元史·哲勒篾传》）。

③ 王罕，又名王汗（《元史》作汪罕，（蒙古语：王罕，？-1203 年），名脱里或脱斡邻，蒙古语：脱斡邻勒 Тоорил），是克烈末代首领，因受金国册封为王，故称王汗。另，王汗还是一名景教徒，因此 13 世纪欧洲人认为他就是祭司王约翰。

儿子也曾带了来。为着幼小上头，我仍抱回去养了。如今这儿子交与你，备鞍子、开门子。”（见《元朝秘史》九七节）说完便将者勒篾交给了铁木真。

者勒篾的到来，不仅使铁木真获得了最直接利益，更重要的是使他获得了作为贵族的满足感，并且令其感到自己已经真正踏上了正式游牧贵族之路，而他周围的部众也开始承认他是草原贵族的重要成员。

然而好景不长。其后不久，铁木真又遇到一件非常麻烦的事情，使他再次饱尝游牧领主生活的艰辛。在处理这件事上，铁木真表现出过于慎重，甚至到了怯懦的地步。可恰恰这种磨砺，使得铁木真懂得了应势而变，也学会了忍耐，以待机而动，这使他成了最终的胜利者。

因为记恨着此前也速该掠去自己族人未婚妻的耻辱，脱黑脱阿所率领的兀都亦·蔑儿乞氏的一群蔑儿乞人意欲报仇。一天，他们突然前来袭击铁木真的营帐。由于铁木真的部众以为敌人是泰亦赤兀部，所以大家立即上马，而铁木真也来不及留意妻子孛儿帖有无马匹可乘，便急忙率众赶往不儿罕·合勒敦山。随后，铁木真的妻子和继母——也就是别勒古台的生母，一起被蔑儿乞人掳了去。

铁木真与部众在山中隐伏了好几天之后，便差遣部下去探听动静，得知蔑儿乞部已经远去，他便走下山来，椎胸仰天祝告：“我的小性命，被不儿罕山遮救了，这山久后时常祭祀，我的子子孙孙也一般祭祀。”（见《元朝秘史》一〇三节蒙文）说完便解下带子挂在脖子上，脱下帽子拿在手里，又椎胸（向日）拜了九拜，用马奶子酒浇奠了。铁木真的举动，便是那时崇拜其神明的蒙古习惯。解带和脱帽表示他们对于至上意志的完全服从。因为帽和带是蒙古人日常穿戴在身上的，是他们个性自由的象征。

酒奠祈祷奉献神明之后，铁木真开始着手筹划如何化解灾祸。他的计划很巧妙，由此获得了札木合和王罕[3]的帮助，他们一起向夺去孛儿帖的蔑儿乞部宣战。

札木合[4]薛禅是铁木真家系的亲族。札木合属于札答阑或札只剌歹氏族，他的神话上的祖先孛端察儿，也同样是铁木真氏族的祖先。札木合是一个有才干和有活动力的人，他周围聚集着相当多的贵族臣

④ 札木合（Jamuqa，1164—1204），出身札答阑部，称古尔汗。铁木真的十世祖孛端察儿曾抢到一个孕妇，孕妇不久生了一个儿子。因是札惕百姓之子，故名为札只剌歹，后成札答阑氏祖先。札只剌歹的儿子土古兀歹，土古兀歹的儿子不里不勒赤鲁，不里不勒赤鲁之子合剌合答安，合剌合答安的儿子便是札木合。由此，他们成为札答阑氏。虽然名义上札答阑部也是尼伦蒙古的一支，但其血统并非真正的孛端察儿后裔，所以札木合在血统上相对于铁木真有先天的劣势。札木合九岁时与铁木真结成安答，从此开启了两人恩怨纠缠的一生。

僚和平民，他的部众里面，还包含着应该属于铁木真的人员，因为这些人原来属于也速该·把阿秃儿帐下。札木合和铁木真还是幼年的时候就经常往来。有一次，他俩在斡难河冰上游戏（掷髀石[①]于冰上，为距离较远的游戏）的时候，曾互相交换髀石结盟为安答。所以铁木真对于说服他父亲的安答和他自身的安答——王罕和札木合薛禅——对他施以援助，并没有多大的困难，况且这两个人很早就对蔑儿乞部恨之入骨。

在联合王罕和札木合对抗蔑儿乞部的战役里，铁木真及其部下获得辉煌战果。铁木真的妻子孛儿帖也被解救[②]出来。蔑儿乞部人及其首领脱黑脱阿皆四散奔逃，铁木真他们还得到了一大批战利品。

《元朝秘史》（一一二节蒙文）在描述这次行动时这样写道：“原曾来不儿罕山围绕了三遭的那些三百个人们，尽绝殄灭了。他们的其余妻子们，可以做妻子的做了妻子，做奴婢的做了奴婢。”

由于铁木真不愿意蔑儿乞部完全溃灭在王罕和札木合手里，在等妻子安全返回后，便设法停止了对蔑儿乞部的追击。对于铁木真而言，这次战役称得上特别成功。他设想从札木合那里重新获得自己原来的部众，显然他办到了。尤其重要的是，铁木真也在战役中彰显了自己的才干。因为共同作战，铁木真有机会和许多氏族成员建立联系，而他也开始成为人们议论的焦点。当他向王罕和札木合致谢时，他一再表明“长生天”就是他的最高保护者：“王罕父亲，札木合安答，因你二人与我做伴，天地与我添气力，男子的冤仇得报。”（见《元朝秘史》一一三节蒙文）

征讨蔑儿乞部归来后，铁木真与札木合一起在斡难河上一个叫豁儿豁纳黑·主不儿[③]的地方宿营。在这里，他们从战利品中互相交换着礼物，以此巩固昔日友谊。他们在茂密的树荫下面举行筵会，夜里二人共衾而寝。在札木合的营帐中，铁木真得以和许多氏族成员和首领们会面。但这些人不顾札木合薛禅和铁木真之间的友谊，却很喜欢倾听札剌亦儿[④]（Jalair）氏族木华黎[⑤]（Mukali）说话。木华黎告诉大家说，同样在豁儿豁纳黑·主不儿这个地方，同样在这棵茂密的大树下，也就是他们和札木合薛禅举行筵会的地方，蒙古部最后戴着汗号的忽图剌在被选举为汗的时候，会在这里跳舞狂欢。此后蒙古部

① 札木合幼时在斡难河冰上游戏之事，见于《元朝秘史》卷三“髀石”（Shiya），或见于阮葵生《蒙古吉林风土记》记：“罗丹，鹿蹄腕骨也，旧俗，以蹄腕骨，随手摊掷为戏，视其偃仰横侧为胜负。小者以獐，大者以鹿，莹泽如玉，儿童妇女，围坐摊掷以相乐，以薄圆击之，则曰怕格。又有较远之戏，趋冰上，以中为胜，名曰撒罕。”这里的“撒罕”即“Shiya”。而杨宾《柳边记略》里所说的宁古塔童子的游戏，称作“噶什合”，或亦为此物。

② 蔑儿乞部抓获孛儿帖之后，把她给赤列都（曾经是铁木真母亲的未婚夫）的弟弟赤勒格儿。当时蔑儿乞部还不敢得罪强大的克烈部，在王罕的斡旋下，蔑儿乞部将孛儿帖送给王罕，王罕以儿媳待之，后来将孛儿帖送还给铁木真。孛尔帖在回家的路上生下了术赤，所以术赤的血统一直受到质疑。为了报夺妻之仇，铁木真请求王罕与札木合起兵相助。于是，

便日渐衰落，再也没有什么汗了。但“长生天”还不至于抛弃它所选择的天裔氏族，会再次纠集全体同族的英雄，在蒙古部里崛起，成为一个最强大的汗，同时还要向敌人复仇。而铁木真就是来做这个汗的。木华黎觉得这就是“长生天”的天命。此事已成为众人的谈资，因而即使是如木华黎的父亲一样的那些老人们也坚信这种传说。大家也都一致确信，由于上天的保佑，铁木真将成为汗，并将自己的氏族发扬光大。

铁木真和札木合在一起住了一年半。在此期间，铁木真有充足的时间去盘算未来，他也深深感到，自己将来一定不能与札木合并立。这一点是铁木真从木华黎的言语中认识到的。由于自己桀骜不驯，铁木真越来越确信，自己实际上就是那个被“上天”指定、去复兴氏族伟业、并成为蒙古汗们

> 蒙古“四杰”：木华黎、博尔忽、博尔术、赤老温

王罕率军两万从他的老营图拉河上的黑林出发，与铁木真相会前行，札木合则已在此等候，他也率兵两万，其中一万是也速该的旧部。联军到达勤勒豁河，结筏而渡，惊动了在河上为蔑儿乞部首领脱黑脱阿打猎捕鱼的属民。这些人连夜赶往蔑儿乞部驻扎的不兀剌川报告，脱黑脱阿只带着少量的随从顺着色楞格河逃走。联军大获全胜。曾掳走孛儿帖的战士都被全部杀死，女子、儿童则做了妻妾奴婢。

③ 豁儿豁纳黑·主不儿(KorgunakJubur)名字中的“主不儿”，那珂通世解释为河原，但《元朝秘史》里皆旁作“川”，意为草原、原野。《元朝秘史》中还多次出现“豁儿豁纳黑”一词，旁译为“寨”。88节“豁儿豁剌黑”，旁译“寨做了”。此地为驻营地。“豁儿豁纳黑·主不儿”之地，便指设在川谷中的驻营地。

④ 在《亲征录》和《元史》中，札剌亦儿(Jalair)部皆作“札剌儿”部，《元史》有时也作“押剌伊儿”部，为蒙古部族之一。其牧场在斡难河畔。剌失德丁分札剌亦儿部为十部（见《史集·部族志》，多桑《蒙古史》第一卷末附录二）。

⑤ 木华黎(1170-1223)，沉毅多智、雄勇善战，三十年间追随铁木真，无役不从。成吉思汗曾对木华黎说：“国内平定，汝等之力居多。我之与汝犹车之有辕，身之有臂也（《元史·木华黎传》）。公元1206年与博尔术被成吉思汗分别命为左、右万户。木华黎(Mukali)这个音译据《元史》而来。《元朝秘史》作“木合黎”，本文从《元史》。

的继承者。况且，由于已有了可信赖的有力帮手，其夙愿很快就能达到。在这种野心驱使下，铁木真开始将自己的氏族及那些了解并支持其见解的一切草原贵族聚集起来。

忆起年轻时的悲惨经历，铁木真不由得开始渴望游牧领主的自由和富裕生活。因为他感觉到，自己出身高贵、人品正直，实在有资格当此重任。他深知，札木合与自己有着不同的志向。铁木真看到，札木合关心的是平民，也就是蒙古社会最低层的人。这也就是说，铁木真的观点是贵族化的，而札木合却是民主的[①]。故此，两人不久以后发生的争执也就顺理成章。

关于成吉思汗一生中的重大转折点，《元朝秘史》这样描述："铁木真、札木合一日从那营盘里（在豁儿豁纳黑·主不儿）出发时，正是夏四月十六日。铁木真、札木合一同在车前行走。行走间，札木合说：'我们如今挨着山下，牧马的得帐房住；挨着涧下，放羊的放羔儿的喉咙里得吃的。'铁木真噤声立住，落后，等他的母亲诃额仑到来时，将札木合前头的言语说了，道：'那言语我不曾省得，也不曾回他话，特来问母亲。'他母亲未言语，孛儿帖说：'札木合安答，人们都说他喜新厌旧。如今想是对我们厌了。恰才的言语，莫不是有图谋我们的意思吧。我们休（停）下，就连夜兼行着，还是善分离了好。'铁木真道：'孛儿帖说得是。'依着不曾（停）下（当札木合停下时），连夜兼行。那夜兼行到天明，看呵！札剌亦儿种的人、再乞颜种的人、再一种巴阿邻[②]（Baarin）的人，豁儿赤、兀孙，与蔑年巴阿邻[③]种的人一圈子，全都（随着铁木真）来了。"（见《元朝秘史》，一一八、一一九、一二〇节蒙文）

札木合所说"牧马的"，指的是富人，也就是指游牧社会的上层阶级，即"草原贵族"。而"放羊的和放羔儿的"，是指他所同情的"平民"——"合剌出"（Harachu）。铁木真不仅不懂得札木合的婉转表示，反觉得他的话里含有敌意。加之听到妻子孛儿帖批评札木合"喜新厌旧"的话语后，便使铁木真坚定了和有民主倾向的札木合决裂的决心，因为在铁木真看来，札木合已经是一个违反自己利益的伴侣了。

铁木真和札木合的分裂，可以说是大多数贵族家庭向他看齐和

① 关于铁木真为贵族主义者、札木合为民主主义者的说法，据波贝（Poppe）所说，是采纳了巴托尔德的见解。但是后来作者在其所著的《蒙古社会制度史》中却改变了这种看法。

② 《亲征录》中该氏族作"霸邻"，《元史》作"八邻"，为蒙古氏族之一，住地与朵儿边部（Durban）相近［参阅《史集·部族志》、元明善《淮安忠武王碑》（《元文类》卷廿四）］。

③ 篾年巴阿邻氏族为巴阿邻氏族的另一支派，"篾年"有"众多"之义。

④ 主儿乞(Jurki)或作"主儿勤"、"禹儿乞"，《亲征录》作"月儿斤"，为蒙古氏族之一。

⑤ 成吉思汗即位的年代，据《蒙古流源》所记为己酉年，时年廿八岁。也就是宋淳熙十六年，金大定二十九年，公元1189年。

⑥ 据《元朝秘史》一二三节蒙文，此

处应译为"阿勒坛、忽察儿撒察别乞，共同商量着，对铁木真说：'(我们)教你做汗，若铁木真做了汗，我们在众敌间奔做头哨，把颜色好的女子妇人(我们给持将来送入)宫室的屋子里。把他邦腮美的女子妇人并臀节好的骟马，我们给持将来，教(你)点着。若围猎狡猾的野兽呵，我们给(你)首先出去围着。我们把旷野里野兽的肚皮，一并给凑集着。我们把悬崖里野兽的腿子，一并给凑集着。在厮杀的日子，若违背了你的号令呵，教从我们的家业，和从我们的妻子处分离着。把我们的黑头撇着弃在地面上罢。在太平的日子，若破坏了你的商议呵，教从我们的家人每的家业和从我们的妻子处分离着，撇着弃在无主的土地上罢。'把这些言语议定着，自这般盟誓着，就把铁木真尊为成吉思合罕，教做了汗。"

参加到叛离（指离开札木合投奔铁木真）者之中来的一种信号。各氏族的个别贵族也开始归附铁木真帐下，有的甚至全家族全氏族"举帐"来到铁木真身旁宿营。这些归顺铁木真的人当中，有他的伯父答理台·斡惕赤斤，有主儿乞[④]（Jurki）氏族的族长，有大名鼎鼎的合不勒汗后裔的最古支派，还有铁木真的从兄忽察儿和蒙古部最后的汗、英名赫赫的战士忽图剌汗的儿子阿勒坛·斡惕赤斤。这些贵族中的一部分人是被铁木真的为人、才干和操守吸引过来的。他们感到，铁木真是他们最为理想的草原战士，他是贵族氏族的首领。他们认为，在铁木真的领导下，他们能征服富饶的牧地、掠夺众多的家畜及熟练牧者。另外，还有一部分人深信，铁木真是被"上天"派来做大君主的。巴阿邻氏族的豁儿赤来投奔铁木真的时候就曾说："天地商量着国土主人让铁木真做，我载着国去送与他。神明告我，教眼里见了铁木真，将这等言语告与你。你若做了国的主人呵，怎生教我快活？"（见《元朝秘史》一二一节蒙文）但其他一部分人，比如忽图剌合罕的儿子阿勒坛，之所以拥戴铁木真，是因为看到铁木真不会对其构成威胁，或者说对于他们的危险性很小；他们希望铁木真成为他们掌握中的柔顺工具，因为他们这些人当中的大多数比也速该的儿子出身更高贵。

但并非没有人犹豫不决。忽察儿、阿勒坛和其他高级贵族是在明确表示拒绝被选做汗后，大家才去决定推举铁木真的[⑤]。《蒙古秘史》记载说："阿勒坛、忽察儿、撒察别乞（Sacha-Beki，合不勒汗的后裔），大家一起商量，对铁木真说：'立你做合罕。你若做了合罕呵，众敌在前，我们做前哨，凡掳得美女妇人并好马，都取来与你。围猎野兽呵，我们首先出去围将野兽来与你。如厮杀时违了你的号令，并无事时坏了你的事呵，将我和妻子家财分离了，废撇在无人烟的地面里罢。'这般盟誓了，立铁木真做了合罕，号成吉思。"[⑥]

于是，这些蒙古贵族在阐明了他们对于自己的合罕和领导者的关系后，立下誓言以示效忠，同时他们也提出了自己的要求（即与上面所说的言辞相同的要求）：游牧君主的义务，就是去获得草原游牧民认为合宜的一切事物，比如美女俘虏、骏马、丰饶的狩猎地，再者就是领导僚友获得胜利；而因此获益的贵族战士也应该将其捕获品里面

铁木真称汗，他的儿子窝阔台和术赤伴于右侧（《史集》手抄本插图）

最好的东西敬献给汗。

至于铁木真称号的构成，及名闻世界的“成吉思”一语的字义，解释起来颇感困难。一种推测是，这个词是被当时蒙古珊蛮教徒所崇拜的“光明精灵”的一种名称。做出这样的推测，是源于事实证明大多数人认为铁木真是被“上天”“预先注定”的，同时铁木真自己似乎也很相信是“长生天”在决定自己的命运。在这样的观念引导下，铁木真所得的利益无需多说。一来他能够好好地利用自身的任何机会，二来能够把它紧紧抓住使其不轻易失去。

当选为汗后，成吉思汗的第一要务，就是组织其“帐殿”或“行

① “帐殿”蒙古语为“ordu”，《元朝秘史》音译作“斡儿朵”，《元史》为“斡耳朵”或“兀鲁朵”。此语在《辽史》、《金史》中为“斡鲁朵”或“斡里朵”，或起源于突厥语的“orda”。除帐殿外，还释作“宫殿”、“宫帐”或“行宫”等义（详阅箭内亘《元朝斡耳朵考》）。

② “箭筒士”的蒙古语为“豁儿赤”。“豁儿”意为箭筒，“chi”加于名词后相当于汉字的“者”。《元史·兵志》作“火儿赤”，《至元译语》作“货鲁赤”。意为“所谓服御弓矢，常侍左右者也”。《元朝秘史》译为“带弓箭的”。

③ “带刀士”的蒙古语叫“兀勒都赤”。“兀勒都”意为“刀”。参阅韩儒林《元代阔端赤考》一文中关于“云都赤”部分。

④ 即由铁木真的那可儿为核心而扩充和强化在他周围担任宿卫的“怯薛”组织。

⑤ “牧羊官”的

蒙古语为"豁你赤"，旁译为"放羊的"，《元史·兵志》为"火你赤"。也许"豁你"就是"羊"的意思。

⑥ "牧马官"的蒙古语为"阿都兀赤"，旁译为"放马的"，"阿都兀"有"牧放"(动词)和"马群"(名词)两种意义。

⑦ "管马官"在蒙古语中为"阿黑塔赤"，旁译为"管马的"或"管骟马的"，"阿黑塔"有"骟马"之义。

⑧ 即"额勒赤"(elchi)，汉译为"使臣"。"el"的蒙古语本义为"和睦"、"和好"，加"chi"便成为"从事和好的人"，也就是使臣的意思。参见余元盦《元秘史远箭近箭官号新释》。

官"[1]。历尽艰难万险，铁木真深知草原和丘陵地带的游牧民很容易互相侵袭。他认为必须建设一个既可移动，又可成为军队组合中心的安全避难所，也可以说这就是初期游牧帝国的城堡。成吉思汗组建了一支由箭筒士[2]和带刀士[3]组成的小扈从队[4]，他们的责任就是整天侍立在其"帐殿"左右。接下来，成吉思汗又组成一支负责看护羊群[5]马群[6]的从队，并进行骑马训练[7]——这对于游牧社会来说，是最基本的职务。此外，又设置一些常备使用人员[8]，以便随时依照成吉思汗的意思和需要，被"箭一样地差遣到四方去。"

但成吉思汗的这些措施好像意义不大。虽然这些组织貌似复杂，并立刻产生了明显的结果，但在那时那地，中央亚细亚的游牧民是以极度短视和懒惰而名闻世界的。这是游牧民族的生活状态使然，因为他们不知道任何种类的持续劳动，所以他们只能如此。

铁木真荣登汗位不久，就想起了他的两位老部下，便想去鼓励和恩赏他们。这就是铁木真的性格。虽然他生性严峻，却常常以豁达宽厚的态度去对待那些做事勤劳的人。他对博尔术和者勒篾说："我以前无伴当时，你们二人首先与我做伴，我心里忘不了。如今就做了这里众人的首长罢！"又对集合在他周围的战士和贵族说："你们众人离了札木合，想着来我跟前，若天地护佑呵，你们老的们，久后都是我吉庆的伴当。"（见《元朝秘史》一二五节蒙文）

背景阅读：铁木真和札木合分裂后，投奔他的都是哪些人？

此时来投靠铁木真并拥戴他为汗的势力可以分成两部分人：

一种是出身弱小氏族的人，不少是地位低微的属民甚至奴隶。如兀良合歹部速不台兄弟、札剌亦儿部合赤温兄弟和阿尔海合撒儿父子、速可可部人速克该者温、阿鲁剌部斡哥来兄弟、巴鲁剌思部忽必来兄弟、别速惕部人迭该和古出古儿、速勒都思部人赤勒古台和塔海兄弟、忙忽部者台兄弟、晃豁坛部人速亦客秃。在氏族血缘关系瓦解、掠夺和奴役成为草原社会常态的情况下，他们总是处在强大贵族势力的压迫之下，但是剧烈的社会动荡却给了这些有才华的出身卑贱者以投靠新兴贵族势力以获取改变命运的机会。他们追随铁木真，是因为如果铁木真此时尚力量弱小，需要人才，会接纳他们。而有朝一日铁木真成就大业，他们也会飞黄腾达，从平民甚至奴隶变成贵族，后来的八十八个千户那颜中就有十二人出自这些人。

另一种则是原本有实力的乞颜氏贵族。如合不勒汗的长支主儿乞氏的撒察别乞、泰出，忽图剌汗的儿子拙赤汗和阿勒坛，也速该的弟弟答理台，也速该哥哥捏坤太子的儿子忽察儿。也速该死后，蒙古兀鲁思分裂，乞颜部分崩离析，这些贵族虽然依旧有着自己的领地和属民，但实力弱小，只能依附泰亦赤兀部或札答阑部。这些人投靠铁木真，是为了以他为军事领袖，聚拢蒙古人的力量，以便对外掠夺更多的财富和奴隶。他们地位和铁木真等同，汗位必须由他们组成的忽里勒台选举产生，他们自己也有被推举为汗的资格。但是铁木真周围已经有强大的那可儿队伍，因此他们只得推举铁木真为汗。但是拥戴铁木真的各部落，仍然是暂时的、不巩固的联合。即便在乞颜部内部，铁木真也只是盟主而非君主。

背景阅读：“成吉思”

论及“成吉思”之意，众说纷纭。小林高四郎说：“关于‘成吉思’的名称一向皆解释作‘强大’的意义（多桑《蒙古史》第一卷，和《成吉思汗实录》116页）。”伯希和（P.Pelliot）则解释为是由畏兀儿语的“Tengiz”，鄂斯曼利（Osmanli）语的“Dengiz”（都有“海洋”之义）所转化的。施密德（Schmidt）本蒙文《蒙古流源》（70页）有如下记载：“成吉思汗即位时，如五色雀之瑞鸟止于纛上，鸣“Chingis，Chingis”不止，因称其号为成吉思”云云。但是若据班咱罗夫的说法，则解释为珊蛮教关系语的"HajirCin-gisTengri"较妥当。然据布利亚特（Buryat）蒙古出身的哈拉·达凡（HaraDwan）博士所著的《成吉思汗传》（日译本53-54页）云："'成吉思'一语，东蒙古人今已忘却，在西蒙古的厄鲁特（Kalmuck）人间犹存在着和剌失德丁所传的同样意义（巩固、强大），至于东蒙古人忘却此语意义的原因，经推测之结果，乃由成吉思汗崩后的一种禁忌（Tabu）的缘故。"

背景阅读："怯薛"组织

"怯薛"（Keshik）为蒙古和元朝的禁卫军。《元朝秘史》中作"客失克"。"怯薛"的组织情形，可参阅箭内亘《元朝怯薛考》。突厥—蒙古语有"番直宿卫"之意（见《元史·兵志二》）。汉译多作宿卫，即轮流值宿守卫之意。怯薛成员称怯薛歹（Ke ig-tei），复数作怯薛丹（Ke igten）。怯薛起源于草原部落贵族亲兵，带有浓厚的父权制色彩，后来发展成为封建制的宫廷军事官僚集团，元代官僚阶层的核心部分。"怯薛"组织内分配各人负担专门的职务，如带弓箭的筋筒士（豁儿赤）、带刀的云都赤，负责军情侦察的远筋士、近箭士，管理饮膳的分配和司厨的博儿赤，专管驭马的阿黑塔赤，牧马的阿部兀赤，管牧羊的火你赤，管修造车辆、房子的木匠（抹赤），以及管理"家内人口"等专职的人员，任事者一概世袭。

成吉思汗所建怯薛由铁木真的那可儿为核心进行扩充和强化。有阿鲁剌氏博尔术和兀良合氏者勒篾被任命为众人之长，他们两人很早就来投奔铁木真，做了那可儿。这些人员既是铁木真的侍卫，也是他的助手。这种设置比较原始，也粗糙，但对于蒙古氏族及部落组织来说，具有进步意义。它摒弃了由氏族、部落长老分别管理部落事务的做法，完全按照战争及生产和分配的需要，由军事首领铁木真直接任命亲卫军负责各种职务。怯薛当中除铁木真的弟弟之外，其余都来自异姓的那可儿，他们多半并非出身贵族，没有领地和属民，所以必须依附铁木真，靠他"用人肉养着，用铁索拴着"。从某种意义上说，这也正是蒙古帝国国家机构的雏形。诸王亦各有怯薛。入元后怯薛歹成为近侍大官，出任随朝官员后，仍接番直入宫廷服役。

成吉思汗建国前所设置的护卫军怯薛，发展成为蒙古国家中枢的庞大的统治机构。成吉思汗把怯薛扩充到一万名。原来的八十名宿卫扩充为一千名。七十名散班扩充为八千名，与一千名作战时充先锋的勇士军合共万人，仍由阿儿孩合撒儿统领。一万名怯薛军主要是由各级那颜和贵族的子弟选充，只有一小部分是选自平民的子弟。成吉思汗规定：怯薛千户子弟可自带十名随从，百户子弟可带五名，十户及一般贵族子弟可带三名，此外，各级贵族子弟都还可带来一名兄弟入卫。入卫的怯薛，都由依附民户供纳马匹和财物，负担科敛。

怯薛在对外作战时，作为成吉思汗直接统领的主力军去掳掠人畜，优先获得财物；平时则作为蒙古国家的实体附属物捍卫着以成吉思汗为首的贵族统治，镇压不满者的反抗。怯薛分为四班，每三天轮流入值，每班有怯薛长统领。怯薛长也协助处理国家事务。怯薛是汗的亲军，也是国家的中枢行政机构。四怯薛长由博尔忽、博尔朮、木华黎、赤老温四人分任，号为“四杰”。

第五章 统一蒙古及与王罕的斗争

在对待铁木真称汗一事上，王罕的言行显示出了他的极度短视。他对于铁木真称汗没有任何异议，当他的「安答」之子僭称汗号时，他却喜欢得不得了。闻讯后，他说：「铁木真他做了合罕好生是。你们蒙古若没有合罕呵，如何过得。你们休把原商量了的意思坏了。」

在对待铁木真称汗一事上，王罕的言行显示出了他在政治上的极度短视。他对于铁木真称汗没有任何异议，当他的“安答”之子僭称汗号时，他却喜欢得不得了。闻讯后，他说：“铁木真他做了合罕好生是。你们蒙古若没有合罕呵，如何过得。你们休把原商量了的意思坏了。”①

成吉思汗跟札木合的关系，虽然暂时可以维持着平稳状态，但在他们分离后不久，便发展成公开的斗争，这也是贵族政策和民主政策之间的冲突。

其实，他们之间争斗的借口只不过是偶然间发生的一件事，但由此可见游牧社会的风俗及习惯的特征。札木合的兄弟（**绐察儿**）因为抢去了成吉思汗部下（**即住在撒阿里地面的拙赤荅儿马剌**）的一个马群。失马者跟在劫掠者的后面，追上去把他杀死，同时赶回了被盗走的马群。札木合闻知凶讯，立即召集部众前来攻击成吉思汗，而后者也进军迎敌，可不幸的是，成吉思汗遭遇挫败，被迫退到斡难河地面②。札木合也没有追击，仅对落入其手中的几个贵族（**赤那思家诸**

十三翼之战（《史集》手抄本插图）

① 该引文记载于《元朝秘史》一二六节，按照蒙文应译为：“脱斡里勒汗说：‘我的儿子铁木真已做了汗，好生是。您蒙古人没有汗，怎生过得。您不要破坏这协议。结了的协议休解除。缝好的衣领，休扯去。”

② 此处事件即为“十三翼之战”。详见本章背景阅读相关条。

③ “札兀忽里”(Jaukhuri)《元朝秘史》作“札兀惕忽里”。《亲征录》和《元史》皆作“察兀忽里”。据那珂通世云：“札兀惕”(Jagud)为Jagun的复数，义为“百”，“忽里”(Khuri)如果是“忽里牙”(Khuriya，义为聚集)或“忽剌勒”(Khural，义为‘聚会’)的语根，那么“忽里”就有“牧长”之义。这样一来“札兀惕忽里”必有“百户长”的意义。(见《成吉思汗实录》132页)。王国维先生对此语亦解释为“百户长”(《圣武亲征录校注》15-16页)。

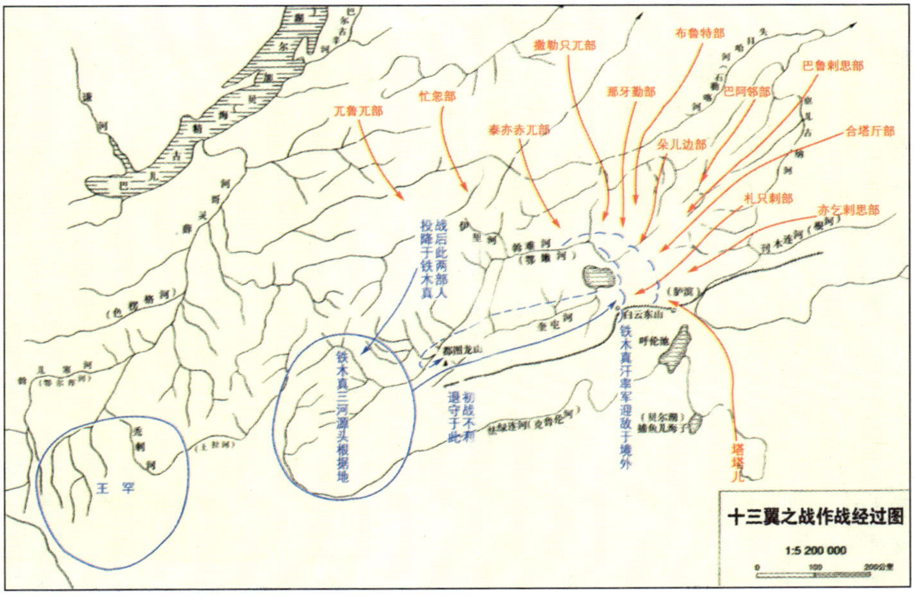

十三翼之战作战经过图

子及其部属）实施了野蛮的复仇屠杀（**指七十锅烹杀之事**）。这件事反响很大，好几个贵族氏族（因为不堪忍受札木合的残暴）率领部众脱离札木合，前来归附成吉思汗。这些人里面的其中一个就是也速该·把阿秃儿临终前托孤的蒙力克。蒙力克有七个儿子，其中一子就是有名的“珊蛮”、“巫师”阔阔出。

与此同时，金人抓住机会，企图联合攻击塔塔儿部。于是，金派出大军前进，王罕率领克烈部从其他方面夹击。成吉思汗也欣然参加了这次远征军事行动，他的目的有二：一来借此机会报父亲被杀之仇，二来向强大的王罕示好，表明对其再次效忠的态度。况且，牺牲了塔塔儿部，可以使自身及其部众得到利益。在金军的进攻下，塔塔儿很快一败涂地，而王罕和成吉思汗的两面夹攻更加速其完全溃灭。战役结束后，作为报酬，克烈部首领被金帝赐以有名的“王罕”封号，而成吉思汗则被赐以“札兀忽里”[3]的称号（**前线总司令官**），当然，这与成吉思汗的欲望相去甚远。

这次战役后不久，成吉思汗便向部众表明：他的身份实际上就是“君主”和“汗”，他绝不允许阻碍他的意志者存在。合不勒汗的曾孙撒察别乞和泰出二人，原是主儿乞氏族的领导人物，他们属于最古的支派，曾经拒绝参加对塔塔儿部的征讨。成吉思汗以此为由，统率全军去攻击他们，破坏其阵营，并俘虏了其全部部众。而且，成吉思汗不顾他们的名门贵胄出身，把撒察别乞和泰出处以死刑①。继撒察别乞和泰出二人之后，贵族氏族里的第三个人不里孛可（“孛可”，蒙古语“力士”之义），也落得同样下场，在成吉思汗授意下，不里孛可被别勒古台诈杀。成吉思汗之所以憎恨不里孛可，是因为他曾在酒醉后争论时，用环刀将其弟别勒古台②的肩甲砍破。

到1201年（成吉思汗时年四十岁），札木合逐渐成为成吉思汗的敌对方，因为他不愿服从成吉思汗麾下的部落和氏族们的领导。为创建一个大游牧帝国，成吉思汗和王罕联起手来，而他们这些氏族自然而然地成为札木合的共同敌人。于是，许多部落和氏族（共十一部）便在阿勒灰（Argun）河③地面，推戴札木合薛禅做了新联盟首领，称其“古儿合罕”，意即“全民族的君主”。

表面上看，在札木合的部众中，民主分子占优势地位，但这是因为他们害怕成吉思汗或王罕的势力更进一步壮大而凝结在一起。其他一些贵族氏族们也因为这样或那样的原因投奔札木合，共同推举他做“古儿合罕”。

不久，札木合便与成吉思汗、王罕展开了战斗。因为时运不济，札木合败北，他的士卒也开始纷纷叛离。王罕乘胜追击，札木合便率领他的整个“兀鲁思”④（Ulus）向阿勒灰河下游退却。

---

① 主儿乞氏仗着乞颜部长支的地位和合不勒汗留给他们的精锐部众，一直瞧不起铁木真，虽然他们也拥戴了铁木真为汗，但当时只是为了不愿与忽图刺系交锋，觉得铁木真实力弱小便于控制，而一直有着夺取汗位的野心。一次亲族宴会上，撒察的母亲责打了铁木真的司厨；一次主儿乞氏掌管马匹的不里孛阔，因为随从偷盗铁木真的马缰引起争执，砍伤了为铁木真掌管马匹的别勒古台。乞颜部的内部裂痕在慢慢扩大。最后，在征讨塔塔儿部的战争中撒察不但不出兵助战，反而劫掠了铁木真的老营。铁木真便以这些罪名从斡里扎河攻打主儿乞氏，撒察和泰出无法抵挡，只带少数人逃走。当年合不勒汗留给主儿乞氏的精锐部众被铁木真兼并，其中就有两位杰出的将领——博尔忽和木华黎。不久，逃亡的撒察和泰出也被捕获，铁木真指责他们背弃盟约的罪责后将其处死。此举铲除了乞颜部中最有势力的长支贵族，铁木真的权力大大提高。

② 别勒古台（Belgutei，1167-1256），一作“别里古台”。成吉思汗异母幼弟。自幼追随铁木真出征，为其兄掌领从马，任断事官之长。1206年大蒙古国建立，分封于斡难河（鄂嫩河）与克鲁伦河流域。1256年，孛儿只斤蒙哥大会诸王时尚在，或死于这年。《元史》记载他为人忠厚，不喜欢喧哗，“躯干魁伟，勇力绝人”。铁木真称帝后曾说：“有别里古台之力，哈撒儿之射，此朕之所以取天下也。”参见《元史·卷一百一十七·列传第四》、《新元史·卷一百五·列传第二》。

③ 原注：此为黑龙江上流的南部（右面）支流。它的上流就是克鲁伦（Kerulen）河。《元朝秘史》作“阿勒灰·不剌黑”，“不剌黑”就是“泉”的意义。所以《亲征录》和《元史》皆作“阿雷泉”。

④ “兀鲁思”，诸王的分地，蒙古语词意为“人众”，也可译作“（分地的）人民”。成吉思汗对草原兀鲁思的分封，奠定了大蒙古国分封制度的基础。

于是，成吉思汗便乘机去攻击札木合的亲族——宿敌泰亦赤兀部。战争之初期，成吉思汗并未获得多大的成功。他不仅不能击退敌人，反而因为颈部受伤昏厥过去。在此关头，成吉思汗的家臣兼僚友者勒篾立下功勋：者勒篾吮去了成吉思汗伤口的凝血，又潜入敌营偷了一桶乳酪，为成吉思汗解渴。最后，泰亦赤兀部的军士也开始溃散，成吉思汗几乎没遇到任何困难，便掳得其全部人民，并击灭一部分敌军。当时在无意之间，有一个泰亦赤兀部的家人，也速（Yesut）氏族的青年，出现在成吉思汗面前。他的名字叫只儿豁阿歹，他自称曾和札木合在一起，并在战斗中用箭射中过成吉思汗的乘马。他说："是我射来，如今汗教我死呵，只污了像手掌般一块地。若教我不死呵，我愿出气力，将深水可以横断，坚石可以冲碎。"成吉思汗的回答也很特别，他说："但凡敌人害了人的事，他必隐讳了不说。如今你却不隐讳，可以做伴当。"（**见《元朝秘史》一四七节蒙文**）于是，成吉思汗就把他带到自己的营帐里，免除其罪行，还赐给他一个新的名字——者别[5]，也就是"箭"的意思。后来，在成吉思汗的许多将帅中，者别成为最著名和最干练的一员。他还是后来率领蒙古军在迦勒迦河[6]（Kalka）击败斡罗斯人的两位统帅之一（**另一位统帅是速不台**）。

由此，成吉思汗的权力继续增大，加入他的氏族人员也逐渐增加。此时，成吉思汗还继续与王罕交谊，以乘机去歼灭塔塔儿部，这样不仅既可以报过去的一切仇恨，将来万一在中央蒙古爆发战争时，还可以免除后顾之忧。

在与塔塔儿部决战以前，成吉思汗在向全体将士发布决战命令时说道："若战胜时，不许贪财，（胜利）既定之后均分。若军马退动至原排阵处，再要翻回力战。若至原排阵处，不翻回者斩。"[7]成吉思汗击败了塔塔儿部后，把他们的营帐悉数夺过来。这次胜利的战果之一，就是使阿勒坛、忽察儿和其他贵族领导集团明白这样一个事实：铁木真已成为实际上的成吉思汗，并且不再是他们掌握中的柔顺工具，无论任何人、任何豪门贵族，如违犯其命令，或违背其所创设的军纪的，都不会得到宽赦。因为战争一开始，这些贵族们便竞相收集塔塔儿部的战利品，这件事被成吉思汗知道后，马上下令夺还了一

⑤ 者别（？—约1224），《元史》作"哲别"，骁勇善战，由十户长屡升至千户长。1211年随成吉思汗南下攻金，破乌沙堡、乌月营，拔德兴府，入居庸关，直抵中都（今北京）。1218年率两万人灭西辽，执斩屈出律。1219年，随成吉思汗西征。1223年，在迦勒迦河之战中击溃俄罗斯与钦察联军，班师回国途中病逝。详见《新元史·者别传》。

⑥ 原注：这就是阿速海的支流，在乌克兰东南部，即今卡尔密乌斯。此河即《元史·速不台传》之"阿里吉河"。

⑦ 据《元朝秘史》一五三节蒙文译为："若是战胜了敌人呵，休对财物站着。若是战胜了呵，那些财物就是属于咱们的。咱们就可以共分了。若被敌人所击退呵，就翻回到最初冲击的地方来。若有不翻回到最初冲击地方来的人，将处斩刑。"

成吉思汗攻打塔塔儿人

切被侵占的战利品[①]。

成吉思汗与亲族商议后认为，要想彻底剿灭宿敌，就要大肆屠杀[②]塔塔儿人，而将剩下的人都分配给各氏族和部落。所以从那时起，塔塔儿人便不再以独立部落的形象立于世界。成吉思汗把塔塔儿部的两个美女也速干和也遂（关于二人的事迹，详见《新元史·卷一百四·列传第一》）也娶来做了妻子。这时候起他便有三个妻子了。依照游牧民的习惯，每一个后妃都有其家业设备的特别庐帐，或者叫作“行宫”[③]。

虽然因为击败塔塔儿部而无限地增加了权力，但成吉思汗不得不继续承认王罕的霸权，也就是说，他仍旧是克烈王的臣下。可是王罕对成吉思汗的态度却渐渐地变得不友好起来。因为他已经跟札木合和好，在札木合的煽动下，王罕对铁木真渐生敌意。札木合挑唆说，成吉思汗曾在暗地里与乃蛮部秘密联系，欲乘机出卖克烈部。有一次札木合对王罕说：“我是存在着的白翎雀儿，铁木真是散归的告天雀儿。”[④]在某次场合上，王罕曾拒绝过与成吉思汗分享捕获品。当成吉思汗随着王罕征讨乃蛮部成功归来途中，遭遇敌将所统率的新生军力，王罕便背弃了成吉思汗，黑夜里偷偷回转到自己的牧地。

但是，王罕背信弃义的结果，不仅没有使成吉思汗受到任何损害，反而令其巧妙地撤退到自己的牧地里。但是王罕却被乃蛮部攻

① 在追歼塔塔儿部的战斗中，乞颜部大贵族阿勒坛、忽察儿和铁木真的叔叔答理台不遵守号令，不待战争结束，就忙于抢夺战利品。铁木真派使者者别、忽必来前去责罚，并没收了他们的全部虏获物。这一前所未有的惩罚导致了乞颜部贵族内部的离心离德，但却标志着旧式的部落联盟已经结束，蒙古人进入了汗权至高统治的时代。

② 征服塔塔儿部之后，铁木真与宗亲们密议彻底铲除世仇塔塔儿人，准备把所有身高高于车轴的男子全部杀死，女子小孩分给贵族们做奴婢。但是铁木真的异母弟弟别勒古台泄露了这一消息，塔塔儿人绝望中奋起抵抗，占据山寨与蒙古人拼命，铁木真付出了很大代价才消灭了他们。据《蒙古秘史》记载：愤怒的铁木真下令说：“从今往后，别勒古台不能参加家族议会。在召开家族议会时，别勒古台负责处理打架、斗殴、防盗等外围事务。待议事结束，

宴席开始，别勒古台、答理台才可以进来入座。”从此，别勒古台也成为蒙古历史上第一位断事官。

③这就是后妃的“斡儿朵”，详见箭内亘《元朝斡耳朵考》一文中的“关于历代斡耳朵的后妃”条（《蒙古史研究》所收）。

④《元朝秘史》一六〇节蒙文应译为：“札木合说：‘我的铁木真安答，在前曾遣使臣到乃蛮部去。如今不曾（到你处）来了。汗！汗！我是存在着的白翎雀儿。我的安答乃是散归的告天雀儿（《元史》作鸿雁）。（他）到乃蛮部去了。要想投降，所以落后了。”

击，并被掳去了大量捕获品。无奈之下，王罕不得不向成吉思汗求援，还要求派遣博尔术、木华黎、博尔忽（《元朝秘史》作孛罗兀勒）、赤老温“四杰”（Kuluk，《元朝秘史》音译为“曲鲁克”，旁译作“骏马”或“杰”）去帮助他。王罕这才体会到“四杰”在军事上和组织上的才干，而“四杰”也出色地完成了任务。

成吉思汗虽然在那时已经立下不少辉煌战功，但他还没有考虑到将来要挑战王罕。因为在蒙古族人的眼中，成吉思汗仍旧是一个少数贵族氏族的幸运和干练的领导人物。他们还认为，成吉思汗获得成功的原因，不外乎是成吉思汗把他们联合成一个良好组织的整体而已，但成吉思汗毕竟是骤然兴起的。相反，对于王罕，虽然他的组织散漫，但他终究是一个大国的统治者，何况还是古代王朝的苗裔。王罕的营帐也显得相当豪华，况且他还受到富裕北国的君主——金帝钦赐的“王”的封号。这一连串事实，都深深印在草原民众的单纯脑海里，所以他们认为王罕的地位在其他蒙古游牧君长之上。同时铁木真也有很好的理由去利用机会，谋求改善他和克烈王的关系。他设定计划，企图与强大的统治者结下秦晋之好，这样，一来可以巩固其地位，二来可以使自己锦上添花。因为做了强“汗”的女婿（古列干），在草原上常常是一种荣誉的称号。成吉思汗为他的长子术赤（约1178－1225，《元朝秘史》作“拙赤”）去向王罕的女儿察兀别乞求婚，同时还想把他的女儿豁真嫁给王罕的孙子秃撒合，而这个孙子的父亲——克烈王的儿子，就是以汉名著称的桑昆。可是王罕却拒绝了成吉思汗的美意。据《元朝秘史》记载，这件事简直使铁木真的“心落后了”（见《元朝秘史》一六五节），他感到非常沮丧，也很失望。因为和强大尊贵的汗成为亲戚的希望，实际上折射出成吉思汗强烈的贵族幻想。但不久，成吉思汗的失望情绪再次加大，而且面临着新的考验。

这时，阿勒坛和他的其他亲族公然叛离铁木真，与札木合达成妥协。他们移动营帐靠近桑昆，而桑昆那时候已经对成吉思汗抱有敌意。他们认为，假使成吉思汗做了汗，他们必将完全服从于他的意志，但成吉思汗的意志与他们这些独立贵族的愿望完全相反。桑昆和他的从臣一再撺掇王罕，说成吉思汗的坏话。他们说，成吉思汗曾经和他们的敌人——乃蛮部互通声气，现在正企图谋逆，王罕闻听，便大违其本意地决定对成吉思汗采取军事行动。

按照桑昆派的设想，他们先是佯装同意成吉思汗的求婚，引诱成吉思汗落入其掌控之中。但他们的计谋被成吉思汗识破，于是他们便企图用突袭的方法擒获成吉思汗。但这个计划也没有实现，因为成吉思汗事前已经从敌营归来的两个牧人口中得知消息。第二天，当王罕出现在成吉思汗阵前时，却发现成吉思汗的将士们已经做好了作战准备。克烈王便问札木合："铁木真处能够厮杀的有谁？"札木合说："兀鲁兀[①]（Urut）、忙忽[②]（Mangut）两个百姓能够厮杀。虽当混战时不乱，从小就在枪刀里惯了的。他们的旄纛或花或黑，看见他们时可提防着。"[③]接下来的战斗中，成吉思汗击退了王罕及其同盟军的一切攻势。桑昆又被箭射伤，但是成吉思汗决心撤退，便在当天夜里从战场上后退到若干距离。第二天黎明，成吉思汗检点将士时，发现缺少三个人——自己的儿子窝阔台（《元朝秘史》作"斡阔台"或"斡歌歹"）、博尔忽和博尔术。

成吉思汗说："窝阔台与可倚仗的博尔忽、博尔术在一起，死活必不肯相离。"（见《元朝秘史》一七二节）但是博尔术却突然回来了，成吉思汗便椎胸告天说："罢！"这段史实在《元朝秘史》里是这样记载的："再少顷又有一人到来，近看时人下又有二脚垂着。及到来时，窝阔台、博尔忽二人叠骑着一个马。博尔忽口上带着血，因为窝阔台的头颈上中了箭，博尔忽将凝住的血咂去。成吉思汗见了，眼泪流着，心里难过了。"[④]其实，成吉思汗麾下的兵力已经没有足够的力量去继续

---

① 兀鲁兀(Urut)氏族，《元史·术赤台传》作"兀鲁兀台"，为蒙古部族之一。详阅《元史》卷一二〇《术赤台传》、《史集·部族志》165页。

② 忙忽氏族，《元史·术赤台传》和《畏答儿传》皆作"忙兀"，为蒙古部之一，详见《元史》卷一二一《畏答儿传》、《史集·部族志》165页。姚燧《忙兀公神道碑》(《元文类》卷五九，《牧庵集》卷十四)。

③ 据《元朝秘史》一七〇节蒙文应译为："那里王罕向札木合道：'铁木真儿子处，善于厮杀的有谁？'札木合说：'在那里，兀鲁兀、忙忽，都是他的百姓。他的那些百姓，都是善于厮杀的。当每遍转换时则阵势良好。每遍翻转时则秩序整然。乃是从小就在刀枪里惯了的百姓。那些人都持有黑色和花色的旄。那些人是应该提防的百姓呀！'"

④ 据《元朝秘史》一七三节蒙文应译为："再过了少许时间，又有一人到来。来时，他的下脚垂着。来时看呵，好像单独一人般来了的，从斡阔歹的后面，孛罗忽勒叠骑着，在口吻间流着血到来了。斡阔歹被箭中着项脉，孛罗忽勒用口咂着他的凝血，所以流着淤血在口吻间到来了。成吉思合罕见着，眼睛里流着泪，心里艰难了。赶快教烧着火，热着烙透。教寻着些（饮料）给斡阔台（窝阔台）止渴。并吩咐说：'若敌来呵，就厮杀罢！'"

⑤ 原注：合勒合河（Kalka）不可和上述乌克兰境内的迦勒迦河（Kalka）相混。（合勒合河即今蒙古国东端哈拉哈河）

⑥ 据《元朝秘史》一七七节蒙文应译为："成吉思合罕说：'我的汗父！你为什么嗔怪，而教我怕了呢？若教怕了呵，你却教歹儿歹媳每睡足了，为什么就不教怕了呢？你教低着坐的床，散着向上出的烟，为什么那般就教怕了呢？我的汗父！你莫不是受了旁人的挑唆罢！你莫不是受了横人的离间罢！我的汗父！咱两个曾经互相说了甚么呢？在勺儿合勒浑山的忽剌阿讷兀惕的丘

作战了，所以除继续撤退外，没有其他办法可想。成吉思汗的军队在大规模追猎野兽的时候，便滥杀活物以作口粮。军队撤退的路线是沿着合勒合河[5]进行的。等到撤退到相当距离并稍稍恢复军势后，成吉思汗便差遣使者到王罕、桑昆、札木合、阿勒坛和其他同盟军那里，传达他的议和劝告和服顺誓约。那个时候成吉思汗和他的所有部众都是目不识丁的文盲，成吉思汗的旨意都是通过记忆力很强的部下口头传递。为使传旨容易记忆，能逐语逐句反复背诵下来，这些旨意通常都用韵文编成，同时还用“比喻”和“格言”点缀其间。在成吉思汗致王罕的传旨里，包含着如下章句：“父亲！你对我有甚事嗔怪，教我怕了呢？若要嗔怪我呵，何不安然怪责，如何这般怪责，将我的家业都破坏了？我虽少呵，也似多的般来。虽歹呵，也似好的般来。且我与你犹如车的两辕，辕折了呵，牛拽不得。犹如车的两轮，一轮坏了呵，车行不得。我岂不比一条辕和一个轮么？”[6]而在致阿勒坛和忽察儿的传旨里，包含着提醒他们在选举成吉思汗时所立下的誓言，因为他既然是草原贵族的领主和君长，所以一再强调履行他的义务：“我但掳的骟马、车子、妇人、美女，我都拿来与你们。围猎野兽呵，我首先出去，围着野兽来与你们。”[7]

然而，这些言辞并没有引起成吉思汗敌人的注意。桑昆说：“这言语的计划我晓得了，是战争开始的言语。你必勒格别乞、脱朵延两个，将旄纛立起，骟马放得肥些，没有疑惑了。”[8]成吉思汗无奈，只得向着多沼泽的巴勒渚纳[9]（Baljun）湖畔移动，因为在这里他可以把自己隐藏起来，在突袭时候也可以充分保证安全。因为成吉思汗的地位仍旧不稳固，所以他越来越感觉到，设营在沼泽地和泥

际，咱不曾互相说过：‘虽被有牙的蛇所挑唆呵，休入他的挑唆里。而用口用牙对证着时方可相信。’不曾互相说来么？如今我的汗父！你是用牙用口对证过后才和我分离的吗？。‘若被有大牙的蛇所离间呵，休入他的离间里。而用口用牙对证着时方可相信’。不曾互相说来么？如今我的汗父！你是用口用牙对证过后与我分离的吗？我的汗父！我部众虽少呵，（在你艰难时）没有使你求助于部众多的。我虽不好，没有使你求助于那些好人。有两条辕的车子，若是折了其第二条辕呵，这个牛就不能前曳。那般我不就是你的第二条辕么？有两个轮的车子，若是折了其第二个轮呵，就不能起动。那般我不就是你的第二个轮么？’”

⑦ 据《元朝秘史》一七九节蒙文应译为：“再成吉思合罕对阿勒坛、忽察儿二个说：‘若是你们做了汗呵，我在众敌之前奔着做头哨。若被上天所保护呵，在掳得敌人时，我把腮美的女子、夫人、妇女、把臀节好的骟马，送来与（你们）。若在出围野兽间呵，我把悬崖上野兽的前腿，一并凑集着与（你们）。我把山崖上野兽的后腿，一并凑集着与（你们）。我把旷野里野兽的肚腹，一并凑集着与（你们）。’”

⑧ 据《元朝秘史》一八一节蒙文应译为：“桑昆说：‘这些言语的计量，（我）可觉得了，是厮杀起头的言语。必勒格别乞、脱朵延二个，立起厮杀的旄纛，把骟马（放得）肥着些罢！没有疑惑了。’”

⑨ 巴勒渚纳（Baljun）湖在今内蒙古东乌珠穆沁旗东北部。

泞地非常有必要。

而此时成吉思汗部众的人数却在继续增加。人们都以为跟着他绝不会没有好处的，所以都聚集在其周围。他们坚信追随成吉思汗会给自己带来好运。在投奔他的人里，有些是伊斯兰教徒的商人[①]，当时整个中亚的贸易全都操在他们手里，并且深入到更远的内地去。与这批人的接触，使成吉思汗的眼界广为扩大，而且也获得了对于整个世界，对于其他国家和其他民族以更多的学习机会。这些商人们多半是被成吉思汗宽宏大度的个性吸引来的。他们如此评价成吉思汗："君主铁木真脱下他自己所穿的衣服给别人穿，跳下他自己所乘的马给别人骑。"这些评价绝非空穴来风。

虽然妻子儿女等还被扣留在王罕那里，可成吉思汗的弟弟合撒儿却独自一人回来了。这令成吉思汗认为讨伐王罕的时机成熟。机不可失，成吉思汗现在唯有策划谋叛计划，去反对昨日他还称作父亲的人。可他自身也陷入绝对忧郁的境地中，因为他知道，万一王罕获得胜利，那他即使想从王罕那里得到一点点慈悲也只能是奢望了。他现在唯一应该做的，就是坚定地朝着自己的主要目标前进，那就是——由他做领袖，君临全草原贵族之上，以实现蒙古氏族的伟大复兴。除此以外，在成吉思汗一向形成的思想里，或一向所体验的生活里，可以说对他没有任何妨碍的影响。于是，他便以合撒儿的名义，差遣使者（合里兀答儿和察忽儿罕）二人到王罕那里去，并授命他们去对王罕传达如下想法："我兄的形影望不着，踏着道路也寻不见。叫他呵，他又听不得。夜间看着星枕着土睡。我的妻和子现在都在王罕父亲那里。若差一个可倚仗的人来呵，我就到父亲处去。"（见《元朝秘史》一八三节蒙文）王罕听信了这些话，便差遣一个心腹部下跟随合撒儿的使者一同前往。在使者出发的同时，成吉思汗便率领全军前进。使者回来后，将克烈王正在金帐里举行筵会，且没有采取任何警戒措施的详情都一一告诉了成吉思汗。成吉思汗马上命令急行军赶到克烈部的宿营里去，围住王罕并发动攻击。克烈部虽然遭遇意外奇袭，还是进行了顽强的抵抗，然而最终不免败绩。到了这种地步，王罕便只好和他的儿子桑昆狼狈逃走。过了不久王罕便被杀死在乃蛮部的边境附近，而桑昆却逃到遥远的外国，但后来也死在那里。

① 到成吉思汗那里来回的商人，据《元朝秘史》记载，有一个是从汪古部来的撒儿塔（Sarta）人阿三（Asan）。考"Sarta"一语，源出波斯文"Sarthavaho"，有"商人"、"商队长"等意义，此语残留在梵语（Sanskrit）中为"Sartha"，犹有"商贾"、"商队"之义。古时因为利人善于经商，所以人们都称他们为Sart人，这些人是突厥和伊朗的混合。参阅羽田亨《中亚的文化》及《东洋思潮》所收）。

② 据《元朝秘史》一四九节蒙文应译为："从那里成吉思合罕说：'您若将汗塔儿忽台下手着来了时，就把您对正主的汗下手着的人，一族尽行处斩。为着对正主的汗不能舍弃，那样您的心是对的。'把纳牙阿恩赐着（放）了。"

经过成吉思汗的沉重打击，蒙古部族里最强大的统治者被消灭了，成吉思汗取代了王罕的地位。克烈部的平民由成吉思汗分配给其部众，而贵族们则被成吉思汗收做家臣，或者做了其同盟者的家臣。以下记录显示出成吉思汗对于被征服者的态度及特点，并且生动地刻画出他们这些游牧民的习俗：“这厮杀中，有克烈部合名为答黑·把阿秃儿的人说：‘我于正主，不忍教你们拿去杀了，所以战了三日，想教他走得远些。如今若教我死呵便死罢，若恩赐着教我活呵，我愿出气力。’成吉思汗说：‘不肯背弃他的主人，教逃命走得远些，独与我厮杀，这岂不是一个丈夫么？可以做伴当的。’”（见《元朝秘史》一八五节蒙文）在日常生活中，或者随便在什么地方，甚至在敌人那里，成吉思汗都保持着贵族主义的原则——封建君主去临御他臣下的权威，主人去对待他奴隶的权威。他常常奖励臣仆们去对他们主人的效忠，而对于背叛他们主人的那些人则处以死刑，甚至他们的主人是成吉思汗自己最坏的敌人时，也是如此。泰亦赤兀部领袖塔儿忽台·乞邻秃黑（成吉思汗的宿敌）的从臣们捉住了他们的主人，意欲把他交给成吉思汗时，成吉思汗的态度就生动地说明了这一点。好在最后一刹那，这些叛逆者们忽然记起了成吉思汗的习惯，便急忙恢复了主人的自由，并跑到成吉思汗那里把全盘的事情都告诉了他。于是成吉思汗说道：“若你们将他拿来，我必杀了你们。”[②]关于成吉思汗的如此态度，在其他事情中还有许多类似的例子可以引证。草原贵族们都齐声夸耀他们的新汗，因为在他们看来，成吉思汗不仅是他们中的一员，而且是他们理想的忠实代言人。

背景阅读：十三翼之战

札木合的追随者中一半是也速该的旧部，而投奔铁木真的多数曾是札木合的人，这正是这对安答反目成仇的真正原因所在。为了反对铁木真，札木合和泰亦赤兀部联合起来，纠集了十三部之众，起兵三万进攻铁木真。泰亦赤兀部的一个属民亦乞剌思人捏坤，因为儿子孛秃是铁木真妹妹帖木仑的丈夫，便偷偷地派两个巴鲁剌思人将札木合的阴谋密报给铁木真。铁木真得知消息后，通告给他的盟友部落，集结军队，组成十三个“古列延”，汉译为十三翼，因此这次战役也被称作十三翼之战（爆发于1189年）。

第一翼是铁木真的母亲诃额伦所领部众，包括其宫帐的侍臣仆役；

第二翼是铁木真和他的那可儿们；

第三翼是合不勒汗之兄的后代不勒塔术所部、克烈部的一个氏族与合塔斤部的木忽儿忽阑所部；

第四翼是乞颜部速都黑之子迭连吉与其弟弟火力台以及不答惕部；

第五和第六翼是主儿乞部撒拉、塔出以及札剌亦儿部；

第七翼是乞颜部秃术忽惕诸子与额儿迪吉所部；

第八翼是铁木真的堂兄弟蒙哥秃乞颜之子察失兀惕及汪古儿所部；

第九翼是铁木真的叔叔答理台以及忽察儿等所部；

第十翼是忽图剌汗之子拙赤所部；

第十一翼是忽图剌汗之子阿勒坛所部；

第十二翼是轻吉牙惕与雪干部；

第十三翼是察剌海之后捏古思部。

可以说这就是乞颜部的全部阵容，战役的结局被《史集》和《圣武亲征录》颠倒黑白为铁木真大胜。但根据第一手史料《蒙古秘史》，铁木真实际上是惨败的。战斗中，成吉思汗不敌札木合，被逼躲进了斡难河畔哲列捏大峡谷。见此，札木合说：“我们已将他们逼入了峡谷，就此回去吧！”便率人马归去。途中，他们用七十口大锅煮死了捏古思部（第十三翼）所有青壮年，并砍下捏兀歹·察合安兀阿的头，拖在马尾后面扬长而去。然而他的残暴举动却带来了恶劣的政治后果。不满于札木合的兀鲁兀部首领主儿扯歹、忙忽部首领畏答儿各率本部投靠铁木真，们蒙力克也率领七个儿子前来投附。铁木真虽然战败但却增强了力量，札木合虽然战胜却众叛亲离。关于“十三翼”的名称，参见韩儒林《成吉思汗十三翼考》一文（华西协和大学《中国文化研究所集刊》第一卷第一号）。

背景阅读：铁木真与王罕助金军攻打塔塔儿部

自金初以来，金国就一直利用塔塔儿部防守东北地区的边墙，塔塔儿人经常在金国的支持、挑动下进攻蒙古、克烈部，俺巴孩汗被塔塔儿人捕获献给金国处死，也速该被塔塔儿人毒死都是例证。但金章宗明昌六年（1195年），当金国派遣夹古清臣率军北伐反击侵扰金国边境的散勒只兀、合塔斤、弘吉剌等部，进攻至哈拉哈河、呼伦湖时，塔塔儿部却趁金军回师时，抢劫金军所捕获的羊马，当夹古清臣派人命他们交还时，塔塔儿人不但不归还反而起兵叛乱。次年，金国派丞相完颜襄率军征讨塔塔儿，进军克鲁伦河，击溃塔塔儿部，完颜安国奉命追击塔塔儿余部。

铁木真得知消息后，认为这是报仇雪恨的大好时机，派人到克烈部，请求王罕出兵夹攻。又让主儿乞部首领撒察和塔出出兵，报父祖之仇。王罕亲自率军前来，主儿乞部却拒绝出兵，王罕和铁木真的部队顺着斡里扎河，与金军夹击塔塔儿残部。此战大获全胜，杀死了塔塔儿部首领蔑古真薛兀勒图，完颜襄封王罕为王，铁木真被授予扎兀忽里（招讨使）的官职。在攻破塔塔儿营寨时，除虏获大量金银财宝之外，还捡到一个鼻子

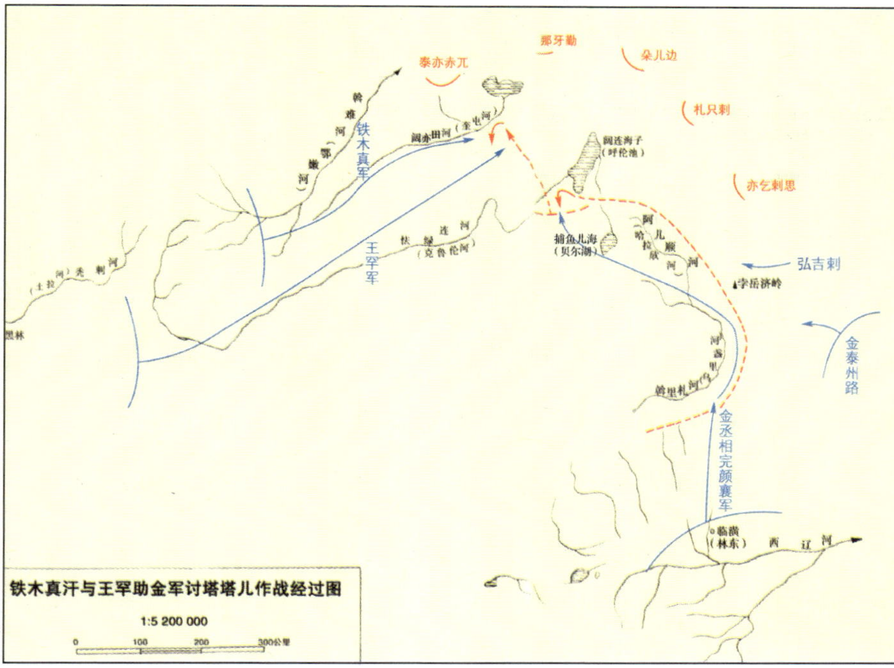

铁木真汗与王罕助金军讨塔塔儿作战经过图

上带着金圈子、身穿金丝貂皮肚兜的小孩，被诃额仑收为养子，起名失吉·忽秃忽。

此战不但让铁木真报了和塔塔儿部的世仇，提高了他在尼伦蒙古中的声望，而且获得了金廷的册封，大大提高了铁木真的政治地位。

背景阅读：铁木真、王罕与札木合的战斗

金国打垮了塔塔儿人后又出兵重创弘吉剌、合塔斤等部，但也元气大伤，完颜襄得胜回朝后，金国不得不将临潢路的界壕内堡大大内移。塔塔儿、合塔斤、弘吉剌等部更是受到沉重打击，而铁木真却在三河源地区崛起，势力甚至有凌驾克烈部之上的趋势。这引起所有草原部族的恐惧。1201年，札木合纠集了所有曾与铁木真结怨的部族：乃蛮、蔑儿乞、泰亦赤兀、弘吉剌、朵儿边、合塔斤、亦乞剌思、豁儿剌思、塔塔儿、撒勒只兀各部，聚会于根河，拥立札木合为汗，集结大军准备袭击铁木真。豁儿剌思人塔海哈将这一消息给了自己的姻亲、铁木真的部下抄吾儿，抄吾儿连忙禀告铁木真。铁木真派人火速通知王罕，王罕率军前来会合。联军向克鲁伦河进发，铁木真派出阿勒坛、忽察儿、答理台为先锋，王罕派出桑昆、札合干布、必勒格别乞为先锋，前哨部队在准

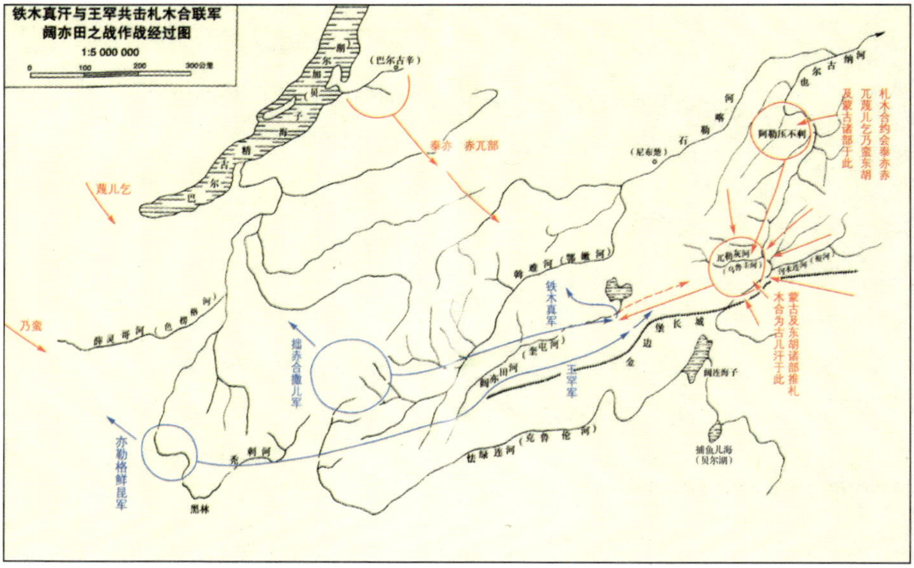

铁木真汗与王罕联军共击札木合联军

备扎营时得到敌军迫近的消息，阿勒坛等人连夜前行，与敌军先锋相遇。双方约定次日开战。次日，双方军队在海拉尔河的支流上列阵交战，札木合的联军大败，所属各部纷纷溃逃，弘吉剌部则归顺了铁木真。

背景阅读：斡儿朵

“斡儿朵”，突厥—蒙古语“ordo”的音译，意为宫帐或宫殿。此语最早见于唐代古突厥文碑铭。辽、金元时有“斡耳朵、斡里朵、兀鲁朵、窝里陀”等不同译写。《辽史·营卫志上》谓：“宫曰斡鲁朵。”契丹是游牧民族，其君长习于帐居野处，车马为家，转徙随时，无城廓沟池宫室之固。故其宫帐之组成、管理、警卫与供给都有与之适应的特有制度。遥辇氏的累代统治者置有宫或帐，共为九宫分或九帐，也便是九斡鲁朵。《辽史·营卫志·宫卫》说“辽国之法，天子践位，置宫卫，分州县，析部族，设官府，籍户口，备兵马。

背景阅读：背信弃义的王罕

1196年，乞颜、克烈配合金军打垮塔塔儿部之后，克烈部内部发生政变，王罕的弟弟额儿客合剌不满于哥哥的骄纵和狭隘，依靠乃蛮部可汗亦难赤的支持，赶走了王罕，而王罕的另一个弟弟扎阿干布也率部离他而去。王罕远走西辽，一年后又经过畏兀儿和西夏东还，一路穷困不堪，向铁木真求救。铁木真派人将他接到克鲁伦河上的忽巴合牙过冬，并把所招降的扎阿干布所部交给他。在乞颜部的支持下，王罕赶走了额儿客合剌，重新取得汗位。但是王罕复位后，未与铁木真商议就攻打蔑儿乞人，所得的战利品也不分给铁木真。次年，在和铁木真联军攻打乃蛮部的战争中，王罕又临阵私自撤退，铁木真孤木难支只得撤退。乃蛮军队乘胜追击，把王罕的部队掳掠一空，王罕只得求救于铁木真。铁木真派博尔术、博尔忽、木华黎和赤老温四大名将率军驰援，解救了受伤的桑昆（王罕之子），夺回了被掳走的财物。双方暂时和好，并且联军在鄂嫩河之战中打垮了泰亦赤兀部和蔑儿乞部的联军，杀死了塔儿忽台，残部溃散，原本隶属于泰亦赤兀部的蒙古部众从此都被铁木真接收，势力大增。此战也埋下了铁木真与王罕日后分裂的种子。

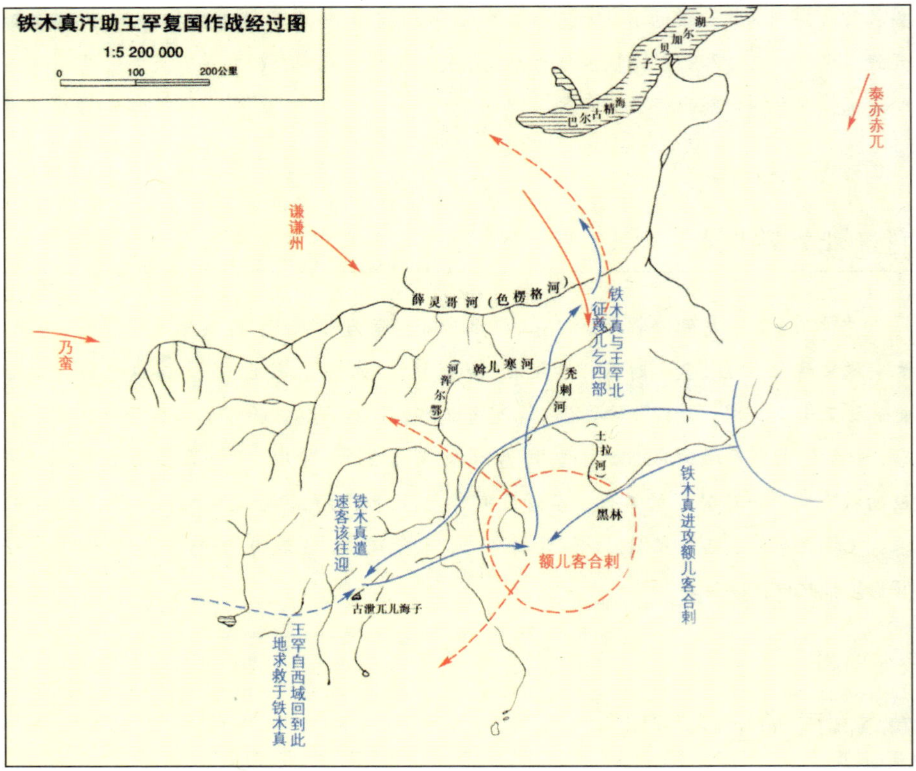

へ铁木真助王罕复国作战经过图

背景阅读：合兰真沙陀之战

合兰真沙陀之战可谓是铁木真一生中最艰苦的战斗。日益崛起的铁木真势力让王罕如芒在背，更让桑昆害怕，因为他知道即便王罕在世时铁木真不敢或不愿动手，王罕死后克烈部也必遭被征服或被消灭的命运。再加之札木合、阿勒坛、忽察儿等人的挑唆，桑昆便定下了诡计，虽然王罕最初反对，但最终还是被劝服。于是克烈部假装答应婚事，邀请铁木真来喝定亲酒，铁木真信以为真，便率领十几个侍从依约前往。经过蒙力克的营帐时，蒙力克认为其中有诈，劝铁木真以春天马瘦无法长途跋涉为理由推脱不去。于是铁木真便派两名使者前往侦查，桑昆以为密谋泄露，便决定出兵袭击。一个偶然的机会，密谋被阿勒坛之弟也客扯连的马奴巴歹、乞失里黑知道，他们连夜逃到铁木真处告密。

由于时间紧急，铁木真来不及集结大军，只得连夜命令那可儿们扔掉辎重，迁移到昔鲁主勒只惕的密林中，自己则退往卯温都儿山以北金国界壕附近。当时铁木真除了少数侍卫外，只有忙忽部的忽亦勒答儿与兀鲁兀部的主儿扯歹两支部众。次日午时，桑昆和札木合等率领部众突然包围铁木真于金界壕附近的驻地。两军大战于合兰真沙陀，铁木真率领他的护卫军仓促应战，护卫长博尔术被敌人射中战马败回，铁木真三子窝阔台中箭负伤。幸亏忽亦勒答儿身负重伤依旧死战不退，主儿扯歹将桑昆从马上射落，克烈部军队退却。铁木真这才得以突围而出，收拾残部溯斡儿寒河和失连真河而上，撤军到答阑捏木儿格思平原，然后，沿着哈拉哈河而下。铁木真等收集部众约二千六百人，其中铁木真所部一千三百，忙忽、兀鲁兀部一千三百，忽亦勒答儿伤重而死。

铁木真残部向贝加尔湖附近弘吉剌部驻地进发。和乞颜部通婚姻的弘吉剌部，这时已渐衰落，被铁木真收降。后来铁木真又转移到班朱尼湖边。跟着他的军士，只剩下十九人。铁木真弟合撒儿在合剌温被克烈军击败，也到铁木真处会集。河水浑浊，只能从污泥中挤出浑水来解渴，铁木真以浑水向天发誓说："与我共饮此水者，世为我用！""使我克定大业，当与诸人共甘苦。苟渝此言，有如河水！"这批在困境中依旧忠贞不移的追随者后来世代享受了特权。

处于绝境中的铁木真不得不向王罕求和，王罕性格上的弱点再次发作，他感情用事，允许和谈，给了铁木真以喘息之机。札木合和阿勒坛、忽察儿等蒙古贵族大为失望，策划谋害王罕，夺取克烈部众。王罕发觉了这个阴谋，首先发动进攻。札木合、阿勒坛、忽察儿等率领部众投奔了乃蛮，答理台则投靠了铁木真。王罕在战胜铁木真后，却极大地削弱了自己，丧失了消灭铁木真、统一草原的绝佳良机。

背景阅读：铁木真奇袭王罕

铁木真二弟合撒儿在遭到袭击后，只身逃走，妻子、部众悉数被掳。铁木真便以合撒儿的名义派使者对王罕假称愿意投降，请求归还妻子、部众。王罕信以为真，自以为铁木真已众叛亲离，不足为虑，每日喝酒作乐沉醉于金帐之中。铁木真悄悄率军袭击王罕的驻地。双方激战三天三夜，王罕与其子桑昆仅带领少数几个那可儿西逃。残存的克烈部众被分给铁木真的那可儿们做属民，只有王罕的弟弟扎阿干布得以幸免。因为他的一个女儿亦巴合成了铁木真的妻妾，另一个女儿唆鲁禾帖尼成为铁木真幼子拖雷的正妻。据《蒙古秘史》记载：成吉思汗又下令把王罕的撒金褐子帐、金制酒具、金银器皿及侍从分给及时报信的巴歹、乞失里黑二人，说："巴歹、乞失里黑二人于我有救命之功。如今，托长生天的保佑，我征服克烈部百姓，登上了令人仰慕的高位。从现在起，直到我子孙之子孙的继位者们，要永远记住他们二人于我家国江山的不朽功绩！"

孛儿只斤·拔都（拖雷）和他的妻子唆鲁禾贴尼

王罕逃往乃蛮的边界时被乃蛮哨兵捕杀，桑昆被自己的那可儿抛弃，孤身流浪到吐蕃地区，后又逃往和田、喀什噶尔，被当地首领捕杀。草原上最强大的部族灰飞烟灭，至此除乃蛮等少数部族外，铁木真已经成为整个草原的主人。

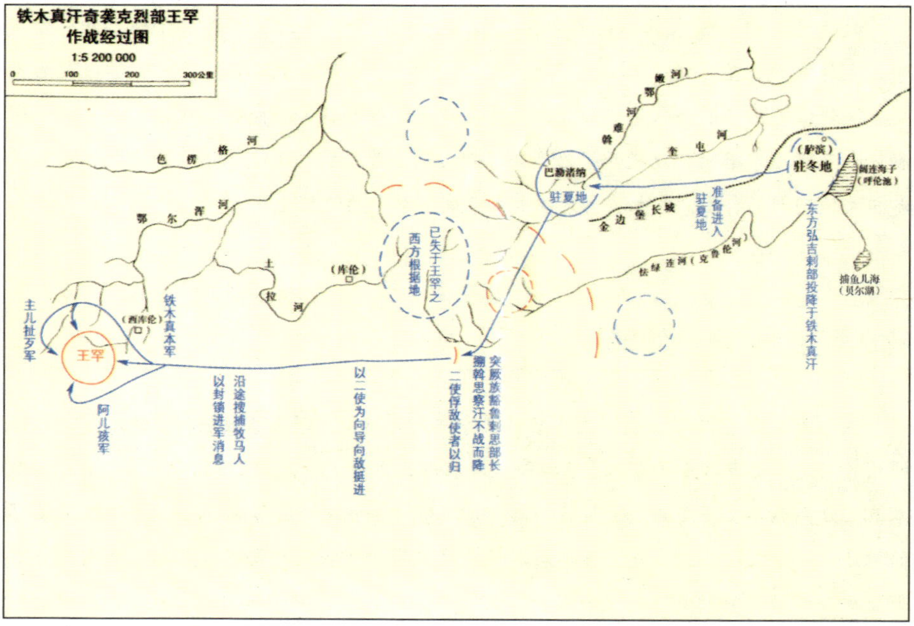

铁木真奇袭王罕作战经过图

第六章 与乃蛮部的较量，札木合的终局

这次战役的全面胜利，使得成吉思汗成为全部北方蒙古的主人。一切蒙古部落都变成了他的臣下。这里硕果仅存的，只不过是札木合薛禅一人而已，但是他也已经在劫难逃了。他众叛亲离，竟做了盗贼的魁首，最后被其手下人送给成吉思汗。在这种场合，成吉思汗仍旧没有忘记保持着指导他终身的贵族主义原则。

当成吉思汗还受着王罕保护时，就已经与横在克烈部西面那个最强大的乃蛮部接触了①。因为受畏兀儿②（Uigur）文明的强烈影响，乃蛮部在全蒙古民族里面可算得是最开化的部族了。他们可能是第一次把畏兀儿文字应用到蒙古语中、并把它用来记写蒙古语的部落。除畏兀儿人外，乃蛮部还与突厥斯坦和七河地方③（Jetysu）的人有联系。许多伊斯兰教徒商人们经常光临他们那里，所以乃蛮社会上层阶级深受伊斯兰文化影响，并且藉其深入到全民族。同时，在乃蛮部中还有许多景教派基督徒。

当克烈强国覆灭后，成吉思汗已经成为蒙古中部和东部蒙古最强有力的统治者，这使乃蛮部深感不安。因此，乃蛮部的统治者太阳汗便想从两方面去夹攻成吉思汗。他企图和居住在长城附近的汪古部结成同盟，却遭到汪古部的拒绝，并把这件事告知成吉思汗。成吉思汗立刻开始准备新的战争，同时也着手把军队组织起来。这时，成吉思汗的军队已显现出相当强大的威力。依据上古制度，成吉思

蒙古战士画像

① 铁木真灭亡塔塔儿部之后，蔑儿乞部首领脱黑脱阿感到唇亡齿寒，便会同乃蛮部不亦鲁汗纠集了朵儿边、塔塔儿、合塔斤、撒勒只兀诸部来报复。铁木真联合王罕率军抵挡。乃蛮等部联军攻势凶猛，铁木真和王罕只好朝金国界壕方向后撤。乃蛮军紧追不舍，札木合也赶来参战，不料暴风雪突起，军士们手足冻伤、人马坠岩身亡者很多，乃蛮等部只得撤军。

② 原注："畏兀儿人乃是在中国突厥斯坦东北部——哈密、乌鲁木齐、土鲁番、古城(Kucheng)——的突厥系民族。"畏兀儿族起源很早，汉代时居住在匈奴北方的"乌揭"或许就是该族前身。到南北朝时，就是高车部之一的"袁纥"，隋时为"韦纥"，唐时为"回纥"或"回鹘"，元代则写作"辉和尔"、"畏兀儿"等，这些都是"Uigur"的对音。可参阅《史集·部族志》畏兀儿篇、多桑《蒙古史》卷一、羽田亨《论九姓回鹘及

乌古思九族的关系》(《东洋学报》九之一)及同氏的《西域文明史概论》、桑田六郎《回纥衰亡考》(《东洋学报》十七之一)。

③ “突厥斯坦和七河地区大体上就是今天的中亚地区。

④ 余元盦先生对此存疑:释“扯儿必”为“管辎重的职位”似乎有待商榷。考“扯儿必”一作“扯儿宾”,那珂通世释为“侍从官”(《成吉思汗实录》272页),恐怕也存疑。因为“扯儿必”一语在辞典中虽已不能查到,但和此语语根相同的“扯力克”却有“军士”之义。况且(明)王鸣鹤《登坛必究》、郭造卿《卢龙塞略》、茅元仪《武备志》里皆译“扯力宾”作“把总”。如此可见“扯儿必”定是一种军职,而不是专管辎重的职位。

⑤ 自由民”(Tarkat)《元朝秘史》原文里作“白身人”(都里因·古温)。“答刺合惕”乃是“答刺罕”(Darqan)的复数,有“自由民”的意思,据韩儒林考证,乃是从奴隶里解放出来的(可参阅韩儒林《蒙古答刺罕考》及《补正》二文)。但《元朝秘史》一九一节里(亦即本书的来源)所说,并非“自由民”(答刺合惕)乃是“白身人”,查“白身人”的蒙古语为“都鲁因·古温”或“都里因·古温”,就是“未受官禄的白丁”。

汗把他的军队分为千人队、百人队、十人队。任命其亲信并且是有经验的领导者去做“千户长”和“百户长”。因为需要照管辎重,便设置了一种新官职——“扯儿必”④。他还挑选精兵,组成“近卫”(怯薛“Keshik”)队,即保卫自己的亲卫队。它的组织,置于严格的贵族基础之上。所选拔的人多为千、百户长及“自由民”(答刺合惕⑤)子弟及有技能和良好身材的人。

近卫队中还包括选拔出来一千名勇士(把阿秃儿),这种队伍在作战时则常被置于最前线,和平时期则充当保卫。成吉思汗深知草原游牧民很容易被突然袭击,而遭到这样一击很可能便会使规模宏大的事业化为乌有,所以他特别注意保证汗帐(斡儿朵)安全。对近卫军制度和千户长、百户长的委任,奠定了草原贵族制的军事组织基础。贵族们已不再是一种秩序紊乱和毫无纪律的民兵领袖了,在近卫军和千户的战斗队伍中开始实施“铁的纪律”,而在成吉思汗的帐殿中也同样如此。

1204年春初(夏之初月十六日,成吉思汗时年四十三岁),成吉思汗开始打响出征乃蛮部的战役。这件事虽说是先下手为强,但也有一定的危险性。因为游牧民的马群终年逗留在草地上,所以一到春天便自然而然变得特别消瘦。进军之前,成吉思汗先用牺牲祭祀其旄纛。因为在蒙古人的观念里,认为纛里住着护军神(Sulde,速勒迭)。乃蛮部太阳汗和他的儿子屈出律统率人马前去迎战蒙古军,但结果却是完全败北。太阳汗丢掉性命,而具有相当奋发力的屈出律也逃到了阿勒台山。

《蒙古秘史》在叙述成吉思汗率军征讨乃蛮部的情景时,用史诗般的语言描写成吉思汗及其股肱骑士们的姿态:“那时札木合亦在乃蛮处。太阳汗问：‘那些赶来的，如狼将群羊般直赶至圈内的，是什么人？’札木合说：‘是我铁木真安答用人肉养的四条狗，曾用铁索拴着。那狗铜额凿齿，锥舌铁心，用环刀做马鞭。饮露骑风。厮杀时，吃人肉。如今放了铁索，喜欢得垂涎着来了。四狗是者别、忽必来、者勒篾、速不台（Subeedei）。’太阳汗又问札木合：‘随后如贪食的鹰般，当先来的是谁？’札木合说：‘是我铁木真安答，浑身穿着铁甲，似贪食的鹰般来了。你看见么？你们曾说，若见了忙豁勒（蒙古）时，教他们连小羊羔儿的蹄皮也不留，如今你试着罢！’”[①]

成吉思汗消灭乃蛮部之后，后者整个部族都作了俘虏。他又进兵去征讨宿敌——以脱黑脱阿[②]（Tokto‘a）为首领的蔑儿乞部的“森林民”。他们又被成吉思汗击败，但是脱黑脱阿却与他的两个儿子和少许部众脱身逃走了。不过成吉思汗却在蔑儿乞部得到一个有名的美人，她就是在蒙古史诗里面称颂的第四个后妃忽兰[③]（Kulan）（见《元朝秘史》一九七节）。

① 据《元朝秘史》一九五节蒙文应译为：“塔阳汗（太阳汗）见着那般赶着到的，札木合亦在那里，同着乃蛮军出阵来了。在那里，塔阳问札木合道：‘那些人怎么样？如狼追赶许多羊每般直赶到圈子里来了。那般赶着来的那些人每是谁？’札木合说：‘那些人是我的铁木真安答用人肉养着的四条狗，是用铁索拴着的，赶着咱的哨望来的就是那些人。那四头

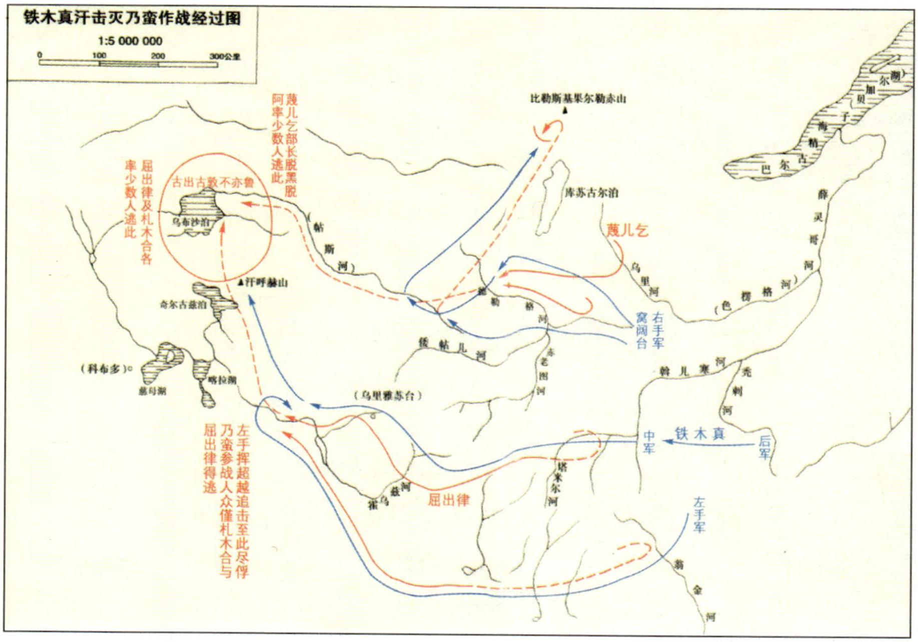

^ 铁木真击灭乃蛮作战经过图

辽代胡瓌描绘的契丹人《出猎图》

第二年，为剿灭仇敌乃蛮人屈出律和蔑儿乞人脱黑脱阿，成吉思汗统率军队开始了超越阿勒泰山脉更远距离的战役。战争的结果，便是以上两部的完全溃灭，脱黑脱阿被杀死，而屈出律却逃到七河地方，也就是当时统治这个地方的哈剌契丹[4]（Kara-Kitans）那里。成吉思汗最干练将领之一速不台奉命去追击蔑儿乞部残余，以及和他们一起逃走的脱黑脱阿的几个儿子。

这次战役的全面胜利，使得成吉思汗成为全部北方蒙古的主人。一切蒙古部落都变成了他的臣下。仅存的对手，只不过是札木合薛禅一人而已，但是他也已经在劫难逃了。札木合众叛亲离，竟做了盗贼的魁首，最后被其手下人呈送给成吉思汗。在这种

狗，有生铜的额颅，有凿子的嘴，有锥子的舌，有铁的心，有环刀做的鞭子。那些人吃着露，骑着风而行。那些人在厮杀的日子，则吃着人肉。那些人在共同到达的日子，则用人肉做行粮。那些人如今已经脱了铁索，正喜欢着不曾受拘束，就那般垂涎着来也。’若说：‘那四头狗是谁么？’就是：者别、忽必来二个，者勒篾、速不台二个，就是那四个。（中略）’塔阳罕问札木合道：‘从那里后面来的，如贪食的鹰般垂涎着前来的是谁？’札木合说：‘从这里来的，是我的铁木真安答，他的全身是用生铜炼成的，用锥子刺着没有空隙，是用铁叠成的，用大针刺着没有空隙。我的铁木真安答，如贪食的鹰般，却这般垂涎着来了，您见了么？’乃蛮部的伴当曾说：‘若见了忙豁勒（蒙古）呵，连小羊的蹄皮也教不剩了’，您看着罢！’”

② 脱黑脱阿，或译为“脱脱”，三姓蔑儿乞部中之一部首领。据称其擅长逃跑，其事迹详见《新元史·卷一百十七·列传第十四》。

③ 忽兰，生年不详，兀儿思蔑儿乞部长答亦儿兀孙之女。她是第二斡儿朵之首，地位仅次于大皇后孛儿帖。卒于成吉思汗西征年间（1219-1225年之间）。

④ 哈剌契丹即西辽，为1132年辽（契丹）代的宗室耶律大石在吹河（Chu）上流虎思斡耳朵地方所建立的王国。西方史家称其为“哈剌契丹”，也就是黑契丹的意思。它的疆域甚广，包括着畏兀儿、河中（Transoxania）和花剌子模等地。参阅羽田亨《西辽建国始末及纪年》。

忽兰皇后

场合下，成吉思汗仍旧没有忘记保持着指导他终身的贵族主义原则。他说：“自己的正主，敢拿的人，如何留得。将这等人，并他的子孙们尽付典刑了。”[①]因为感念札木合曾经和他做过盟友——安答，成吉思汗便允许这个囚徒不出血而死[②]。这对于札木合来说就是一种慈悲，因为在蒙古珊蛮教徒的观念里，以为人的灵魂存在于自己的血液里。

① 据《元朝秘史》二〇〇蒙文此处译为：“成吉思合罕下着敕令道：‘将正主汗到了手的人，怎能教他存着呢？那般人和谁能做得伴呢？将正主汗到了手的人，直到他的亲族，都处斩了！’”

② 据小林高四郎研究，此处“不出血而死”乃是装入袋里绞死。因为依照蒙古旧俗，处死皇族里面的有罪者时多用此特典。

背景阅读：乃蛮部太阳汗及其子屈出律迎战蒙古军

太阳汗（？－1204），乃蛮部首领，原名拜不花（“聪明”之义），亦难察必勒格汗之子。太阳原是大王，后来与兄长不亦鲁克汗争位，于1204年重伤而死。“太阳”源于辽金时对漠北游牧民族首领“大王”的封号，乃蛮人音讹为“塔阳”，又译作“塔阳罕”、“太阳可汗”等。

屈出律（？－1218），太阳汗之子。1204年，屈出律逃跑，经畏兀儿、哈剌鲁，于1208年到西辽投靠古儿汗。古儿汗把女儿嫁给他。1211年，联合花剌子模推翻古儿汗，夺取西辽政权。1218年，成吉思汗命者别进攻西辽，屈出律逃走，后被当地伊斯兰教徒抓住后送给者别，其后被处死。

战前铁木真的宿敌札木合、蒙古贵族阿勒坛、忽察儿、答理台、蔑儿乞部长脱黑脱阿以及克烈部札合干布等的部众，都逃到乃蛮助阵。两军交战之际，蒙古军一名骑瘦瘠马匹的骑兵被擒获，太阳汗更加认为铁木真势力疲惫。多歹扯儿向铁木真献计说我军少马匹，可以在此就地牧马，多设疑兵，入夜后每人燃五堆篝火迷惑乃蛮军队。等我们的军队马饱力壮时再攻打乃蛮军队的大营，出其不意必然可胜。铁木真采纳了他的意见，乃蛮军队果然迟疑不进。

太阳汗生性柔弱，兄弟不亦鲁黑汗与他公开分裂，儿子屈出律则过于强悍。战事刚起，札木合就预料到乃蛮军必败，逃离战场，经过一天鏖战，乃蛮军队果然崩溃。太阳汗受伤而死，乃蛮军大败而逃，许多人马从山崖上滚落跌死，屈出律向他的叔父不亦鲁黑的驻地逃去，克烈部札合干布被杀，蔑儿乞部族长脱黑脱阿逃走，札木合所结集的散勒只兀、合塔斤、塔塔儿等残部纷纷投降。

背景阅读：札木合之死

《蒙古秘史》里这样描写了铁木真捕获札木合后的情景：铁木真捕获札木合后，派手下向札木合传话，表示愿意从此与札木合共享富贵、不离不弃：

“咱已分离久/今再重归好/望你从此起/作我车一辕/莫再起异心！

“同居在一处/和好如当初/互陈所忘事/相唤共寐醒！

“虽曾离我奔他去/但却处处见你心/每到生死战起时/你总为我揪着心！

“虽曾弃我寻他去/你永远是我安答/每到与敌激战时/你都替我担着心！”

铁木真并且历数了札木合曾暗中帮助自己的事例：铁木真与克烈部大战时，札木合派人透露王罕的作战部署，让铁木真躲过一劫。当铁木真与乃蛮作战时，札木合向太阳汗宣扬蒙古的军威，让乃蛮部心惊胆战，又向铁木真通报乃蛮军的情况。

听罢成吉思汗所言，札木合说道：

“在那远去的日子里/在那美好的童年里/在那豁儿豁纳黑的谷地里/我与你结为安答！

“二人相处形影不离/游戏玩耍总在一起/夜寐共钻同一被窝/日来同思一种心愿！

“后来我中谗言之惑/又中他人离间之计/背弃旧情离开了安答/踏上了一条陌生的路！

“念起昔日难忘的言语/犹如扒去脸上的薄皮/念起过去笃诚的情意/犹如撕下面上的表皮/无颜无面愧心自责/躲避着走到了今天！

“如今安答又念旧情/劝我回头重修旧好/可我不幸失尽良机/需友之时未能相伴！

“如今安答铁木真你/灭尽仇敌平了天下/已成就了万年盛事/还留我等又有何益？

“恐将扰你夜里的梦/恐将坏你昼里的心/恐将成你衣中虱子/恐将成你袖上刺！

“被那谗言离间后/我已痛苦至如今！

“你我二人的名声/从东到西已传遍！

“安答有智母/兄弟一群又俊杰/又聚英豪你周围/还有战马七十三！

“而我生来孤儿身/既无知心好朋友/又无手足好兄弟/虽有妻子为长舌/因故不敌安答你/遭此败局已定然！

“所以，请求安答降恩，赐我速死，以平安答之心。如安答降恩赐死，则求安答赐我以不流血而死！

“如能这样：我那入土为安的身躯/我那永存大地的尸骨/将从花草丛生的高地/佑助你万代大业！

“我本源自旁支根/今被你族所屈服/此话常记你心间/日久天长永念之！

“好了，该说的都已说完，可以结束我的性命了！”

铁木真见札木合不肯与自己重归于好，便按照传统处死贵族的办法赐死札木合并加以厚葬。这位曾叱咤风云的草原枭雄，九岁就与铁木真相识相交，也曾拯救铁木真于危难之中，最终却因争霸战争死于安答之手。

被擒获的阿勒坛和忽察儿也被以同样的方式被处死，草原社会旧时代的最后篇章结束了。

第七章 全蒙古民族的皇帝成吉思汗

成吉思汗终于对「有毛毡帐裙的百姓」完成统一。1206年（丙寅年，成吉思汗时年四十五岁），在斡难河源头建起九脚白旄做合罕。成吉思汗开始管理忙豁勒（蒙古）百姓，他说：「我将说着恩赐的言语，授同开国有功者编组千户，并委付官人们（那牙惕）做了千户的首领。」这就是《蒙古秘史》关于成吉思汗一生中最重要时期的记录之一。

成吉思汗终于对“有毛毡帐裙的百姓”完成统一。1206年（丙寅年，成吉思汗时年四十五岁），在斡难河源头建起九脚白旄做合罕。[《元史太祖本纪》载：“元年丙寅（1206年），帝大会诸王群臣，建九斿白旗，即皇帝位于斡难河之源。”] 成吉思汗开始管理忙豁勒（蒙古）百姓，他说：“我将说着恩赐的言语，授同开国有功者编组千户，并委付官人们（那牙惕）做了千户的首领。”[①]这就是《蒙古秘史》关于成吉思汗一生中最重要时期的记录之一。

铁木真自称成吉思合罕[②]——即蒙古国（Mongolulus）的皇帝，便于1206年在斡难河畔召开“大聚会”——“忽里勒台”（Kurultai[③]）。参会者有他的一切亲族、僚友、那颜、把阿秃儿和全蒙古的贵族们，而这个大会只不过是追认少数贵族群两三年前所决议的事项而已。成吉思汗的经年梦想最后终告实现。他是其氏族领袖，而他的氏族又是所有“有毛毡帐裙的百姓”的领袖。孛儿只斤氏族从此复活了蒙古名称的伟大与光荣，至于他们这一族里的所有人——所有“有毛毡帐裙的百姓”——从此以后都将自称为蒙古民族。所有“那颜”“把阿秃儿”“别乞”“的斤”等全体贵族们——好几个氏族的共同家臣——现在不

九脚白纛

① 据《元朝秘史》二〇二节蒙文应译为：“既平定了那些有毛毡帐裙的百姓，虎儿年在斡难河的源头聚着，那里给予了成吉思合罕以‘汗’的称号。那里也给予了木合黎以‘国王’的名称。那里也教者别去出征追袭乃蛮部的屈出律汗。整治了忙豁勒（蒙古）的百姓（后），成吉思合罕便下着敕令道‘对于共同建立国家的人们，在编组各千户时，委付着（做了）千户的官人们（‘千户长’）。’”

② 《世界征服者史》和《史集》都将铁木真称作“成吉思汗”，但又将蒙哥、忽必烈等人称作“合罕”，这一点也可以从制作于1252年印有蒙哥称号的格鲁吉亚钱币中获得佐证。这可能是受突厥文化的影响造成的。早在十二、十三世纪之际，乃蛮、克烈等草原西部的首领已采用来自于突厥政治文化的“可罕”称号，并且它也曾被窝阔台汗当作他个人的专用名称，并最终成为蒙古帝国最高统治者固定的蒙古语称号。但对

1206年春，铁木真召集他所统治下的全蒙古那颜等，举行蒙古历史上规模盛大的忽里勒台庆典仪式，他的大帐前竖起了象征胜利的九脚白纛，各联盟首领在会上一致推举44岁的铁木真为皇帝，尊号为成吉思汗，从此建立了大蒙古

只变成了蒙古族的家臣，还接受了它的名义。这个统一民族第一次有了共同的名称，而且这个名称不久以后便成为一种光荣，因为每个游牧民都感觉到，称自己为蒙古人是值得自豪的。

成吉思汗将一种有定的宗教观念注入自己宗主权及其氏族宗主权的政治概念中。在1206年的大聚会（忽里勒台）里，蒙力克的儿子——“巫师”、“珊蛮”阔阔出扮演了一个卓越的角色，全蒙古人民都把他看作迷信的崇敬对象。阔阔出宣称“长生天”垂恩宠于成吉思汗，因为他是承受着天命被派遣降生到世上和全氏族里来的。对这种见解，成吉思汗也欣然接受。他说：“长生天命朕治理百姓。”“被长生天护佑着，使克烈部的百姓屈服了，得在高位子里坐了。”

成吉思氏族的守护神“速勒迭”（Sulde）居住在九脚的白纛。“速勒迭”会常常保护他的军队，并领导他们取得胜利。成吉思汗将征服一切人民，这是因为长生天已经注定如此。成吉思汗之所以做汗，便是“长生天底气力里”（蒙客·腾格里·因·古出·突儿）的缘故。就是在今天，蒙古

铁木真本人的称号，十三世纪中叶依旧在沿用蒙古传统称号“汗”。鉴于《史集》的史料来源是蒙元朝廷送给伊利汗国的宫廷秘史《金册》，因此可以确定到元朝初期，成吉思汗依旧为铁木真的称号。作者称铁木真为成吉思合罕，应该是根据《蒙古秘史》。但是《蒙古秘史》中也有多处将铁木真称为汗，如铁木真第一次被蒙古部拥立为汗并向王罕和札木合通报这一消息时，以及铁木真的儿子、弟弟和安答札木合对他的称呼。正如伯希和所指出的，这是因为今日所见的《蒙古秘史》应是一个较晚期的版本，此时合罕已经代替汗被蒙元统治者认同为蒙语称号，而那些依旧将铁木真称作汗的地方应该是由于抄录者的疏漏，没有完全修改完毕所致。

③ 原文“Kurultai”应作“Kuriltai”，“忽里勒台”近人译作“库利尔台”，也就是“大聚会”的意思。参阅箭内亘《蒙古的国会即库利尔台考》（《蒙古史研究》所收）。

人还保持着和崇敬着这个“速勒迭”的白纛[1]，他们相信正是它使得成吉思汗的军队“每战辄胜”。他们也相信大皇帝的灵魂已经进入到“速勒迭”的旄纛里，他自身已成为光荣氏族的守护神，而这个守护神今天还在统治着蒙古民族。[2]

由此可见成吉思汗的宗教观和社会观。他认为自己的帝国组织必须建立在严格的贵族基础上。成吉思汗这种观念就是一般草原贵族的独特氏族组织里所有的观念，只不过他的范围非常广大而已。同样情形下，一个贵族的家族，或一个贵族的氏族，就是一个部族的领袖，所以在成吉思汗的制度里，“黄金氏族”（Altanuruk，阿勒坛·兀鲁黑）——包括其家臣和部众——就是全蒙古族的领袖，就是所有“生活在毛毡帐裙里的子孙”（有毛毡帐裙的百姓）的领袖，也就是全民族和全世界的领袖。在皇室氏族里的领袖就是皇帝，也就是说，他是自己氏族及其麾下贵族们的领袖，而不是平民或人民的领袖。成吉思汗绝不会承认自己是一个民众的领导者。他曾经是而且仍旧是统一所有蒙古贵族的那个贵族氏族的领袖。在他的传旨里、言辞里、布告里和律令里，绝不是对着人民而发的，而是常常对着“诸王”、“那

① 蒙古国宪法里除了和其他国家一样规定了自己的国旗、国徽、国歌、国玺外还规定了国纛“蒙古统一后所建开国政权的传统大白纛为蒙古国崇敬国家的象征”。

② 原注：这项叙述，是在 1924 年蒙古共人民和国建立以前所著成的。

③ 怯薛丹《元朝秘史》作“客失克田”，旁译为“轮班的”，“护卫的”，“值班的”，“轮值的”等义，也就是“怯薛”的复数。“怯薛丹”的语源和字义的解释，可参阅翁独健《元典章译语集释》“怯薛”条。

︿蒙古汗国包金马鞍（复制品）
〈蒙古汗国时期的重甲

颜”（领主、官长）和“把阿秃儿”（勇士）们而发的。

1206年，成吉思汗完成了他的近卫组织，这当然也是建立在严格的贵族原则上的。他的目的，不仅仅是在可移动的帐殿里设置一个可信赖的个人护卫队和一支精锐的军队，而且也希望在他亲自指导和经常控制下，成为一种培养忠实将士的制度。他熟知每个人的个性，能够分派给他们适合自己技能的任务。

所有“近卫”们（怯薛丹[3]“Keshikten”）都出身贵族，“如今天命众百姓都属我管。我的护卫（Keshik），须于各万户、千户、百户并箭筒士等内，选出一万人来做着。因为这些人们，将做我的护卫，故在挑选时，须于各官并‘自由民’（Tarkat）儿子内，挑选有技能、身材壮的，叫到我跟前来罢。（中略）若千户长、百户长、十户长等人有违令者，将加以罪责了。”[4]

所有近卫人员皆赐给他们一种特权并得到特殊的尊敬。成吉思这样规定：“我的护卫（Keshik）散班[5]居于在外千户长之上。护卫散班的家人，居于在外百户长、十户长之上。若在外千户长，与护卫散班做着同等的争夺时，在外的千户长将受处罚了。”[6]所有近卫人员都是皇帝的亲信，所以他们的诉讼也都由皇帝亲自判决。他说：“掌管护卫的官人，不得我言语，休将所管的人们擅自责罚着，凡有罪的，必须奏闻了，将该斩的斩，该打的打。”[7]

成吉思汗对他

蒙古汗国时期的窄檐式铁盔

④ 据《元朝秘史》二二四节蒙文应译为：“如今靠长生天的气力，天地的佑护，平定了全国百姓，都归朕统治，如今可以各千户中挑选人到朕处，进入轮番护卫的侍卫中！在选入时，侍卫队中的宿卫、箭筒士共选入满一万人。”敕令下了。再成吉思合罕在下着选入轮番护卫队（客失克田）的敕令时，教各千户长传布于各千户云：“万户长、千户长、百户长的儿子、‘白身人’的儿子选入时，将有技能的和状貌好的，能在朕处效力的，选入轮番护卫队吧！（中略）千户长、百户长、十户长等人，可把朕的这项敕令（使众人）都听到了，若有违背的人呵，就加以处罚！”

⑤ “散班”《元朝秘史》蒙文为“秃儿合黑”（Turqaq），元代音译为“秃鲁华”或“秃鲁花”。据《元史》卷九八《兵志》及《元文类》卷四一《政典·军制篇序录》：“取诸侯将校之子弟充军，曰质子军，又曰秃鲁华军，是皆多事之际，一时之制。”又，黄文集卷225页一：“秃鲁花者，译言质子也。”可见“散班”就是质子军的意义。散班，又译侍卫。

⑥ 据《元朝秘史》二二八节蒙文此处译为：“成吉思合罕下着敕令道：‘我的护卫（Keshik），居于在外的千户长的上面。我的护卫的伴当，居于在外的百户长、十户长的上面。在外的千户虽与我的护卫比肩做着同等，但是若和我的护卫相斗殴呵，则就要罪着千户每的人了。’敕令下了。”

⑦ 据《元朝秘史》二二七节蒙文此处译为：“护卫（Keshikten）的耆老们但称着为长官了，若将选入在同等地为我效力的我的护卫，未曾与我商量，休得（擅自）怪责！若动用法度呵，就必须禀告我！若有处斩的理由呵，我就处斩了！若有该打的理由呵，就教卧着打了！但称着为长官了，若以自己的手足把同等地为我效力的我的护卫用条子打着呵，那么也就用条子去回答条子为报复，用拳头去回答拳头为报复。”

的宿卫说：“你们宿卫（Kebeteul）[①]于大雨雪的夜里，或晴明的夜里，或敌人纷扰厮杀的夜里，在我帐房周围宿卫着，使我身心得到了安宁，凡有紧急事情都不曾怠慢过，因此使我得到大位里坐了。”[②]“久后我的子孙们将这护卫的想着，如我遗念一般，好生抬举，休教怀怨，像福神般看待着罢。”[③]

在选拔将士及委任他们以种种职掌的情形来看，足以见得成吉思汗非常练达与知人善任，而他的天才也在这一点上更清楚地表现出来。虽然他对部众的要求很严苛，但对其亲信部下的需要也很在意。他的愿望是，在平时，甚至在烟云万里的远征时节，他常常想把部众的命运掌握在自己手里。在成吉思汗看来，这就是贵族特权的必然结果。譬如说，当他派遣速不台把阿秃儿率领其麾下的军队追击蔑儿乞人脱黑脱阿的几个儿子时，成吉思汗便吩咐他说：“若有违犯你的号令者，我认得的，便拿来由我自己来处分。不认得的，就那里典刑（正法）了！”[④]

全蒙古民族业已建立起一支有组织的军队。全

蒙古大车

① “Kebteul”在蒙古语中有“睡”、“卧”的意义。《元朝秘史》音译作“客卜帖兀勒”，旁译为“卧着”、“睡着”、“宿卫”等。

② 据《元朝秘史》二三〇节蒙文此处译为：“成吉思合罕说：‘有云的夜里，卧在我那有天窗的帐房周围，使（我）宁静地睡着，教（我）到了这大位子里，我的老宿卫（客卜帖兀勒）！有星的夜里，卧在我那行宫（斡儿朵）的帐房周围，不曾使（我）在被窝内受到了惊怖，我这有吉庆的宿卫！教（我）到了高位子里。在移动的风雪里，在使人抖颤的冷气里，在倾盆下泻的大雨里，在我那编壁的帐房周围，（始终）立着而不曾略事休息，使（我）身心安了，我这有至诚心的宿卫！教（我）到了快乐的位子里。在纷扰的对敌中，在我那有‘地袯’（蒙文为‘亦儿格’（irge），可释为“保护帐幕外面底部四周的毡布”，这种毡布常常以装有支撑木的垣帘更换着）的帐房周围，站立了阻挡着而不曾转瞬，我这可信赖的宿卫！但于桦皮的箭筒一动时，就毫不疑迟地起立对阵，我这伶俐的宿卫！但于柳木的箭筒一动时，就毫不落后地起立对阵！我这行动敏捷的宿卫！着把我那有吉庆的宿卫，称作老宿卫！’”

③ 据《元朝秘史》二三一节蒙文此处译为：“从九十五千户内，将拣选来的我那贴身亲信，做了我的一万亲信护卫（Keshikten）。久后坐了我位子里的儿子们我的子子孙孙，须像（我）遗念般想着这些护卫，不教（他们）抱怨，并好生抬举着罢。教把我那一万护卫，像福神般看待着罢！”

④ 据《元朝秘史》一九九节蒙文应译为：“违犯了我的敕令，如为我所认得的，教给我处来罢！如为我所不认得的许多人，只便在那里处斩罢！”

⑤ 据《元朝秘史》二〇五节蒙文此处译为：“如今（你）坐在众人上面的座位里，九次犯罪里休罚罢！孛斡儿出靠着右手的阿勒台山，使管辖着万户罢！”

部兵士分为百户和千户，由此联合成二、三、五千户，再由此编成为“大部队”——军团——万户（Tumen，“土绵”或“秃绵”）。个别氏族和部落依照某种目的予以编集或区分起来，使之能够组成最迅速集合其必要兵员的部队。各部队长由成吉思汗委任，他们多是其所熟识并可信赖的部下，这些部队的士兵通常都是在他们各部分长官们指挥下的亲族。这种政策一来可以防止氏族组织解体，二来也可以同时给予一个正规军以军事骨干，虽然它还是幼稚的。在部下因偶然机会而成为队长时，便被任命为和贵族同样出身的指挥者，但是必须对汗尽忠和服从军律。依照远古时代的蒙古习惯，其军队被区分成三方面：中军（Kol，《元朝秘史》作“豁勒”），任命纳牙阿（Naya）为首长；左翼—东翼（《元朝秘史》作“沼温·合儿”），由木华黎任指挥官；右翼—西翼（《元朝秘史》作“巴剌温·合儿”），由博尔术任指挥官。当成吉思汗任命博尔术为右翼指挥官时，他对博尔术说：“赦你九次犯罪不罚！这西边直到金山（Altai）你做着万户管罢！”[⑤]同时又对木华黎说：“东边至合刺温山（Karaun，兴安岭的旧名），你就做着左手万户，直到你的子孙相传着管罢”。[⑥]

成吉思汗亲自选拔他所熟知个性的将帅，分据在帝国各地。同时他也常常渴望能够亲自去控制他们的行动。他曾宣称：“在年首和年终所召集的万户、千户、百户的‘那颜’，听从朕的意思，回到他们的任所，是可以胜任统率其部众的。但是滞留在他们自己的营帐里，不听从朕的意志者，在这种情形上，好像石沉大海、箭射芦苇。这样的人，是不能够胜任指挥官的。”（此段出自剌失德丁《史集》第一卷第二分册）而当成吉思汗看到速不台出发远征时，便对速不台说：“你虽离得我远，犹如在近处一般。在你的征途中，天必护助你。[⑦]”

概括地说，蒙古贵族们是在指挥着军队，服务作“近卫”，分据在汗的行宫或帐殿（根据汗的正后人数，应该有四个，即四大斡儿朵）里的各种职位上，并分据在汗最亲近宗室行营里的各种职位上。在贵族出身之列的（他们的最上层就是指挥官——那颜）就是“自由人”——“答剌合惕”。因为他们有种种功劳，便被豁免了租税，并赋予“出征处得的财物、围猎时得的野兽都归他们自己所有”[⑧]的权利。在“答儿合惕”里面也有成为“那颜”的。那些没有家臣和部众的，假

⑥ 据《元朝秘史》二〇六节蒙文此处译为：“为那般坐上着座位，直到木合黎的子子孙孙，使做着众多百姓的国王。（于是）赐予了国王的名号：‘木合黎国王，靠着左手的合剌温山，使管辖着万户罢！’如上敕令下了。”

⑦ 据《元朝秘史》一九九节“铁车追讨”段蒙文应译为：“对于朕，虽是在背处呵，好像在对面一般，虽是在远处呵，好像在近处一般。若是这样想着行呵，你必被上天所护助。”

⑧ 据《元朝秘史》二一九节蒙文译为：“你‘答儿合惕’，再使多自在些，若在剿捕敌人时所得着的财物呵，就依着所得的财物取去罢！若在围猎野兽时呵，就依着擒杀了的‘野兽’取去罢！”

使他们建立了值得赐予恩赏的功勋，便会得到家臣和部众的赏赐。因此，成吉思汗对者别和速不台说："你们自己收集的百姓，管着做千户罢。"[①]与此相同的情形，记述如下："成吉思汗再教牧羊的迭该将无户籍的百姓，收集着做了千户。以后再分管百姓时，木匠古出古儿管的百姓少了。为补足其人数，成吉思汗着令在各千户内抽分着，教他（古出古儿）与札答阑种的木勒合勒忽，一同做着千户管了。"[②]

除完成军制改革和组织草原贵族制度外，成吉思汗对于内政的组织、行宫的经营、狩猎的统制，尤其是军队给养的供应，也寄予很大关注。而内政的组织比军制改革更为困难，因为成吉思汗和蒙古人民尚处于极顶原始的文化阶段。成吉思汗从未学习过读和写，也不曾学得除母语蒙古语外的其他任何国语言（见术兹札尼书）。在他战胜了乃蛮部以后，蒙古军在太阳汗那里捕获了掌管金印的畏兀儿人塔塔统阿（"Tatatunga"，参阅《元史·塔塔统阿传》），成吉思汗才意识到文字的必要性。这时起，塔塔统阿便成为蒙古人最早的教师。成吉思汗自身虽然没有学习文字的计划，但他一向眼光远大，尤其想到这是建设帝国之必需。因此他命令其亲族和僚友必须去学习读和写。他的末弟失吉·忽秃忽（《元朝秘史》有时也作"失乞刊·忽都忽"或"失吉刊·忽秃忽"，为诃额仑在塔塔儿营盘内所收养的第六子）在学习方面迅速进步，可以说在全蒙古人里面，他是对畏兀儿文化接受最快的人了。为此，成吉思汗便委任他做大断事官[③]，当时给予他的训令是这样的："如今初定了全部百姓，你与我做耳目。但凡你的言语，任谁也不许违了。如有盗贼诈伪的事，你惩戒着。可杀的杀，可罚的罚。百姓们分家财的事，你科断着。凡断了的事，写在青册上，以后不许诸人更改。"[④]当选拔大断事官的时候，成吉思汗好比选拔他的将军一样，证明他知人善任。"由于失吉·忽秃忽用一种模范且正直的态度去履职，所以他的判决便成为后来断事官的规范。史籍记载，失吉·忽秃忽对于在恐惧刺激下所产生的证据，并不认为是重要的（意即反对刑讯逼供）。

万事皆重实际的成吉思汗，用新输入的字母记录他的训言（必里克，Bilik[⑤]）和律令（札撒，Jasak，Yasak，Yasa），这就是蒙古民族习惯法的法典。当然，"必里克"和"札撒"都不是短时期内编纂而

① 据《元朝秘史》二二一节蒙文应译为："再对者别、速不台两个说：'自己所集得的（部众），就组成千户管着吧！'"

② 据《元朝秘史》二二二节蒙文应译为："再牧羊的迭该，将无户籍的（百姓），教聚拢为千户管着。"又据《元朝秘史》二二三节蒙文应译为："再木匠的古出古儿，（因所管的）百姓少了，从这里那里收拾着，由札答剌（札答阑）种的木勒合勒忽亲密地依着做伴：'着古出古儿、木勒合勒忽二个，一同商量着管理千户罢！'这样说了。"

③ "断事官"即"裁判官"，蒙古语为"札儿忽赤"，《元史》里作"札鲁花赤"或"札鲁忽赤"，"大断事官"即"也可札鲁花赤"。参见田村实造《元朝札鲁忽赤考》（《桑原博士还历纪念东洋史论丛》所收）。

④ 据《元朝秘史》二〇三节蒙文此处译为："蒙长生天护助，平定了全国百姓，你做了（我）看的眼睛，听的耳

朵。依照从全国百姓中以分民的名义，分封给我的母亲、诸弟和诸子之例。可将有毡帐的百姓（游牧民），有板门的百姓（定居民），任何人也不许违背你的言语。如上敕令下了。再对失吉·忽秃忽说：‘你可惩处全国百姓中的盗贼，明察谎言，将有可杀的理由的，便杀了罢！将有可罚的理由的，便罚了罢！’遂封他为最高断事官。又降旨道：‘把全国百姓的分封情况和判处的案情都写在青册上，直到子子孙孙，永远不许更改失吉·忽秃忽与我议定而写在青册白纸上的规定！更改的人要处罚！’”

⑤ “必里克”(Bilik)是波斯语，有“金言”、“训言”和“忠告”的意思。蒙古语里的“bilik”，是从突厥语“必勒格”(Bilge)转化而来，有“聪敏”、“贤者”等义，与此处波斯语“必里克”的意义完全不同。

^ 历史上的各式蒙古文字。左右两侧为八思巴字，中间奇数行为兰札文、偶数行为藏文字母、第三行左侧为索永布，最末一行为胡都木的蒙古文字

成的，它是逐渐累积起来的，是成吉思汗的终身事业。他认为“札撒”的纂修尤其重要。他说：“后世的君主，并围绕在他们左右的‘王公’，‘把阿秃儿’（勇士）和‘那颜’（领主、长官）们，假使对于各种事情都没有遵守‘札撒’，那他们在政治工作上必将陷入困境，甚至莅于颓废腐败的状态中。到那时候，他们即使再有找寻第二个成吉思汗的意向，也必将感到绝望。”（出自剌失德丁《史集·太祖训言篇》）成吉思汗又说：“生在五百年、一千年、一万年后，继承了我大位的子孙们，假使能够保全法令，并且不去改变成吉思汗的‘札撒’，那‘上天’将赐给他们一种极大的兴隆。”（出自剌失德丁《史集·太祖训言篇》）于是，“大札撒”便成为帝国的君主（包括合罕自身在内）去治理亿万人民的工具。按照成吉思汗的意愿，他所公布的那种万世不易的法令，不仅仅当时的人，就是他的后世子孙们也必须严格遵守。他起草这种固定不变的法令，既不是由他和最文明

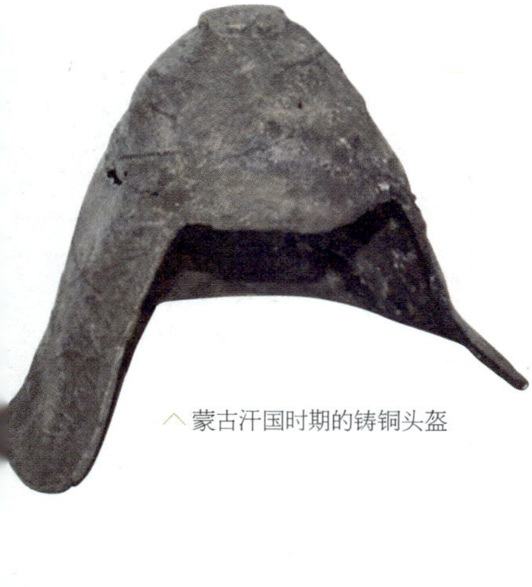

^ 蒙古汗国时期的铸铜头盔

国家里的律令制度相接触而来（而且他也决不厌倦于这些文明国的完全评价），也不是受着“至上神”的启示（虽然这点也是他自己所承认的），而是从他的氏族及民族那里的“古代传统”、习惯和思想里而来。他将其称之为“习惯法”，承认为“公共法”（也就是“成文法”）的权威。这便是他设立的永久规范，以利于万世。他并没有想象到，蒙古民族还能够拥有除他们所固有的以及他们自身并加上“长生天”的意志所许可以外的律令组织。但一切事情都是在变化和消长着。“大律令”（兀鲁黑·牙撒[①]）已丧失其法律机能，如今的蒙古人也将其从记忆中抹去，甚至原典也没有被他们保存下来，现在只留有少许的断片残简。而我们难以将这些断片残简的全文进行恢复。纵然如此，“大律令”在成吉思汗创建大帝国的过程中，曾经扮演过重要角色，且对蒙古民族和被征服民族的各方面生活产生过极大影响。

“札撒”的应用极端严苛，不久以后一种规范的秩序便盛行在整个帝国，杀人、盗劫、欺诈和奸淫等现象几乎绝迹。“札撒”对于贵族制度予以最后的认许，好像一个强力的压榨工具悬在平民和奴隶（这一数字随着战胜而继续增大）头上。

成吉思汗的“必里克”（“训言”）是他在各种场合上所发表的谈话集成，久而久之才将它们编纂在一起。因为这是“合罕”想把它流传到后世去的唯一文书。虽然大部分是从汗的口里听来的，可残留在部众和僚友们的记忆里的也为数不少。成吉思汗似乎与当时有能力的蒙古人一样，有给予其思想以韵律形式的天赋，所以很容易被传承下来。使用韵律形式是太古时代传承下来的一种习惯，这个方法可以使即使目不识丁的人也都能够记住其父祖的训言。到了后世，蒙古民族都认为他们帝国建立者的“训言”极端重要，这就使得每个统治者和行政者都必须接受“训言”教育。但“必里克”也和“札撒黑”一样，及至流传到现在，也变成了残简断片。但一部分“训言”还是被蒙古人保存下来，其他则残存在中国和伊斯兰教史家的著作[②]中。

完成军政及内政上的组织，成吉思汗设置了一种叫“别乞”[③]（Behi）的官职，其职守便是国家的最高僧侣，他被赋予一种权力，并为官方所承认。“别乞”这个称号自古以来就存在，森林氏族和部落的领导者拥有的更多。这些领导者们便将王公的俗权和“珊蛮”的

---

① “兀鲁黑·牙撒”（Uluqyasa）——“大律令”，不是蒙古语，而是突厥语。

② 成吉思汗的“训言”，流传在世上的有两种，一为1915年库伦刊行的《成吉思汗金言录》；二为《成吉思汗谈话录》（有北京蒙文书社刊本和一九二四年库伦蒙古学术委员会刊本二种）。后者由日儒山本守氏译成日文，并加注释，名曰《成吉思汗谈话录的研究》。

③ 一般认为是突厥语beg的对音翻译，更熟悉的译法为“伯克”。但是因为其与蒙古语中关于公主的称呼“别吉”（begi）发音十分相似，因此还存在争议。

④ 据《元朝秘史》二一六节蒙文应译为：“又成吉思合罕对兀孙老人说：‘兀孙、忽难、阔阔搠思、迭该这四个人，（但有）看见了的事，听得了的事，都不隐匿地告诉（我）。（但有）知道了的事，想起了的事，都要对（我）来说。依照忙豁勒（蒙古）的惯例，

神权混为一体。“珊蛮”是跟氏族的祖先和守护神都有关系的。成吉思汗则创设了国任“珊蛮”的官职。他委任了兀孙（Usun）为第一任“别乞”，因为兀孙是古代传说中孛端察儿子孙中最古老的支派，而且又是巴阿邻氏族成员里最年长的老翁。因此，兀孙便被认为已经和远祖有了特殊关系，所以他能够代表远祖。成吉思汗对他说：“兀孙，你是巴阿邻里为长的子孙，你可做‘别乞’，做‘别乞’时，骑白马，穿白衣，坐在众人之上，选算年月吉凶，教敬重着罢。”[4]在一连串战役中，虽然成吉思汗大部分没有参加过，可帝国的疆域却已经扩展到蒙古本土境界之外了。1207年，他派遣长子术赤率右翼军去讨伐“森林民”，这就是斡亦剌（Oirats）部和乞儿吉思部。后者是一种“非蒙古族”血统的人民，住在玉须河（Yenissei[5]）流域的上游，那里土壤肥沃，当时大多栽种着谷类，这些谷类由伊斯兰教徒和畏兀儿商人运输到国外去。此外，“森林民”所住之地，除盛产貂鼠和其他毛皮，还有海青（鹘的一种）。术赤为防止被该部落突袭，并使帝国得到安全保障，便将重要商路完全控制起来。这样一来畏兀儿人只有俯首归降了。“亦都护”[6]（Idikut）即畏兀儿统治者，也派遣使者一行人到蒙古汗这里来，以后又亲自到汗廷朝见他的新宗主君。成吉思汗便将女儿阿勒察勒屯（Alchaltun，《元朝秘史》作

位于内蒙古东胜区的一幅壁画，描绘了成吉思汗和他的臣子们

对于那颜（长官）的制度，依法以‘别乞’的官职为最重要。巴阿邻氏族为子孙内的长老。依‘别乞’的制度，咱们亲族里，应由长老担任别乞，这‘别乞’就得教‘兀孙’老人做了！戴着‘别乞’（的称号时），穿白衣，骑白骗马，坐在（高于众人）的座位上，选算吉凶。受到敬奉。’”

⑤ “Yenissei”在《元朝秘史》里没有和这个相同的对音，现在据冯承钧《成吉思汗传》音译作“玉须河”。近代译作“叶尼塞河”。（原注：玉须河上流就是现在的米努辛斯克地方。）

⑥ “idikut”本书音译作“亦都护”。《元朝秘史》二三八节蒙文里作“亦都兀惕”。“亦都护”见虞集《道园学古录》卷二四，《高昌王世勋碑》：“太祖皇帝龙飞于朔漠。时巴而术阿儿忒的斤亦都护在位。‘亦都护’者，其国王号也”。可见其义为“国王”。而其本义，据韩儒林考证：“有‘神圣幸福’和‘神圣威武’两种意义。戴美桑（Des-maisons）释此语为‘幸福’、‘富足’和‘强有力’的意思。”参阅韩儒林《突厥官号研究》“亦都护”条。

阿勒阿勒屯）赐其为妻[①]。

1212年，七河地方的北部被忽必来那颜征服。于是，蒙古皇帝——游牧帝国君主的权势开始扩张到大多数人民皆过着定居生活的古代文明国里去。

同时，成吉思汗还为母亲、弟弟及儿子们从所征服的民族那里划分封地，这样，成吉思汗便宣告完成了其游牧帝国的组织。对于这点，成吉思汗也依照游牧民族的旧习惯去执行。他把帝国的一部分分封给他的亲族，但决不会使其成为帝国统一的障碍。这个统一的帝国通过铁血合罕的权力和他那不变的“札撒”坚固地结合在一起。当成吉思汗赐采邑与他的亲族时，他一再反复声言他昔日的草原贵族主义思想，并强调，事实上他的帝国全是为氏族服务的。当术赤出征回来时，成吉思汗对他说：“我儿子中你最长，今日初次出征去，不曾教人马损折，将所有‘林木中百姓’都归附了，我赏与你这些百姓罢。”[②]

此时，成吉思汗已经五十多了，但身体仍然非常健康，他对未来充满自信，他感觉到，在“长生天”的护佑和援助下，他的愿望（也就是“长生天”的愿望）就是把全世界授予他和他的光荣氏族。

︿ 这座高达131英尺、世界上最大的成吉思汗骑马塑像位于蒙古乌兰巴托郊外50公里的长金博尔多格

① 畏兀儿即高昌回鹘或西州回鹘，为唐朝后期回鹘汗国瓦解后西迁的一支。根据地在别失八里和吐鲁番。耶律大石西迁后他们被迫臣服于西辽，西辽派少监监督其国政。少监残暴不仁，畏兀儿亦都护巴而术阿而忒的斤被迫将其杀死，为了防止西辽的报复，他投靠了成吉思汗。畏兀儿军队武力阻止了蔑儿乞残部的进入，并到克鲁伦河亲自朝觐成吉思汗。铁木真将女儿阿勒察勒屯嫁给他为妻，并且视作于术赤、察合台、窝阔台、拖雷并列的第五子。

② 据《元朝秘史》二三九节蒙文此处译为：“成吉思合罕恩赐着对拙赤（即术赤）说：‘我的儿子里你是长兄，才从家里出去，去到道路好的（那珂译为“道路远的”）地面里，不曾教人马受伤和不曾教生受着，把有福的林木中百姓征服了来。（我就）将百姓赐给你罢！’敕令下了。”

背景阅读：九脚白纛

关于九脚白纛的解释，《元朝秘史》和剌失德丁《史集》皆作“九脚白纛”，《亲征录》和《元史》则作“九斿白纛”，洪钧以为“白马尾凡九为旄纛，非旗也”。《蒙古源流》则为“伊逊乌尔鲁克”，就是“九个猛将”的意思，即“九队亲军的统帅”。霍渥尔斯（Howorth）也即参照此说。阿不哈齐（Aboulghazi）书则解释为“突厥和蒙古皆尚九数，故应释作九旄”。（详见《成吉思汗实录》314–315页。）

^ 九脚白纛旗帜

九脚白纛由成吉思汗创立，蒙古人俗称“查干苏力德”，查干又译“察汗”，是白色的意思；苏力德又译“苏勒德”“苏鲁锭”等，是大竿的意思。自蒙元之后成为蒙古的权力象征，各部首长均有各自的“苏力德”。

背景阅读：成吉思汗对千户、万户的控制

成吉思汗将一些千户分配给母亲、各位弟弟和子侄，剩下的千户分为左、右两翼，由自己直接统辖。右翼各千户称为“右手万户”，以博尔术和博尔忽为正副首领，分布在直到阿尔泰山的蒙古西部地区，大致相当于克烈、乃蛮、斡亦剌和汪古等部的旧地。左翼各千户称“左手万户”，以木华黎和纳牙阿为正副首领，分布在直到大兴安岭的东部地区。在征服鄂毕河至额尔齐斯河的森林部落后，成吉思汗又封巴阿邻部贵族豁儿赤为万户，以镇守林中百姓。成吉思汗还建立了一支直属护卫中军，由纳牙阿任中军万户那颜。

万户是军事统帅，但并非千户的上级（所有千户都直属成吉思汗）。虽然如此，与千户相比，万户有很多特权，如：九次犯罪免罚、所有战利品及捕获的所有猎物都归己有、可随时觐见大汗、免赋税、自由选择牧地、可拥有带弓箭的怯薛、在汗廷宴饮时可以喝盏（喝盏”是金朝的旧礼，元代沿袭下令，陶宗仪《南村辍耕录》对此这样记载：

“天子凡宴飨，一人持酒觞，立于右阶，一人执柏板，立于左阶。执板者抑扬其声，赞曰斡脱，执觞者如其声和之，曰打弼。则执板者节一拍，从而王侯卿相合坐者坐，合立者立，于是众乐皆作，然后进酒，诣上前，上饮毕，授觞，众乐皆止。别奏曲，以饮陪位之官，谓之喝盏。”）等等。

虽然这些千户不少是原部族首领带着属民投附铁木真而来，封授千户是对其领主权力的认可。有些千户（如弘吉剌、汪古、亦乞剌思等驸马部落）还保存了昔日的民族、部落结构，甚至还在建国时将已经分散的同族成员集中起来恢复。但是千户制下却与旧有的草原部落组织有着本质的不同。因为多数千户的属民是被铁木真征服或收容的部族人民混编而成，只不过被某个铁木真的那可儿统领，已不同于当年的部落氏族；千户的规模、那颜的人选和屯驻的牧地都是由铁木真的命令划定；千户那颜都是铁木真的功臣，他们当中有些出身平民甚至奴隶，即便贵族出身者也是因为功勋而非身份；千户的领地、属民均在铁木真与其后继者的统领之下，大汗可以对千户那颜撤换、调遣、惩罚甚至撤免，对其属民和牧地加以调整改换，千户那颜的世袭也必须得到大汗认可。而千户制下的属民不但要继续缴纳赋税、承担差役和兵役，而且无法如旧时那样逃亡或投靠其他贵族，因为不仅他会被捕获杀死，接纳他的人也会被严厉惩处。这也是贵族们愿意支持铁木真的原因之一。

背景阅读：掌管印章的塔塔统阿

塔塔统阿是畏兀儿人，生性聪慧，能言善辩，深通维吾尔文，被乃蛮太阳汗器重，尊为师傅，掌管金印、钱谷。乃蛮灭亡时，塔塔统阿怀揣着金印逃跑，被蒙古军俘虏。铁木真问他说：“太阳汗的疆土民众都已为我所有，你带着一颗印要去哪里？”塔塔统阿回答说：“微臣职责所在，想去投奔太阳汗为国而死，不敢有他想。”铁木真很佩服他的为人，但不懂他带着一颗印章有什么用。塔塔统阿就回答说出纳金钱粮食、任用官员都要靠印章为验证。铁木真很高兴，命他掌管印章，以后发号施令都要有印章为证。又命塔塔统阿教自己的诸子用畏兀儿文来书写蒙古语。

背景阅读：斡亦剌部

斡亦剌（Oirat）为十二世纪以后出现在史书里的蒙古民族，它的住地是谦河（Kem）。《元史》和《圣武亲征录》作“斡亦剌”或“猥剌”，《辍耕录》作“外剌”或“外剌歹”，也有作“卫拉特”的。在明代史书里所称的“瓦剌”或“卫剌”，就是这个部族。（详见多桑《蒙古史》第一、二卷和那珂通世《成吉思汗实录》卷四）

背景阅读：乞儿吉思部

乞儿吉思（Kirghiz）唐时称“黠戛斯”，自古就住在亚洲内部的草原里，以游牧为主，属突厥系民族，成吉思汗时代住在叶尼塞河上流。“Kir”是“草原”之义，“ghiz”为“游牧”之义。在汉时为“坚昆”，其后称“结骨”或“契骨”等。至唐代始称为“黠斯”或“纥斯”。乞儿吉思乃元代所用名称。参阅《史集·部族志》。

背景阅读：海青

据小林高四郎日译本注：“‘海青’一名‘海东青’，蒙古语作升豁儿。”叶子奇《草木子》卷四《杂俎篇》云：“海东青鹘之至后者也。出于女真，在辽国已极重之，因是起变，而契丹以亡。其物善擒天鹅，飞放时，旋风羊角而上，直入云际。能得头鹅者，元朝宫里赏钞五十锭。”详见李文田注《元朝秘史》卷一。

背景阅读：合儿鲁兀部

合儿鲁兀部，据那珂通世《成吉思汗实录》注：“合儿鲁兀为合儿鲁黑的复称，《新唐书》作“葛逻禄”。“葛逻禄”是铁勒众多部族里的一部，唐时居北庭西北金山的西面，后为西辽的属国。乌古孙仲端《北使记》和《元史·铁迈赤传》作“合鲁”，《亲征录》、《元史·太祖纪》、《沙全传》、《儒学·伯颜传》作“哈剌鲁”，《哈剌传》作“哈鲁”，《也哈的斤传》作“匣剌鲁”。于《辍耕录》三十一种色目中，有哈剌鲁和匣剌鲁《元史地理志·西北地附录》有柯耳鲁（下略）”。

合儿鲁兀部时代居住于七河地方北部，《元朝秘史》二三五节蒙文曾记述忽必来征服该地的事情：“忽必来那颜出征合儿鲁兀部，合儿鲁兀部的汗阿儿思兰来投降忽必来。”宋代时该部一度隶属于哈剌汗国，耶律大石西征后臣服于西辽，西辽派少监监督其国政。合儿鲁兀部的首领被称作阿儿思兰汗（狮子汗），建都于海牙利。西辽少监残暴贪婪，与葛合儿鲁兀部人矛盾日益激化。西辽便废黜了阿儿斯兰汗的汗位，西辽朝廷以征讨于阗为名将其诱出，逼迫其自杀，另立其子为汗。新汗在国恨家仇之下杀死了西辽少监，投奔成吉思汗。成吉思汗十分欣赏，将自己的一个女儿嫁给他为妻。

背景阅读：蒙古汗国时期成吉思汗的母亲、弟弟及儿子们所获封疆

根据《史集》记载，铁木真的四个儿子术赤、察合台、窝阔台、阔列坚各分到了四个千户，他的二弟合撒儿获得一个千户，三弟合赤温早卒所以由其子阿勒赤歹分得三个千户，幼弟帖木格则和母亲诃额仑一起获得八个千户，拖雷作为守灶幼子，则在铁木真死后继承其直属的一百零一个千户。但是《元朝秘史》的记载则不同：术赤分得九个千户，察合台分得八个千户，窝阔台分得五个千户，拖雷分得五个千户，诃额仑和帖木格共得十个千户，合撒尔分得四个千户，阿勒赤歹分得二个千户，异母弟别勒古台一个半千户。尽管具体受封情况存有争议，但可以确定的是铁木真诸子和诸弟分得的千户和领地，形成帝国之下的各兀鲁思。铁木真诸子的封地在草原的西部，故称作西道诸王，铁木真诸弟的封地在草原的东部，所以被称作东道诸王，剩下的土地是大汗的直辖地区，被称作中央兀鲁思或在内的兀鲁思。当蒙古帝国在中国、中亚、西亚、俄国等地获得大量被征服地区时，则按照草原归各兀鲁思，农村和城镇由大汗直辖的原则进行分配。各兀鲁思汗在对大汗负有政治、军事、经济义务（如缴纳贡赋、派兵助战、朝觐大汗）的前提下便是自己兀鲁思内的主人。后来随着大汗权威的衰落和黄金家族内部的争斗，各兀鲁思的自主性越来越大。终于在蒙哥死后开始了公开的分裂，此后大汗的权力被限制于东方，术赤、窝阔台、察合台的后裔及原本只是出征的宗王旭烈兀（拖雷的儿子、忽必烈的弟弟）的领地在事实上独立，成为四大汗国并被忽必烈后代承认。但东道诸王势力有限，虽然也曾有所反叛，但是被一一镇压，其领地逐渐被划入岭北行省和辽阳行省的范围，虽然依旧拥有特权和高官厚禄，但已经成为蒙古大汗兼元朝皇帝的直辖区域。

第八章 清除「珊蛮」阔阔出

应该说，成吉思汗不仅有宗教信仰，而且还很迷信。而蒙古民族的原始宗教，恰恰最适宜迷信的滋长。而正是因为成吉思汗渴望（甚或说需要）知道「长生天」和「守护神」的意志，所以要经常与「珊蛮」、巫师和占卜者交谈。

应该说，成吉思汗不仅有宗教信仰，而且还很迷信。而蒙古民族的原始宗教，恰恰最适宜迷信思想的滋长。而正是因为成吉思汗渴望（甚或说需要）知道“长生天”和“守护神”的意志，所以要经常与“珊蛮”、巫师和占卜者交谈。同其他事例一样，成吉思汗对此保持一定程度的意识上和精神上的自由。这对他来说并非易事，因为他曾努力克服迷信上的恐怖。这种迷信上的恐怖，在他幼时便通过周围一切现象逐渐注入其脑海。作为本章主题的这件事情，对于成吉思汗来说特别重要，因为这次事变后，成吉思汗虽然仍旧去咨询“珊蛮”和预言者，然而他却能常常保持在合理范围内。假使占卜者的解答有违反常情的地方，或者违反了他心血结晶的计划时，他就会毫不犹豫地加以拒绝。他从来没有服从过片面性的冲动，同时他也有钢铁般的意志，可以控制一切人和自己所共有的迷信成见。

也速该·把阿秃儿临终时曾托孤于蒙力克。蒙力克有七个儿子，其中一个叫阔阔出，也有叫他帖卜腾格里[①]（Teb.Tengri，“腾格里”乃蒙古语“天”的意思）的，以擅长“珊蛮”而闻名。他深得成吉思汗信任。成吉思汗似乎深信阔阔出能够和灵魂交接，并且能够升登到天上；成吉思汗还相信阔阔出在守护神中是有力的保护者。在成吉思汗建设帝国的过程中，阔阔出似乎曾经扮演过某种角色，可他却不愿终老幕后。他和成吉思汗家族的关系密切，所以他认为自己有权利让别人认可其贵族身份。

阔阔出是有野心的，那就是：尽量去利用自己的“珊蛮”身份、利用自己和灵魂相交接的能力、利用自己对成吉思汗的影响去干涉国政。他甚至还有更大的企图，这对他来说是很可能的，因为他的势力在贵族里面很强大。曾经有一次，阔阔出与成吉思汗的弟弟合撒儿发生争执以后，他便走到成吉思汗跟前诉说道：“长生天的圣旨神来告示我，一次教铁木真管百姓，一次教合撒儿管百姓。若不将合撒儿除去，事未可知。”[②]

阔阔出的暗算使俩很奏效，因为成吉思汗向来非常看重权力。当天夜里，他的谗言便有了效果。成吉思汗跑到合撒儿[③]的住所把弟弟捉住了，并且褫夺了他的帽子和带子（这意味着丧失自由），开始审问他。但就在那时间，他们的老母亲诃额仑额客从侍从口里得知了消

① “帖卜腾格里”为蒙古部落神，汉译为“通天巫”。阔阔出在汉籍里明记着为蒙力克的第四个儿子，而在阿不哈齐书里却为长子。详见《新元史·卷一百二十五·列传第二十二》。

② 据《元朝秘史》二四四节蒙文此处译为：“那里帖卜腾格里对成吉思合罕说：在长生天的圣旨里，宣称立汗的神告，说：‘一次教铁木真管国罢！’又说：‘一次教合撒儿（管）罢！’若不掩袭合撒儿呵，（事）未可知？”

③ 合撒儿（1164年？–1214年到1219年之间），又作拙赤合撒儿，意为“猛犬”。

④ 据《元朝秘史》二四四节蒙文应译为：“诃额仑说：‘见了么？这是您所吸的乳，这样追着寻索，咬了自己的胞衣，切断了自己的脐带。合撒儿做甚来？铁木真！（你）吃尽了我这一个乳。合赤温、斡惕赤斤二个，不曾吃尽了一个乳。唯有合撒儿将我的二个乳都吃尽了，我的胸中感到宽慰变成安

息，突然赶来了。她一面解去合撒儿的束缚，一面替他戴上帽子和带子。接着她蹲在地上裸胸露乳，愤然作色道："你们看见了么？这是你们吃的乳。合撒儿有何罪？你自将骨肉残毁。起初你小时，曾吃尽了我这一个乳。合赤温、斡惕赤斤两个，不曾吃毕这一个乳。惟合撒儿将我这二乳都吃尽了，使我胸中宽快。因此，铁木真心有技能，合撒儿有气力，能射。但凡百姓被叛的，都用弓箭收捕了。如今敌人已尽绝，再也用不着他了。"④成吉思汗听了母亲的这些话，顿觉惭愧异常，便走出去。但不久后，成吉思汗却剥夺了合撒儿所分得的若干人民。

虽然离间成吉思汗兄弟的企图遭遇失败（**倘若此事得逞，成吉思汗或许会陷入混乱和屈辱之境**），可阔阔出还是每天照例到成吉思汗那里给予他种种的教训和指示。这样一来，"珊蛮"的威严和势力更是急速膨胀。因为他在贵族当中拥有不少信徒，而这些人都怀着迷信的敬畏心理去审视他。同时，一般的平民百姓也开始由效忠成吉思汗转而效忠于阔阔出。于是，"珊蛮"阔阔出在他兄弟们的支持下，对成吉思汗的宗室更加无礼，最后竟至侮辱到成吉思汗幼弟的头上。事情发展到这种地步，大家才对阔阔出渐生不满。成吉思汗的正后孛儿帖便对汗说道："这是何道理？你今健在，他尚将你桧柏般长成的兄弟们残害着。久后你老了，如乱麻群乌般的百姓，如何肯服从你那幼弱的儿子们管理呢？"⑤

到这个时候，成吉思汗也

成吉思汗的正后——孛儿帖画像

宁了。为那般我这有技能的铁木真，胸(据那珂通世说'此下有脱文')。我这有技能的合撒儿，因为有射箭气力和技能的上头，所以当(部众)叛离时，用箭射着使归降了。当(部众)惊恐脱走时，用远箭射着使归降了。如今敌人剿绝了，(你)就不用合撒儿了。"

⑤据《元朝秘史》二四五节蒙文此处译为："晃豁坛氏人在做什么？那些人以前亦结党着打过合撒儿。如今为什么又将这个斡惕赤斤教从后跪着呢？这是什么道理？况且这样残害着如桧松般的弟弟们。实在说如果久后你的像古树般的身子倒下去呵，你的像乱麻般的国民，谁肯服从他们管理呢？如果你的像柱石般的身子倒下去呵，你的群鸟般的国民，谁肯服从他们管理呢？这样残害着如桧松般你的弟弟们我的家人，直到我的三四个幼弱的儿子长成时，他们如何肯服从管理呢？晃豁坛氏人他们是做甚么来的？为了他们你就让自己的弟弟们蒙受着那般遭遇？这是怎么样的见地呢？"

感觉到，自己再也不能对阔阔出宽容下去了。他便抑制住自己对“珊蛮”的迷信恐怖，对被阔阔出侮辱的兄弟斡惕赤斤说道：“帖卜腾格里如今来时由你处置。”[①]

其后不久，阔阔出在他父亲蒙力克及其兄弟们（七人）的陪伴下来到成吉思汗面前，帖木格·斡惕赤斤[②]上前抓住了他的衣领。成吉

成吉思汗在帐外歇息（《史集》手抄本插图）

① 据《元朝秘史》二四五节蒙文此处译为：“如今帖卜腾格里来时，若你自己能够的，就怎样做罢，知道吗！”

② 帖木格·斡惕赤斤（1168–1246），又称帖木格，斡惕赤斤是“守家幼子”的意思。他比成吉思汗小六岁。

③ 据《元秘秘史》二四五节蒙文此处译为：“我从大地还像土块那样大时，从江海还像小溪时，就与你做伴了。”

④ 据《元朝秘史》二四六节蒙文此处译为：“帖卜腾格里对我的弟弟们动了手脚，又用无稽之言离间我与我的弟弟们，所以不为上天所爱，上天把他的性命连身子都取走了。”

⑤ 据《元朝秘史》二四六节蒙文此处译为：“自己儿子们的德性不能阻止，你们想（和我）平起平坐（同样地执掌大权），故（祸）临帖卜腾格里的头上。若早知你们是那般的德性呵，早就将你们做成了和札木合、阿勒坛、

忽察儿等人同样地处置了。”

⑥ 据《元朝秘史》二四六节蒙文应译为：“若早晨说了的话至晚上改变，晚上说了的话至早晨改变，岂非要被称为可耻吗？但是既有言语约定（许你不死）在先，就将那事（实现）了罢！”

思汗喝令他们“出去斗气力”。两人就互相揪扭着出去。这时，门外埋伏的三个力士立即迎上去抓住了阔阔出，折断了他的脊骨。斡惕赤斤回到营帐中，向成吉思汗说，阔阔出不肯角力，趴在地上赖着不起来。“珊蛮”阔阔出的父亲蒙力克立刻感到有些不安，他垂着眼泪对成吉思汗说：“我自合罕未起创之前，就做伴当到今日。”[③]为缓和因杀害“珊蛮”而激起的舆论，成吉思汗颁布了著名的敕令：“帖卜腾格里将我的兄弟们打了，又无故谗谮他的上头，天不爱他，连他的身命都取去了。”[④]“珊蛮”阔阔出死后，一则谣言便在迷信的蒙古人中间散布开来。说在阔阔出死后的第三天晚上，帖卜腾格里的尸体竟从帐房的天窗里逃走了，而这个天窗原来是遮盖着的。在文告里，成吉思汗很清楚地指出上天对自己及氏族的爱护，而且这种爱护到现在仍然持续着。假使任何人企图反抗蒙古民族的汗和他的氏族，那他都将准备处罚他们。而成吉思汗也承认“珊蛮”擅长“无故谗谮”。这种言辞或许有独到之处，但大体上却是对着民众和“珊蛮”信徒们而发的。无论如何，成吉思汗对阔阔出的父亲蒙力克加以申斥，其说法却与上面完全不同，成吉思汗向其吐露真情。他说：“你自己的儿子不能教训，要与我齐等，所以将他断送了。我若早知道你们这等德性，你们也久已全都废去了。”[⑤]

然而，在这种事情上，成吉思汗常常还是很有自制力的，他能够抑制自己，不把事做得太残酷。他又对蒙力克说：“若早间说的话，晚夕改了，晚间说的话，早晨改了，岂不被人说为羞耻。因在先早已说定，就免你一死罢。”[⑥]

阔阔出的死，使那些企图和成吉思汗抗衡的人打消了念头，以至于反对他或者不服从他的人也完全绝了迹。现在，所有的人，都拜服在曾经历尽沧桑、从斡难河畔一个为人所见弃的庐帐里，度过了半饥饿的生活，而今又居住在有组织的帝国帐殿中的那个如铁般意志的皇帝面前了。

背景阅读：阔阔出的历史角色

蒙古在氏族制时代，信奉原始的巫教。巫师可以传达天意，是“长生天”的代表，所以巫师可以支配氏族部落事务，权力很大。成吉思汗的父亲也速该在临死前，曾托付阔阔出的父亲蒙力克照顾其家人，而蒙力克就是一个巫师。成吉思汗封蒙力克为千户那颜，他的三个儿子都是千户长， 因此他们的家族势力强大。应该说，作为草原上著名的大巫师，阔阔出在铁木真统一草原过程中还是起到过很重要作用的。比如他曾经谎称自己常骑白马上天，对草原民众说，神谕已下，要把整个地面赐给铁木真及其子孙，让他做成吉思汗，教他施行仁政。铁木真统一草原后，阔阔出的声望大增，据说操着九种语言的百姓都前来相投。

阔阔出之所以被成吉思汗处死，表面上看是除掉了巫师，但最为重要的是铲除了巫师所谓代天立言，从而干预部落事务的根源。成吉思汗通过此举巩固了他的最高权力。从成吉思汗秘密处死阔阔出的做法看，萨满教在当时还拥有极高地位，成吉思汗只能用非常手段，并且诡称阔阔出并非死亡，而是长生天将其收走。之所以如此，主要是因为铁木真称汗依据之一便是阔阔出所称的长生天旨意，如果不这样做，成吉思汗的统治合法性将受到草原百姓质疑。

︿ 现藏于中国民族博物馆的鄂伦春族萨满神衣

第九章　讨伐唐兀惕和乞塔惕

在完成了对蒙古地区的征服、并统一了一切「有毛毡帐裙的百姓」后，成吉思汗便和蒙古高原南方相接壤的两大文明国——乞塔惕（金国）和唐兀惕（西夏）成为对立关系。中原的富庶常为北方游牧民族所垂涎，他们常常准备发动侵略战争，倘若遭遇失败，他们便转过头来要求「交易互市」。至于侵入中原攻城略地、打州劫郡等种种事情，便是司空见惯的了。一个发源于游牧民族的王朝便这样建立起来。

在完成了对蒙古地区的征服、并统一了一切“有毛毡帐裙的百姓”后，成吉思汗便和蒙古高原南方相接壤的两大文明国——乞塔惕[①]（Kitat，金国）和唐兀惕（Tangut，西夏）[②]成为对立关系。中原的富庶（土地和文明的成果）常为北方游牧民族所垂涎，他们常常准备发动侵略战争，倘若遭遇失败，他们便转过头来要求“交易互市”。至于侵入中原攻城略地、打州劫郡等种种事情，便是司空见惯的了。一个发源于游牧民族的王朝便这样建立起来。等这个王朝建立以后，几乎与建立王朝的速度相同，他们不仅仅被中原的无限人口所吸收，而且也被中原文明所同化，以至于最后被完全消灭。这个过程，曾经在中国历史上重复过许多次，不过细节不同而已。中原就好像一块磁石，常常吸引了那些不事生产专爱掠夺的游牧民族。当北方草原的某一游牧民族拥有霸权后，他们便立即将注意力转移到中原地区，于是侵犯事件便成了家常便饭，不断地继续着。成吉思汗现在已成为北方统一游牧民族的君长，越发感到自己所处的地位已安如磐石。便像其先人一样，率大军南下，寻求丰富的战利品和无限的荣光。

在当时的中国大地上，存在着幅员大致相等的三个帝国：西北部，包括与大戈壁（Gobi，蒙古语“沙漠”之义）邻接的地方，属于唐兀惕人[③]，这个帝国国号“西夏”或“合申”。而所谓满洲，便是包

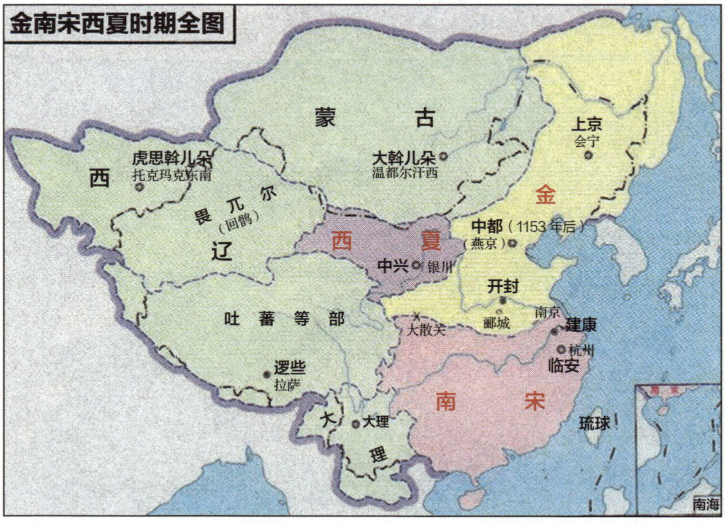

金-南宋-西夏对峙图

① 乞塔惕，英译本作“China”，应来自于俄语“Kitai”。“Kitai”，是契丹——乞塔的对音，不只为当时北方民族通称中国或金国的代表名，俄罗斯、土耳其和波斯等国也是用此名称来称呼中国的。本译本将英译本里意指着金国而译作China之处，译作“乞塔惕”，以区别于意指整个中国的“China”。

② 唐兀惕（Tangut），“党项”的异译，“惕”为蒙古语的复数。王室拓跋氏原来是松州边境外西藏系党项族里最强大的一个支派。唐代开始壮大，唐帝便用计去羁縻他们，赐其李姓。至宋初其疆域更加广大，包括现在的甘肃、宁夏和陕西省西北部，所以宋人称他们为西夏。蒙古人最早称这个国家为“合申（Kashin）”，也就是“河西”的音讹，河西意为黄河以西的地方。后来称他们为“唐兀惕”，亦即中国史书中所说的“党项”。

③ 原注：唐兀惕人是和西藏民族有密切关系的。

括中国东北诸省，属于满洲·通古斯（Manchu-Tunguz）民族的女真人，这个帝国的朝号为“金”。而在中国南方的独立帝国，就是被汉民族所统治的宋朝。

经过缜密的计划之后，成吉思汗开始侵入唐兀惕帝国，从而揭开了中原战役的序幕。由于克烈、乃蛮和其他蒙古各部落长时期和唐兀惕人有着连续不断的交涉，所以成吉思汗对这个国家状况已经了如指掌。而畏兀儿人，尤其是畏兀儿商人，常常到唐兀惕去，所以也很熟悉这个国家的种种情形，这一点对成吉思汗也产生了极大的作用。由于征服了乃蛮部，成吉思汗便直接和唐兀惕帝国为邻。

1209年，成吉思汗进军唐兀惕，击败了他们的军队，长驱直入到唐兀惕统治者所居住的中兴府[④]（Junsin）、灵州（Ling-chou）。在那里缔结了和平条约，其条件之一就是规定唐兀惕每年献纳若干贡赋。之后，

这幅波斯细密画描绘了成吉思汗领兵入侵中原时的情景

④ 原注：中兴府在甘肃境内黄河沿岸。原文在中兴府名下括弧内注有灵州字样。考，中兴府和灵州完全是两个地方，不应将其混而为一。对于这点，可根据陈寅恪先生《灵州宁夏榆林三城译名考》一文去证明它（《中央研究院历史语言研究所集刊》第一本第二分册《蒙古源流研究之二》）。

成吉思汗便带着巨额战利品回转龙庭。

有些史料称，在征服乃蛮以前，成吉思汗的大军曾经征讨过唐兀惕，而另一次征讨则在1207年[①]。但这些战役，成吉思汗或许没有亲自参加过，或者甚至对唐兀惕没有太大兴趣。而1209年对唐兀惕的征讨战役，不仅仅缴获了一大堆丰富的战利品，而且也削弱了西夏帝国的一些势力，至少成吉思汗暂时对这个帝国不再感到受威胁。此外，这次战役也为他的军队提供了对抗拥有城堡阵地敌人的机会。

对成吉思汗而言，下一步更大规模的战役便是攻打金国。此役，成吉思汗照例谨慎对待。对于侵犯金国，除了北方游牧民族每一个有势力的统治者的固有心理外，成吉思汗也有其自身的怨愤。由于金人也忧虑着他们的北边防御，所以常常采取最好的方法去制止草原民族，使他们不能蠢蠢欲动。他们的一贯政策，便是离间各游牧民族，使他们之间闹不和，并且挑拨某一部落去对抗另一个部落。十二世纪时，金人一半依靠自己的力量，一半依靠塔塔儿部的帮助，遏制了蒙古族的强大。同时又将蒙古族的两个卓越领袖押解到金朝京城，用残酷的刑罚将他们活生生地处死。成吉思汗既然已经恢复了蒙古族的进一步强大，并且还是大游牧帝国的领袖，所以他相信自己有义务一报祖先受害的冤仇。金人是他仇恨最深的敌人，也是其氏族的毁灭者和压迫者，所以成吉思汗必须残忍地报复他们。这种思想源于成吉思汗的氏族意识和对于氏族的责任感。这种态度在成吉思汗的亲族和全蒙古贵族的眼中看起来也是相当有利的，也就是说他们可以把掠夺中原的侵犯行为转变成“光明正大”的事业。这种“光明正大”

出土于黑水城的西夏武士像

① 那珂通世说：“关于征伐唐兀惕（西夏）和他们的降服年次，到现在为止还没有定论。对于第一次征讨的时期，《皇元圣武亲征录》和《元史》皆记作太祖即位前一年(1205年)的乙丑。二年丁卯秋乃是第二次征讨。第三次征伐也就是降服的年次，《元史》里记作太祖四年己巳，《亲征录》和剌失德丁《史集》则为五年庚午，《大金国志》和《西夏书事》则皆系在六年辛未条里。对于以上各种说法，究竟哪一条正确，尚难断定。”可参阅《成吉思汗实录》。

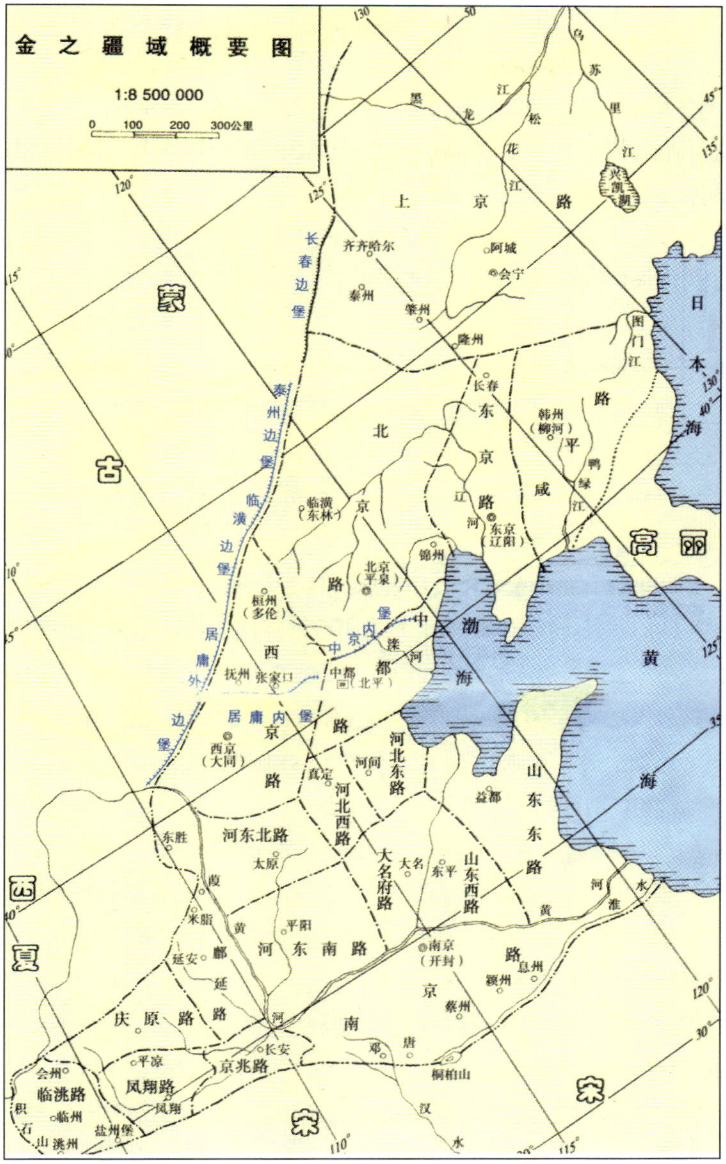

南宋时期的金朝疆域

的理由自然使成吉思汗的将士们群情激昂，因为他们认意识到，这次征战不只是为了劫夺而进行的远征，也是对他们皇帝的敌人、对统一了所有“有毛毡帐裙的百姓”的光荣氏族的敌人，施行正当的处罚。

但成吉思汗并满足于这样的理由，他还企图再加上些“祈天保佑”等宗教思想。成吉思汗认为“长生天”一定能够扶助他，因为长生天宠爱着成吉思汗的氏族，之所以选择他做汗就是因为这个缘故。上天将要领导他的军队，替他去报氏族成员罹祸之仇，因为这种祸患也受上天管理。于是，在踏上征途以前，成吉思汗自己一个人关在帐殿里整整三天。同时，周围的兵士和人民还一起叫喊着：“腾格里！腾格里！”（“天！天！”）。直到第四天，成吉思汗才从帐殿里走出来，并且声称“长生天”已恩准他获胜，现在就可以出发去惩处金人了。

关于这件事，曾经有过这样的记录：据说成吉思汗走到一个小山丘上，摘下帽子，解下带子，把它挂在头颈上，面向着长生天，祈望得到支持，保佑他去为自己的祖先和氏族以及俺巴孩汗惨遭杀戮复仇。①

在准备征讨战役之际，成吉思汗有机会够获得金国的情况，包括军队的部署、城堡的位置和军需的储藏等各种确切的情报。这些情报是由从金国逃出来的那些亡命者们提供的，他们的动机除了为着民族的敌忾心之外还有其他理由。这些有力的报告者当中包括居住在长城附近汉土关口里的汪古·蒙古部②，而拥有高度文化水准和多方面经验的伊斯兰教徒商人的报告最为重要。因为他们所处的地位特殊，他们掌握中国和中亚之间的一切贸易，熟知所有的道路，详悉每一个贸易地域的状态，并在各方面有许多相识的熟人。在蒙古和中原，他们所掌握的关于这个世界的知识，并不限于某一国家，他们是从波斯绵延到中国所有地方的唯一人群。为了达到自己的目的，成吉思汗很早就和这些人联系，当然更能够体会到他们的重要性。在成吉思汗的“律令”里，常常拿这些商人作为人们去熟悉他们事业的例子。他说：“在同样方法上，我们应该像贩运锦缎衣服和其他珍贵货物希望获得利润的商人一样，对于这种财货和织物，应当具有卓越的经验，所以，在朕的军队里，‘那颜’（长官）必须教诲他的子弟去学习发箭的方法和骑马的技术，并且在这种职务上去磨炼他们的子弟，使他们成为大胆和勇敢的人，好像商人们对于他们所拥有的艺术品一样有经验。”③

① 本段根据多桑《蒙古史》里所记，出自《史集》之中。

② 1211年蒙古入侵金国时的向导就是汪古部人阿兀思剔吉忽里，由于他原本是金国北部防线的重要戍守将领，这种归附对于金国的边防无疑起到釜底抽薪的作用。也由于他的作用，负责为金国饲养战马的汪古部人驱赶着数十万匹战马归降了蒙古。铁木真给汪古部人的回报也是丰厚的，阿兀思剔吉忽里获得了五个千户，并且娶了铁木真的三女儿哈勒海别吉。

③ 本段出自《史集·太祖训言》。可参阅洪钧《元史译文证补》卷一下。

在其他方面，商人们也有机会确信：成吉思汗不只是一个正直和宽大的统治者，而且认为自己的利益和汗的利益是一致的。

这些商人看到，成吉思汗的政权更巩固、更安定。这样一来，和远国间的贸易关系就变得更加容易了，且互市的利润随之增大了。同时，成吉思汗也承认，这些商人是不可或缺的人，他们也能为自己的帝国去获得文明国度所生产的商品——尤其是当草原贵族变成一个大帝国的统治者以后，对于这种需要更是不绝如缕。成吉思汗同蒙古贵族、“珊蛮”（他们尚在苟延残喘）和伊斯兰教徒资本家之间，由互相了解到强化联手，这就是这些商人成为蒙古利益集团最忠实支持者的原因。

十三世纪初期，大金帝国虽然日趋衰败，可还不至于成为泥板岩上的巨像。单是在近期它还曾击退过敌人的攻击，这就是它还有延续力的明证。成吉思汗明白，他所要攻打的对象，从其布置上看来，是一个拥有众多坚固的城堡、丰富的粮食供应、优良的武器配置，并且还是用高大坚厚的城墙环绕起来的强敌。

1211年春，成吉思汗率领四个儿子——术赤、察合台、窝阔台、拖雷及其全部良将，从克鲁伦河畔出发，踏上漫漫征途。为确保后方与他的本土帐殿的安全，成吉思汗留置一个小部队在蒙古④。而金人此时已侦知敌人侵犯边境的消息，便筹划防御对策。他们或许还计划攻击蒙古戈壁（沙漠），但结果似乎证明他们的准备并不充分。金

④ 留守斡儿朵的部队约二千人，统领者是弘吉剌部人脱忽察儿，此人是铁木真正妻孛儿帖的侄子，又是铁木真四女儿秃满伦的丈夫。这支部队的主要使命是防止蒙古大军南征后，那些被铁木真征服的部落残余力量（泰亦赤兀、乃蛮、克烈）联合起来重新发动叛乱。

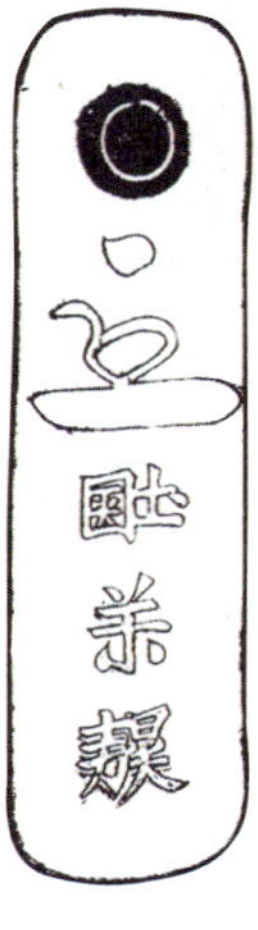

金朝猛克银牌，本令牌以女真文书写，出土于俄罗斯滨海边疆区的纳霍德卡

金朝赑屃，位于现今俄罗斯的乌苏里斯克

兵虽然数量占优，可并不能与成吉思汗的军队抗衡。最重要的因素是，由于军中有三种不同民族的人——汉人、女真人、契丹人，致使金军缺乏统一性，而契丹便是在金人以前就统治着北方中国的游牧民族后裔[①]。

跨越国境后不久，成吉思汗便击败了金将定薛（Ta-shi），此役[②]的胜利使成吉思汗成为金人属下长城以内的各地主人。而将军者别那颜作为先行，短期内便率军占领了作为金国屏障的西京——大同府的城堡[③]。不久之后，成吉思汗亲自出征，占领了西京（大同府）、宣德府和抚州[④]。同时，成吉思汗又派遣三个儿子（术赤、察合台和窝阔台）各自率军攻取山西北部诸州。年轻的诸王都完满完成了任务。其后成吉思汗再次亲率军队击败了金人。掩护着从蒙古通到北京平原的居庸关那个著名峡道的城堡，也被者别占领。其后，蒙古军便出现在金人的中都——今日的北京城下。主力部队派遣来的分遣队也占领了直到海岸（北京以北）的许多城镇，等过了冬天，他们便掠夺了金帝的马群扬长而去。

△髡发、穿圆领袍、佩豹皮箭囊的契丹骑士（胡瓌《卓歇图》局部）

① 原注：契丹族的辽朝，从916年到1125年间曾统治过中国。契丹名称的土耳其语形式是“Kitai”，相当于“Cathay”的名称，今日在俄罗斯语中还是用“Kitay”来表示中国的名称的。

② 即著名的野狐岭之战。详见本章背景阅读相关条目。

③ 原注：大同府在山西省北部（屏障大同府的城堡，就是乌沙堡）。

④ 原注：在直隶（现在的河北省）北部。

⑤ 辽东地区散居各地的契丹人，一直在不断和金朝的统治作斗争。1212年，以原金国千户耶律留哥为首的契丹人转战隆安、韩州等地，已发展到十余万人。由按陈率领的一支蒙古军在向辽东进军途中，与耶律留哥相遇。耶律留哥投附蒙古，在辽东自立为王，建国号辽，年号元统，史称东辽国。

⑥ 作者的这种观点有违现代史实研究的结论。在前期的对金作战中，蒙古军队一直以掳掠奴隶、财物和牲畜作为他们的战争目标，攻下城邑后大肆屠杀掳掠，但只是把各州城的金帛、子女、牛羊马畜席卷而去，并不派兵占领，对于无法掠取的城垣、农舍、田地、沟渠则加以摧毁破坏。因此，蒙古兵去后，这些城邑就又为金朝所收复。蒙古人发现被俘的汉人并不适于做牧业奴隶，干脆在撤退回草原的路上将工匠和女子之外的俘虏屠杀殆尽。抵抗的城市则遭受屠城之暴，如保州陷落后，数十万民众被屠，头颅堆积如山与城墙等高。卫州三日城破，市民被驱赶出城集体屠杀，仅有工匠得以幸免，被驱赶回草原做奴隶。实际上蒙古前期的对金战争只是为了掠夺奴隶财富而已，铁木真此一时期并无征服中原的目标，更不用提建立新的中原王朝了。

⑦ 这里所称的汉人指契丹人、女真人和久隶金人统治下的北方汉人。详见箭内亘《元代社会的三阶级》（《蒙古史研究》所收）。

1212年，南满州的契丹人也起来反抗金人，他们的领袖自愿向成吉思汗称臣⑤，得到成吉思汗的援助。蒙古军主力继续在直隶作战，屡次击败金人重兵。此时，成吉思汗又组织了一支战略部队，假装前进或后退。以后，他将军队分成三道，第一军由诸王术赤、察合台和窝阔台指挥，进取山西；第二军东向掠取邻接黄海沿岸的地方；第三军由成吉思汗亲自率领，攻入山东。

蒙古各军均每战每胜，不到两个月，黄河以北的金人领土几乎完全落入成吉思汗手里。除若干座坚壁高垣的城墙，包括中都北京等在内幸免。如此一来，成吉思汗及蒙古军的威名便日盛一日。因此，不只是契丹人，就连女真人的首长和官吏也开始投降成吉思汗。他们已经认识到，成吉思汗的入侵并不是半开化游牧民族的寻常侵犯，成吉思汗的军队也不是由草原骑士组成的乌合之众，他们开始把成吉思汗看作一位中国的未来君主，上天命他去废黜金人和建立一个崭新的王朝⑥。基于此种认识，成吉思汗抓住时机去征募汉人⑦的部队。于是，汉人部队的驱赴战阵便在蒙古将领控制之下，但由汉人军官指挥。

1214年初，蒙古军在获得巨额掠获品后，又集结大军在北京北面城下，但并没有攻击金国京城的企图。因为成吉思汗已经感到，攻

1214年金宣宗将金帝完颜永济的女儿岐国公主（图左马上的人物）送给成吉思汗（《史集》手抄本插图）

女真男子狩猎图

占这样一座必需品充足，且有最精锐军队卫戍着的坚固城堡是很困难的。他没有沉迷于攻克金国京城并俘虏其皇帝的远景诱惑中。他知道这件事情的危险性[①]，并觉得最紧急、最重要的事情，莫过于先将蒙古军所获得的巨额掠获品运送到蒙古本土去。

于是，成吉思汗便对金人提出和议，条件是，金帝献纳他的女儿并附带着丰富的嫁妆嫁给蒙古汗。金人接受了这些要求，金国皇帝（金宣宗完颜珣）便把先帝（即卫绍王完颜允济）的最小的女儿充作自己的女儿嫁给成吉思汗，同时附带巨额金银、童男童女各五百人、骏马三千匹作为嫁妆。之后成吉思汗便开始退兵（1214年4月）。

但战争不久就又重新开始了，这或许出乎金人的预料。他们原以为可以利用休战机会去恢复被蒙古军毁坏的城堡，并建立新的城堡。战争的起因是这样的：成吉思汗派遣外交使节一行到南宋去，他们携带着“同盟建议”，可在途中遭到金人的强烈责难[②]。同时，有消息说，金帝已放弃北京，命太子留守，并且还将迁都到距离国境更远的汴京（河南开封）去。而在皇宫启行途中，由契丹军组成的护卫中，一部分人叛变，他们一面折回北京，一面遣使向成吉思汗乞降，并请求援助。成吉思汗立即派遣军队去进击金人。者别那颜重新攻克了居庸关的峡道，木华黎进兵到南满洲（辽东）。同时，另遣他将统率着女真军和新归顺蒙古的契丹军迫近中都北京，并把它包围起来。金帝派遣的一支援军又被蒙古军击败，北京于1215年夏天陷落。

那时，成吉思汗为避暑撤到长城以外某地［此地位于塔塔儿的鱼儿泺（Yurli）湖附近］，在这里他可以总监着一切对敌作战事宜。当他接到北京攻陷的消息时，便派遣失吉·忽秃忽和其他廷臣两人（即汪古儿和阿儿孩合撒儿）去检视所获得的战利品，尤其是接收金国皇室的帑藏。当时担任管理皇室帑藏的金国官吏贿赠了巨额礼物给汗的使者，但却被失吉·忽秃忽断然拒绝。他说：“从前中都金帛皆属金主，如今中都金帛已属成吉思合罕，如何敢擅取。”[③]可是跟失吉·忽秃忽一起去的两名副使却收受贿赂。成吉思汗得知此事后，严厉地斥责了这两个受贿者，同时恩赏了失吉·忽秃忽，并且对他说：“你可与我做耳目。”[④]成吉思汗非常嫉恨那些将自己的财产据为己有的染指者，但十分欣赏失吉·忽秃忽的做法。

① 这并非源于铁木真的先见之明，而是因为在两年前，铁木真在进攻燕京时以惨败告终的教训。参见本章背景阅读“1212年蒙军兵败燕京”。

②即《蒙古秘史》中所记载的：“成吉思差使臣主卜罕等，通好于宋，被金家阻挡了。以此成吉思狗儿年再征金国”。但根据南宋史书《建炎以来朝野杂记》记载实际上是1213年蒙古中路军攻打济南时派出三十七名骑兵护送三名使者南下，由三百士兵护送到邳州渡河南下。使团于次年正月初七抵达濠州宋金边境，渡过淮河后被南宋边防官员发现，蒙古使者拿出书信和地图，传达了铁木真要求与南宋结盟攻金、战后瓜分金国的意图。翌日濠州知州得知消息，由于此时南宋尚不愿与金国交恶，严令边境官员不得擅起边衅，否则不论情节轻重一律斩首。他便以本州未奉朝廷旨意，不敢接受蒙古使节为理由在第二天将蒙古使节用筏子送回淮河北岸。但蒙古使者主卜罕此时

北京攻陷后，成吉思汗便派遣一个分遣部队去进攻金帝蒙尘的南京——汴梁。当然，成吉思汗并不认为占领了那座城市便能灭绝金人。成吉思汗十分清楚，灭金之事还要经过好几年的争斗，所以将这些问题暂时留着以待将来解决。这个分遣队长期深入河南，一直到达南京（汴梁）地区，同时还攻克了潼关要塞。金廷的坚守意志丧失殆尽，便主动向成吉思汗求和。而成吉思汗对他们的答复很明白，他表示这次不再满足于获得巨额战利品，而是希望在其征服之地获得一个强固的立足点。他要求金帝必须放弃黄河以北各省，并废去皇帝称号，此后只能称河南王。金人当然对此无法接受，于是战事继续。此后，在中原各地的战争主要由木华黎指挥。木华黎被委任做新征服地的国王，同时还被委任做蒙古军的左翼统将。而成吉思汗在1216年春天回到了他那克鲁伦河畔的行宫。

却已没有了归路，不得不藏匿在白鹿湖，三天后被金国官员捕获，送往泗州，蒙金和议达成后才送回蒙古。可见，所谓金国阻挡蒙古遣宋使节的理由其实十分蹩脚。

③ 据《元朝秘史》二五二节蒙文此处译为："在前这中都（北京）的财物，连中都皆为金皇帝所有。如今中都已为成吉思合罕的了。把成吉思合罕的财物、段疋，你如何从背地里给与、偷取着来呢？我是不要的！"

④ 据《元朝秘史》二五二节蒙文此处译为："省得了大道理！（中略）你做着我看得的眼，听得的耳罢！"

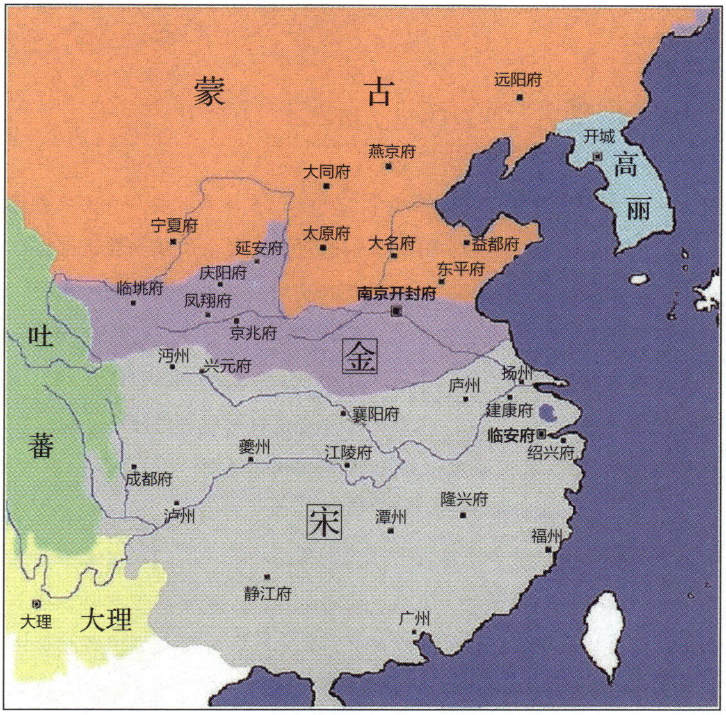

△ 1227年金朝与蒙古-南宋-大理形势图：西夏亡国，金朝只剩河南地与关中

背景阅读：蒙元以前北方游牧民族对中原地区的侵犯

秦汉之交，冒顿单于射杀父亲之后，灭亡东胡、击溃大月氏，统一了草原，便发动了对中原的大规模侵略战争。前200年，汉高祖刘邦率军三十二万北上抗击匈奴，其亲自率领的先头部队被匈奴军队包围在白登山七天七夜，汉初七十多年每年仅被屠戮或俘虏的边民就达万人以上，但汉朝却不得不采取和亲政策。直到五帝时期，恢复实力的中原王朝才发动了对匈奴的大规模反击战争。

东汉后期，曾长期被匈奴欺压的鲜卑在檀石槐的领导下统一起来，北抗丁零、东击夫余、西攻乌孙，势力日益强大，便南下侵掠东汉。东汉朝廷虽然派军将其击退，但衰落中的东汉对鲜卑册封、和亲的请求却被拒绝。熹平六年（177年）汉军三万多人出击鲜卑，遭到鲜卑重创，将士死亡十之七八，连符节都丢弃于大漠。尽管随着檀石槐的去世，鲜卑联盟瓦解，但是也为一百多年后的五胡乱华埋下了伏笔。

至于此后柔然入侵北魏，突厥入侵隋唐，契丹入侵五代等等，更为人所熟知。北方游牧民族总是觊觎着富裕文明的中原地区，这几乎成为几千年中国历史的一种定数。

背景阅读：蒙古对西夏的三次进军

为追击乃蛮余部，成吉思汗于1205年三月首次入侵西夏，攻破边境，四月，在劫掠了大批人口、骆驼、羊马后得胜而归。蒙古入侵令西夏朝野震动，但同时庆幸蒙军迅速撤退。桓宗随机宣布大赦，并把都城兴庆府改名中兴府。次年元月，西夏郡王李安全勾结太后发动政变，废黜桓宗，自立为帝（庙号襄宗），请金朝册封。随后，成吉思汗以李安全不肯称臣纳贡为由，再次入侵西夏，襄宗令各路守军抵抗。但成吉思汗的军队只是进行了一番劫掠，次年春撤军，也许这仅仅是成吉思汗的一次试探之举。

1209年蒙古军队从黑水城以北侵入河西走廊，襄宗命令皇子承祯和老将高逸率五万大军抵挡，被蒙古打得打败，高逸被俘不屈而死。四月蒙古军攻陷兀剌海城，俘虏西夏太傅。七月，蒙古军逼近贺兰山的军事重镇克夷门，这里有西夏驻军七万，襄宗又派军五万来援，经过两个月激战，还是被攻陷。蒙军在铁木真率领下包围了西夏都城中兴府，因为城池坚固，一时难以攻克。铁木真便修筑堤坝准备用黄河水灌城，襄宗派人向金国求援，愚蠢的金国皇帝卫绍王置之不理。到了年底，中兴府城墙在几十天浸泡下即将倒塌，但意外的是堤坝从外面溃塌，围城的蒙古军队反而被淹没。铁木真不得不停

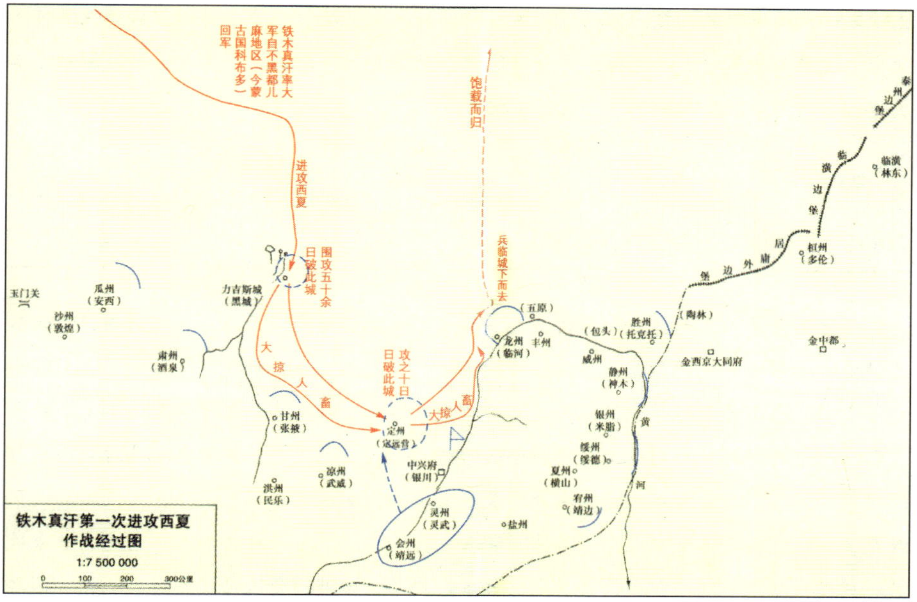

^ 第一次进攻西夏作战经过图

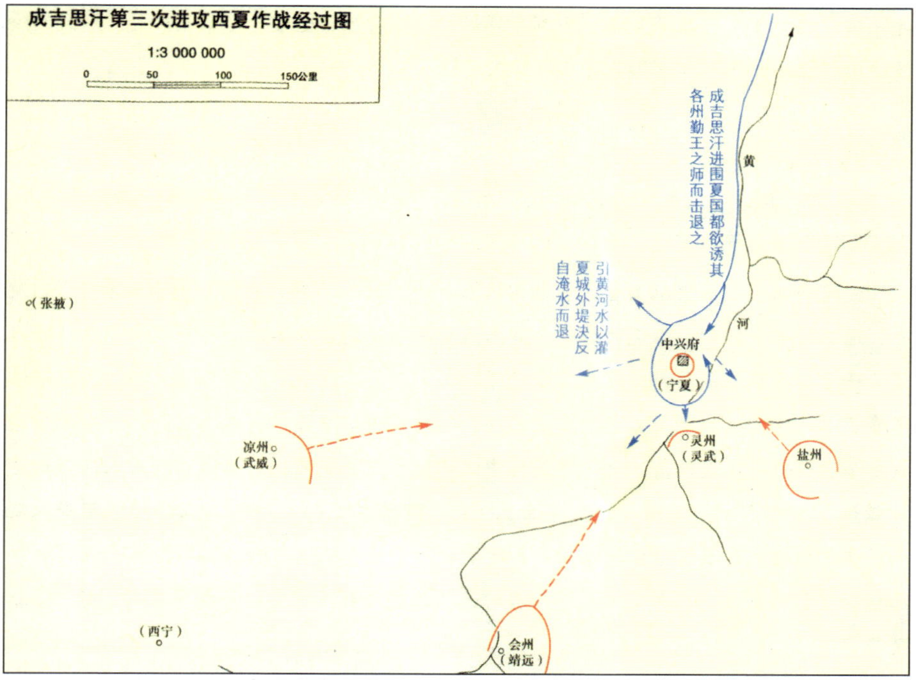

^ 第三次进攻西夏作战经过图

止攻城，便派被俘的西夏太傅劝降，襄宗只得将女儿送给铁木真，并向蒙古称臣纳贡。此战不但重创西夏，而且也拆散了金夏联盟，怨恨金国见死不救的西夏转而依附蒙古屡次侵掠金国边境，反而牵制了金国的抗蒙力量。

背景阅读：金国钳制蒙古的策略

为了防范草原上的敌人，金国在北方设立了东北、西南、西北三路招讨司，最北从外兴安岭南麓一直延绵到天山山麓，修建边壕，驻军屯守。散布在边界上的部族武装则组成乣军，辅助金军防守边境，又设立群牧司，饲养各种战马。对于草原诸部，则封赐官职，以为羁縻之策，又挑拨离间、分而治之。金国立国初年，曾多次发动对蒙古诸部的战争，但后来随着内部不稳，主力又受南宋牵制，反遭蒙古部多次侵扰。金国转而采取羁縻之计，在边境设立榷场，用铁器和人口换取草原的牲畜和皮毛，然而这又造成铁器和契丹人流入草原，成为铁木真起兵侵金的助力。此外，金国每三年进行剿杀，谓之减丁政策。金国后期，为了防止草原上兴起威胁中原的势力，分别于1194、1196、1198年三次发动对草原的征伐战争，重创了塔塔儿、弘吉剌、合塔斤等草原部族，暂时解除了边患，但也给蒙古部提供了崛起的可乘之机。

背景阅读：契丹人对金国的长期积怨

早在辽末，就有大批与金国有着国恨家仇的契丹人不甘为亡国奴而逃亡草原。1132年，原本为辽天祚帝连襟又因宫廷内斗而引金军攻辽的耶律余睹试图叛金，以出猎为名逃亡西夏，西夏拒绝接纳，耶律余睹死于草原，契丹人因此流入草原者不少。灭辽后，很多契丹人被卖到回鹘、蒙古、高丽换马，契丹人不堪屈辱，有的西逃西辽，有的则聚众起事，1161年爆发的窝斡起义便是其中的典型。起义失败后，金国对契丹人的压迫更加强烈，废除了契丹人组成的猛安谋克组织，甚至规定每两户女真人和一户契丹人混居。这更引起契丹人对金国的仇恨，如金末曾对蒙古军队立下大功的石抹也先便是祖孙三代人坚拒仕金。1211年蒙古入侵中原时的两位先锋部队统领，一个是者别，另一个就是耶律阿海。

大批契丹人流入草原，不但在军事、经济上让蒙古受益匪浅，而且也起到了勾连金国内部契丹人的作用。这也是蒙古侵金时大部分契丹军队站在蒙古一边的原因所在。

背景阅读：野狐岭之战

蒙古军队侵入金国边境后，卫绍王派平章政事独吉思忠和参知政事完颜承裕屯兵于抚州，西京留守胡沙虎在大同方向策应。但独吉思忠消极防御，聚集大批民夫在边壕旁修筑了三百里的女墙。但铁木真派儿子们率军牵制大同金军，集中主力突击乌沙堡。乌沙堡沦陷，金军退被迫守宣平，独吉思忠被撤职，统帅权改由完颜承裕掌握。完颜承裕将军队主力退入野狐岭，扼守通往燕京的通道，而认为蒙古军队缺乏攻城器械，不可能置坚城于身后。但蒙军在铁木真指挥下用堆积沙土于城墙之下，待土堆与城墙衔接之后，用骑兵冲上城墙的办法，占领了桓、昌、抚三州，并且在桓州的牧监中夺取了数十万匹战马，金军骑兵的战马来源因此枯竭。

1211年八月，在完颜承裕的统领下，金朝集结了北线的几乎全部主力部队，共达四十五万之多，以胡沙虎主军、完颜兀奴为监军、定薛为前锋，在野狐岭一线分兵驻守以拱卫燕京。奉命出使蒙古的契丹人石抹明安临阵投降，让铁木真知道了金军的虚实。铁木真率军十万在野狐岭北麓的獾儿嘴与金军大战，万户木华黎率领敢死之士冲击完颜承裕的中军，铁木真率大军继进，完颜承裕来不及调军抵挡，居然临阵脱逃，金军因此士气衰落，遭到蒙古军队掩杀，大军随之崩溃。完颜承裕率部南撤，路经地势险要的宣平，当地土豪表示愿领士兵作前锋，只要行省兵声援，就可抗击蒙古。承裕畏怯不前，只打听哪里有小路可以南逃。土豪嘲笑他说："溪涧中曲折的小路，我们都知道，只是你不知因地利力战，而光想逃跑，失败不可免了。"次日完颜承裕率数万军队屯守于浍河堡，蒙古军队乘胜追击，铁木真亲率三千精兵攻城，蒙古大军呼啸而至，城堡被攻破，守军几乎全军覆灭，金军精锐几乎全部战死，河水为之变赤，完颜承裕率少量卫士逃亡宣德。胡沙虎放弃大同，率精兵七千东逃，与蒙军交战于安定之北，居然率先逃遁，导致军队崩溃。蒙古军队乘胜占领宣德、兴德，逼近燕京。

此战金军四十五万人之众，又有坚城要塞，战前曾有人向完颜承裕等献计说："听说蒙军新破抚州，正忙着分配战利品，战马散放在草原中，我们可以乘他们疏忽的机会，赶快派骑兵突袭。"但完颜承裕等坚持马、步大军一起前进，才能保证"万全"，却因此被蒙古军队打得惨败，金军主力丧失殆尽。剌失德丁《史集》形容说："金兵被杀戮之多，致使尸体到后来还使草原散发出很大的臭气。"

〈 1211年蒙金战争，蒙古军于野狐岭战役消灭金军40万（《史集》手抄本插图）

背景阅读：1212 年蒙军兵败燕京

野狐岭战败后，居庸关守军未战而逃，通往燕京的通道已经被打开，居庸关失陷的消息震动了中都。城内外居民慌乱奔走，金帝完颜允济下令戒严，不准男子出城。朝廷群臣议论对策，谏议俞世昌等主张弃城逃跑。高耆年等反驳说："事已如此，唯有死守。万一逃离京城，敌人随后赶到，岂容我们有驻足之地。"金朝的中都燕京，修建又四座各有三里的外城。各城都建有楼橹城堑，如同边城，各外城有复道与内城相通。中都驻有重兵，又有坚固的城垒，是有死守的条件的。金帝允济采纳主战死守的建策。蒙古游骑先到城下，守将完颜天骥派兵突袭，杀蒙古兵三千人。大兴尹乌陵用章命诸将折毁城外桥梁，往来用舟渡。储备的物资，全部搬入城内，作死守的准备。

十二月，蒙古军开始攻打南顺门，完颜天骥决计引诱蒙古骑兵入城以进行巷战，便在街上布满拴马桩。就这样，蒙古骑兵入城后难以驰骋厮杀，而金兵则埋伏在街道两旁。等到天黑，金军纵火焚烧街路两旁的民房，由于街道狭窄加之屋倒，蒙古军死伤无数，只好撤军。此役过后，完颜天骥战死，改由完颜律明率兵守卫。蒙古兵再次攻打内城，四城金军从城上射箭，蒙古军死伤惨重，再次败退。完颜律明又命金兵从城上发滚木礌石军，夜间则派精锐士兵袭击蒙古军寨。最后，蒙古军虽屡攻中都，但始终难以攻克，只好撤兵。

背景阅读：1214 年金宣宗与成吉思汗议和

1214年九月，金宣宗即位，拜胡沙虎为太师、尚书令、都元帅。此时，提点近侍局庆山奴、副使惟弼等请宣宗除掉胡沙虎，宣宗不许。胡沙虎把持了朝政，他杀死完颜纲后，又从镇州调回术虎高琪驻守中都以南。十月，术虎高琪与蒙古军交战，败回中都。胡沙虎令其再次出战，但又被打败，为求自保，术虎高琪率部下乣军围攻胡沙虎宅第，杀死胡沙虎。宣宗任命术虎高琪为左副元帅，进为平章政事。横海军节度使完颜承晖（福兴）为尚书右丞，进为都元帅兼平章政事。

宣宗即位后立即遣使向蒙古军求和。1214年三月，成吉思汗各军会集于中都城北。宣宗命完颜承晖去蒙军议和。成吉思汗只想掠夺中原财富和奴隶，不想进攻中都，便答应议和，向金朝提出如下条件：献纳童男女各五百，绣衣三千件，御马三千匹和大批金银珠玉，并把完颜允济的女儿岐国公主献给成吉思汗，以示臣服。和议之后，完颜承晖伴送成吉思汗退出居庸关。蒙古大军回军。成吉思汗径直北上至鱼儿泊，到金朝皇帝的夏纳钵驻夏。

背景阅读：1215年中都陷落始末

1214年三月蒙金议和，蒙古兵去后，金朝廷上在抵抗还是逃走的问题上展开争论。元帅左都监完颜弼主张放弃中都逃跑、迁都南京（汴京），说那里南有淮水，北有黄河阻隔，西面可以依靠潼关防守。参知政事耿端义，也请迁都南京。左丞相徒单镒反对说："车驾一动，北路就都要失守。现在既已讲和，聚兵积粟，固守京师，乃是上策。"宗室霍王完颜从彝也以金国的帝陵、宗庙、社稷、朝廷都在燕京为理由反对迁都。元帅府经历官纳坦谋嘉更预言说一旦放弃中都，必将受到四面围攻，亡国便不可避免了，应该派宗王出镇辽东、河南。但宣宗以燕京缺粮为理由坚持南迁，在他的授意下河南的留守、统军、按察使纷纷上表请南迁汴京。五月宣宗下诏南迁，任完颜承晖为尚书右丞相兼都元帅，抹撚尽忠为左副元帅，与太子完颜守忠留守中都。随后以骆驼三千匹满载宫室的珠宝，车三万辆载运文书先行，离开中都南逃。

宣宗的怯懦行为，引起金国上下人心动摇，契丹、乣、汉人中的将领、官员、地主纷纷降蒙。首先起事的是驻在中都以南涿州、良乡一带以契丹军为主的乣军，他们与女真有着国破家亡的世仇。他们杀死金国的主帅究昆，推契丹人斫答、比涉儿、札剌儿等为首，起兵反金，北攻中都。驻守中都的完颜承晖派兵到卢沟桥抵御，契丹军千人潜游渡水，自背后袭击守桥的金兵。金兵大败，契丹缴获大批衣甲、武器、马匹，声势大振。乣军起兵后，一面派使者去辽东与耶律留哥相联络，一面派使者到蒙古军营投降求援。

此时，成吉思汗已在桓州得知宣宗南迁、乣军来降的消息，随即派蒙古将领三木合拔都与金国抚州的降将石抹明安（契丹人）和涿州的降将王楫（汉人）率军南下会合。石抹明安、王楫进攻古北口，连续攻下景、蓟、檀、顺等州。石抹明安、王楫的军队实行招降政策，陆续收降了数万人。见蒙古军南下，宣宗、术虎高琪不顾监察御史完颜素兰反对，于七月间将驻守中都的太子守忠召到汴京，孰料此为丧失人心之举。

1215年正月，通州守将右副元帅蒲察七斤投降，蒙古军逼近中都（今北京）。驻守中都的完颜承晖派人向宣宗求救，宣宗派元帅左监军永锡、乌古论庆寿集结四万大军救援。金国援军在涿州旋风寨与蒙古兵激战，却遭惨败。曾在中都保卫战中立下大功的李英收编各地数万义军，他亲自背负粮草，鼓舞士气。三月，李英军在霸州与蒙军相遇，金军大败，李英战死。在汴京总揽军政大权的术虎高琪因忌恨完颜承晖，却不派兵救援，中都危在旦夕。

为死守中都，完颜承晖将中都军事委付左副元帅平章政事抹撚尽忠。但抹撚尽忠却与其心腹完颜师姑密谋南逃。完颜承晖将完颜师姑斩首。完颜承晖作遗表交付尚书省令史师安石，命他持遗表奏报朝廷，随即服毒殉国。当晚，抹撚尽忠弃中都逃到汴京，昏庸的宣宗竟不予惩办，仍任其为平章政事。同日，石抹明安率领蒙古军攻占中都。

〈 蒙古士兵进攻中原

第十章 成吉思汗相会耶律楚材

成吉思汗认为他是一个对帝国对自身都有用处的士大夫。这就是成吉思汗对于高度文明的典型态度。当成吉思汗依然是一个草原文盲，从不知道任何科学的观念或者艺术的高级形式时，他常常用最好的方法去对待一切有学问的人，以便积极地利用他们的优越学识为自己更原始的目的服务。

对金国的大规模作战，淋漓尽致地显示了成吉思汗的军事天才。历次征战表明，成吉思汗不仅具备军队统帅所拥有的一切资格，也不仅是位有经验有技巧的战术家，还是一个在战场上统兵作战的卓越战略家。他知人善任，经常用巧妙的手法，将归降的敌将委以合适的位置，以更好地发挥他们的才干。他的组织天才也从征集汉人、女真人和契丹人的部队和迅速组编整个军团上表现出来。将蒙古军的军律推行于这种新编的军队中，大大增加了其战斗力，使蒙古人能够在指挥上更有法度地去指挥新编蒙古部队。

在汉土战役中， 成吉思汗曾被谴责为恐怖、残忍，如千万俘虏被屠杀、全城全州居民惨遭杀戮。但谨慎而细密的历史学家认为，这些关于成吉思汗及其蒙古民族残暴无常的传说，其实跟历史的真实性毫无关系。与其残忍嗜杀说法相矛盾的是，归顺成吉思汗麾下的许多契丹人、女真人和汉人兵士、将帅及高官们，均受其优待，而这些归顺者也都心甘情愿地为成吉思汗效力。诚然，在若干中原城市中，如果遭到特别顽强的抵抗，或者企图背叛蒙古军，假使成吉思汗认为有必要执行军律时，也会下令屠杀。但成吉思汗从未有过无故的残忍或嗜杀。

北京被占领后，在归附成吉思汗的人当中，有一个前契丹王朝的后裔——耶律楚材。耶律楚材的修养和思想是完全汉化的，他不仅教养极深，也是一个绮丽绝妙的韵文作者[①]。成吉思汗很欣赏耶律楚材的风貌、壮伟身材和他的长髯宏声，于是对耶律楚材说：“辽金世仇，朕为汝雪之。”耶律楚材回答：“臣父祖当委质事之，既为之臣，敢仇君耶？”[②]成吉思汗对他的回答颇为嘉纳，因为他一向主张，臣仆应该效忠其主，即使是他的敌人时也是如此。此后，耶律楚材便

耶律楚材像

① 耶律楚材的著作有《湛然居士集》十四卷，除卷十三和十四为文集外，其余皆是诗集（四部丛刊本）。另有《西游录》、《玄风庆会录》（耶律楚材奉成吉思汗旨意，记录长春真人丘处机和成吉思汗关于长生之道和养生之道的谈话）等著作传世。

② 译文中此段对白据《元史·耶律楚材传》。符氏原文是根据多桑《蒙古史》里所引证的法译《通监纲目》，故与《元史》所记有些出入。原文译写如下：成吉思汗说：“辽室和金室乃是世仇，现在朕已经替你复了仇。”耶律楚材答道：“臣的祖父，臣的父亲，和臣自己都做过金朝的臣仆，假使臣告诉陛下‘臣对于臣的君父抱着敌对的感情’，那么臣就是一个可卑的说谎者了。”

③ 蒙古帝国把异族人分成三个等级：“色目人”、“汉人”和“南人”。耶律楚材属于汉人一级的。但在成吉思汗时代尚无“南人”之谓。参阅箭内亘

《元代社会的三阶级》(《蒙古史研究》所收)。

陪伴成吉思汗左右。成吉思汗宠任耶律楚材的另一个原因，是因为耶律楚材是一个著名而熟练的占星家。成吉思汗认为他是一个对帝国对自身都有用处的士大夫。这就是成吉思汗对于高度文明的典型态度。当成吉思汗依然是一个草原文盲，从不知道任何科学的观念或者艺术的高级形式时，他常常用最好的方法去对待一切有学问的人，以便积极地利用他们的优越学识为自己更原始的目的服务。

在与异族人[③]的关系处理上，成吉思汗常常从最初对一个人的理解和后来所做出的正确选择上，去证明他那惊异的天赋。成吉思汗对耶律楚材也是如此，起初是为其占星学上的才识被邀请到宫廷里去，但最后耶律楚材竟成为蒙古帝国里最杰出的政治家。

背景阅读：耶律楚材

耶律楚材（1190–1244），又称耶律楚才（“楚材”二字源于《左传·襄公二十六年》中“虽楚有材，晋实用之”之典），字晋卿，号湛然居士、玉泉老人，契丹族。1215年至1218年期间，耶律楚材在燕京报恩寺向佛教宗师行秀（1166–1246，号万松老人）学佛。他参禅三年，懂得了“忘死生，外身世，毁誉不能动，哀乐不能入”的道理，被认可为佛门世俗弟子，法号“湛然居士”。

1218年夏，成吉思汗在漠北草原怯绿连河（今克鲁伦河）畔的大斡耳朵召见耶律楚材，对其大为赞赏。由于耶律楚材蓄有长须，成吉思汗赐其美称：“吾图撒合理”（意为“长髯人”，详见《元史》卷一四六《耶律楚材传》）。他仕蒙古30年，窝阔台汗在位时官至中书令（相当于宰相），是推行汉法的积极倡导者。

关于耶律楚材一生的事迹，除《元史》卷一百四十六《耶律楚材传》外，可参阅刘晓《耶律楚材评传》（南京大学出版社2001年）、杉山正明《耶律楚材及其时代》（白帝社1996年，日文）。

背景阅读：耶律楚材的家族

耶律楚材的八世祖是辽国太祖耶律阿保机的长子东丹王耶律倍，他饱读诗书，深受儒家文化影响。他曾被立为皇太子，统治辽东的渤海国故地。但是耶律阿保机死后，在太后述律平的支持下，继位的是耶律倍的弟弟耶律德光，耶律倍备受监视，不得不逃亡后唐，并最终死于中原。后来耶律倍的长子耶律阮夺得皇位，而耶律倍的次子耶律娄国则是耶律楚材的七世祖。耶律娄国生子耶律国隐，任契丹将军；耶律国隐生子耶律合鲁，官至太师；耶律合鲁生子耶律胡笃，也官至太师；耶律胡笃生子耶律内剌（耶律楚材的曾祖父），官至定远大将军；耶律内剌生子耶律德元，其弟弟耶律聿鲁则是耶律楚材的祖父，耶律聿鲁生子耶律履，耶律聿鲁早亡，耶律履被耶律德元收养，成为他的后嗣。耶律楚材的祖父耶律德元投降金国后官至荣禄大夫、兴平军节度使；耶律楚材的父亲耶律履则被金世宗重用，历任翰林待制、礼部侍郎、礼部尚书、参知政事，最终官至尚书右丞，位列执政，死于任上；耶律楚才的大哥耶律辨才，出身侍卫，战斗英勇，一次战斗中曾受伤十三处，北上与蒙古议和时被抓，不但逃回而且救出被蒙古军俘虏的百姓数万人，历任顺天军节度副使、京兆府兵马使、静难军节度副使、中京兵马副指挥使等要职，后来虽然因触犯权贵而遭贬官，汴京被围时耶律楚材向金国索要自己的眷属，他忠于金国，虽然最终被迫北上，但终身不仕蒙元；耶律楚材的二哥耶律善才，二十岁就入宫宿卫，历官太府少监、同知武昌军节度使、同知章化军节度使，历任嵩、裕、息、延四州刺史、同知凤翔府事、中京副留守、同知归德府事、都水监使，耶律辨才被迫北上的时候，他的表现更为激烈，向哀宗乞求留下，哀宗与之相对流涕，送金币请他上路，耶律善才投水殉国；耶律楚材本人则是进士出身，历任同知开州事、左右司员外郎，可以说耶律楚材家族虽是辽国宗室，但也和金国朝廷关系极为密切。

背景阅读：耶律楚材的怀才不遇

铁木真在位时期，实际上耶律楚材仅仅是以星象占卜之术为成吉思汗服务，其次是起草文书，可谓大材小用，所以颇有怀才不遇之感慨。这在他写的诗歌中有最真实的反映：“一扫氐羌破吐浑，群雄悉入北朝吞。自怜西域十年客，谁识东丹八叶孙。射虎将军皆建节，飞龙天子未更元。我惭才略非良器，封禅书成不敢言。——《过云中和张伯坚韵》”“十年沦落困边城，今日龙钟返帝京。运拙不须求富贵，时危何处取功名。腾骧谁识孙阳骥，俊逸深思支遁鹰。客里逢君赠佳句，知音相见眼偏明。——《过白登和李振之韵》”“致泽君民本不难，言轻无用愧偷安。十年潦倒功何在，三径荒凉盟已寒。岩下藏名思傅说，林间谈道谒丰干。挂冠神武当归去，自有夔龙辅可汗。——《过云中和张仲先韵》”。

第十一章 从征伐金国到入侵西域

满载各种金银财帛，尤其是缎绢、牲口、奴隶等巨额战利品，以及众多的各色工匠技师等，成吉思汗的伐金战役结束，大军凯旋。这些劫掠来的巨额财货，成吉思汗当然不会一人完全独占，除较好的一部分外，其余部分要分给他的僚友、万户长、千户长和百户长等，此外，一般兵士也需要分享一些战利品。从这时起，奢侈品、豪华织物、众多驯良的家畜及各色各样的工匠和手艺匠等，都成了成吉思汗帐殿中的必需品。成吉思汗帐殿和战车之华丽，连到过他帐殿里的中国旅行家们都觉得惊奇。

满载各种金银财帛，尤其是缎绢、牲口、奴隶等巨额战利品，以及众多的各色工匠技师等，成吉思汗的伐金战役结束，大军凯旋。这些劫掠来的巨额财货，成吉思汗当然不会一人完全独占，除较好的一部分外，其余部分要分给他的僚友、万户长、千户长和百户长等，此外，一般兵士也需要分享一些战利品。从这时起，奢侈品、豪华织物、众多驯良的家畜及各色各样的工匠和手艺匠等，都成了成吉思汗帐殿中的必需品。成吉思汗的帐殿和战车之华丽，连到过他帐殿里的中国旅行家们都觉得惊奇。他们认为，如此壮丽豪华，就是在古代匈奴[①]（Hiung-nu）的王廷里也从来没有见过。但成吉思汗绝没有考虑过实行那些顽固的宫廷礼仪，所以他帐殿里的日常起居规律，还保持着古老的草原习惯，并没有模仿汉人的任何方式。汉将孟珙[②]曾把款待宋使的珍贵记录保存下来："某日帝遣人来请我使人，当后者至，彼乃曰：'今日吾侪打，你如何不来？'答曰：'不闻钧旨相请，故不敢来。'帝乃曰：'你来我国中，便是一家人。凡有宴聚、打，或打围出猎，你便来同戏，如何又要人来请唤？'因大笑，而罚我使人六杯酒。终日必俟后者大醉而罢。我使人相辞之日，帝戒伴使曰：'凡好城子多住几日。有好酒与吃，好茶饭与吃。好笛儿鼓儿，吹着打着与玩。'"[③]

一般看来，成吉思汗并没有受到中原文明的诱惑。在征讨金人

成吉思汗的马鞍。现藏于内蒙古博物院

① 纪元前末期，占据在蒙古地方的游牧民族，恐怕和欧洲史上的匈族（Huns）是同一种类的。

② 据王国维考证，孟珙系赵珙之误（见王国维《蒙鞑备录笺证跋》），而"汉将"也应改作"宋将"。

③ 本段引文据本书英文本所译，其中所述的"皇帝"，显然是国王（指木华黎）的误译。据王国维《蒙鞑备录笺证·燕聚无业》所载，引录如下："……遣人来请我使人，至，彼乃曰："今日打球，如何不来？"答曰："不闻钧旨相请，故不敢来。"国王乃曰："你来我国中，便是一家人，凡有宴聚打球，或打围猎，你便来同战，如何又要人来请唤？"因大笑而罚六杯。终日必大醉而罢。我使人相辞之日，国王戒伴使曰："凡好城子多住几日。有好酒与吃，好茶饭与吃，好笛儿鼓儿，吹着打着。"所说好城子，乃好州县也。

的战役里，成吉思汗虽然长时期驻营在汉地，并且直接跟这种文明接触，但他依然认为畏兀儿文化最适合蒙古人，所以被他继续采用并鼓励之。实际上，十二世纪时，在与蒙古民族接触的文明民族中，无论从哪方面来讲，只有畏兀儿人与他们最为接近。这些畏兀儿人仍旧保留着许多游牧民族的习惯和思想，因此他们与蒙古民族特别接近。基督教、摩尼教、佛教、伊斯兰教都是畏兀儿人信奉的宗教，但在他们中没有发生过任何宗教上的冲突或狂热。常用民族意识去控制宗教信仰的成吉思汗，对于所有宗教的眷顾是一视同仁的，不过他自己仍是一个忠于民族传统的虔诚的“珊蛮”教徒。征金战役以后，在关于国家性质及其组织的问题上，成吉思汗并没有改变他向来的见解，因为他依然维持着旧日的贵族制度，并且只关心着实际上为贵族制度所支持的氏族统治。其帝国的发展，迫使成吉思汗延纳了许许多多的文明国人士成为自己的臣下，并且委以他们蒙古人所不能胜任的官职[④]。成吉思汗希望在不久以后，等到受过畏兀儿教育的那些宗室子弟们长大成人后，这种官职就可以减少了。他确信帝国的基本原则会永久不

④ 畏兀儿在文化上的发展远较蒙古人高，由于其本身也脱胎于草原部族，且深受突厥文化影响，所以更容易被蒙古人所接纳和吸收。铁木真用回鹘字母创造蒙古文字，而让两族的文化联系更加密切。畏兀儿知识分子因此特别受蒙古贵族重用，或为诸王师傅或参与机务，地位远非中原士人可比。即便在元朝建立之后依旧如此，“高昌之人，内侍禁近，外布行列，语言文字之用，尤荣于他族，而其人亦多贵且贤”。

十三世纪的蒙古锁子甲。蒙古国家博物馆收藏

变，如果自己的子孙能够固守其“札撒黑”里的定律，那等待他们的一定是光辉的前途。他并不认为畏兀儿教育会破坏贵族的氏族统治，会破坏他们对于“长生天”、“珊蛮”及其精灵的信念，或者会去破坏草原的任何习惯和信仰。

从汉土凯旋后，成吉思汗便将目光转向西域。在那里，他的宿敌——乃蛮人屈出律、蔑儿乞人脱黑脱阿的儿子们迄今健在，后者在阿勒台山（金山）最险要的位置结集了若干军力。成吉思汗于是派遣速不台把阿秃儿前去征讨他们，并且彻底剿灭了这些顽敌们的残余势力。同时，他们还俘虏了脱黑脱阿的一个儿子（即脱黑脱阿的第三子忽勒秃罕），并把他带到诸王术赤跟前。因术赤爱惜他所擅长的箭术，便向父亲乞求赦免这个神射手的性命。但成吉思汗的回答却是严酷的，他说自己已经为氏族征服了许多土地和人民，仇敌部落的后裔决不可留。于是下令将脱黑脱阿的儿子处死。

者别那颜则被派去证讨乃蛮部统治者太阳罕的儿子屈出律[①]。乃蛮部破灭以后，屈出律便率领少数部队逃到七河，他利用伊斯兰教徒反抗“古儿罕”[②]运动[古儿罕即哈剌契丹[③]（Kara-Khitai）国的皇帝，本来是从中国迁移至此，十二世纪上半期在西域创建了自己的帝国]的情绪，随后便在东突厥斯坦建立起他霸权统治。不久以后，屈出律原形毕露，显示出他是一个比“古儿罕”还要凶恶的伊斯兰教徒的仇敌。尤其在听信了其后哈剌契丹公主的劝解以后，他便抛弃了基督教转而信奉佛教，因为佛教是被伊斯兰教徒区别做崇拜偶像的宗教。

1218年，者别那颜率领着两个军团（即两万人）前去征讨屈出律。他巧妙地利用了伊斯兰教徒对统治者的不满情绪，在侵入后者领土之后便立刻宣布支持宗教信仰自由，还断然保证绝不干涉城民的生活。为了加强说服力，者别还曾经表示他是其主成吉思汗的得意高足，所以，这些居民便相信他的话并不只是香饵。由于者别在军中实行了严明的纪律，所以一切事情都如约（对百姓秋毫不犯）实现。接下来，对屈出律的叛乱全面爆发，这些居民们像对待解放者一样欢迎蒙古军队。屈出律企图在七河阻挡蒙古军前进，但迅速溃败，屈出律逃到了合失合儿[④]，最终被者别的兵士捕虏，并在那里被杀身亡。

由于剿灭了成吉思汗的仇敌，并且征服了广大领土，者别这位卓

① 屈出律（？－1218），《元史》作曲出律，《蒙古秘史》作古出鲁克。据多桑《蒙古史》第一卷第五章所记，“古出鲁克”在突厥语中有“强大的王”之义。

② 多桑《蒙古史》第一卷第五章中将“古儿汗”译为“大汗”，《元朝秘史》旁译作“普皇帝”。

③ 哈剌契丹为契丹族的一个分支。“哈剌契丹”，蒙古语意为“黑契丹”，在汉籍中称西辽。

④ 合失合儿（Kashgar）即新疆喀什。以往旧城设疏附县，新城设疏勒县。

蒙古军进兵西辽

越的统将兼政治家不仅仅为成吉思汗增添了声誉，也为自己及麾下的蒙古军，在全体伊斯兰教徒心目中树立了良好形象。实际上，蒙古军只需出动一支小分遣队就很容易击灭伊斯兰教国的仇敌，而且对城民也不会带来任何灾害。但当时最强大的伊斯兰教统治者花剌子模沙[1]·摩诃末已经没有力量完成这项任务了，因为不愿意使锡尔河[2]（Sir）右岸领土成为屈出律的战利品，他便任由那个地方荒废。

在伊斯兰教徒中，者别颇得民心。其后，当成吉思汗与花剌子模沙作战时，他曾经扮演了重要角色。假使他当时要想加速其斗争并且立即领蒙古军侵入，那对其君主的荣誉必将毫无益处。

① “沙”（Shah）是波斯语“王”的意思。

② 锡尔河，大食人称细浑河（Sihun），为中亚境内大河，在咸海东。

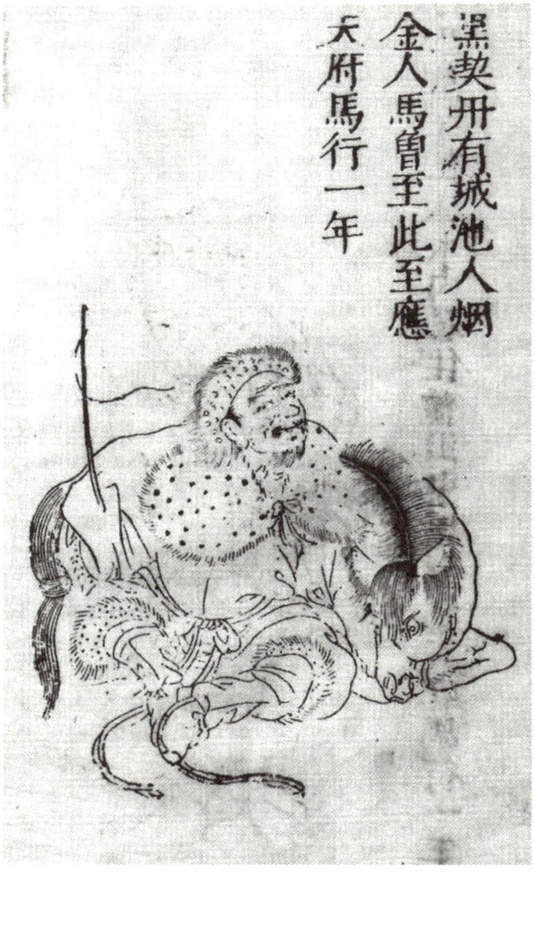

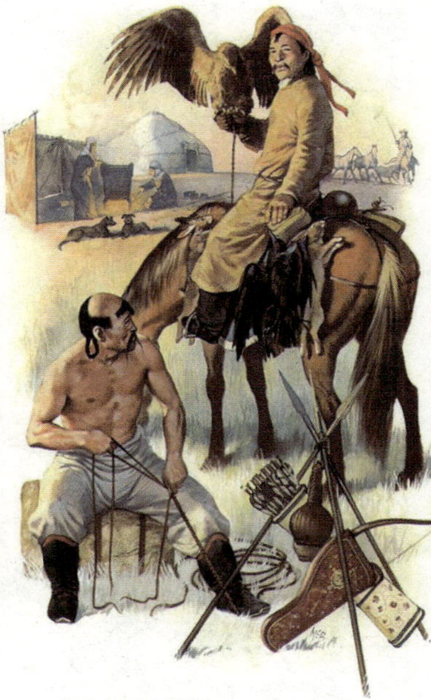

蒙古士兵的营帐

《三才图会》中描绘的西辽人形象

背景阅读：屈出律夺西辽政权

1208年初，屈出律逃到西辽。西辽皇帝直鲁古收降屈出律，以皇后古儿别速所生的女儿妻之。屈出律降西辽后，由景教改奉佛教。但屈出律请求东归收集残部，企图伺机篡辽。《史集》记载，屈出律对直鲁古说："我离开自己的部落和人民已经很久了。""我听说我的很多部众和军队流散在叶密立、海押立和别失八里地带。当他们得知我的消息后，他们就会在各地聚集起来抵抗敌人。如果古儿汗放我走，我就前去收集他们。"又说："只要我还活着，我就要依照忠诚和道义行事，听从你的命令。"屈出律骗取直鲁古信任，东行收集乃蛮残部。

此后撒马尔罕的奥斯曼拒绝西辽的命令，与花剌子模联合反辽。屈出律与花剌子模约定，穆罕默德苏丹从西进军，屈出律从东进军，夹攻西辽。直鲁古派兵三万击败奥斯曼，进驻撒马尔罕。屈出律趁机叛乱。直鲁古撤军。花剌子模的穆罕默德发兵进驻撒马尔罕，与撒马尔罕人合兵大败西辽军队于重镇塔剌斯。西辽守将塔延古被俘，西辽首都八剌沙衮投降。直鲁古回攻八剌沙衮，苦战十六日破城后大肆杀掠，四万七千人被杀，抢掠财物无数。西辽将领马哈穆德泰令西辽军交出掳获品，导致叛乱。屈出律得知西辽军内乱，出其不意包围直鲁古的军队，直鲁古被迫投降。

1211年，屈出律篡夺西辽王位，奉直鲁古为太上皇，皇后为皇太后。

1213年，直鲁古病死，屈出律袭辽制，仍号西辽（黑契丹）。花剌子模和撒马尔罕不再为西辽所有。（引自《中国通史》）

第十二章 征讨西域的发端

攻陷北京、击败了金人以后，成吉思汗威名远播，由此引起了花剌子模沙的注意。因为他也曾梦想征服富庶的中国，所以对蒙古皇帝的为人也极其关注。花剌子模沙出身突厥的一个王朝，由于巧妙地利用了阿姆河三角洲上原来领土的天然形势，逐渐获得伊斯兰教世界整个东部的优势地位。

攻陷北京、击败了金人以后，成吉思汗威名远播，由此引起了花刺子模沙（国王）的注意。因为他也曾梦想征服富庶的中国，所以对蒙古皇帝的为人也极其关注。花刺子模沙出身突厥的一个王朝，由于巧妙地利用了阿姆河[1]三角洲上原来领土的天然形势，逐渐获得伊斯兰教世界整个东部的优势地位。

花刺子模沙·阿刺丁·摩诃末[2]是与成吉思汗同时代的人，他是突厥斯坦、阿富汗和波斯的主人。花刺子模帝国虽然广大，可无组织性，缺乏团结力，其臣民也不认可这就是自己的国家。虽然他们全是伊斯兰教徒，但宗教的统一并没有成为帝国的安定力量。相反，摩诃末却屡次损害信徒们的宗教感情，其后甚至跟伊斯兰教的司教也产生了敌对情绪。军人阶级也同样对他抱有敌意，一般平民当然更不会心服于他。

闻听蒙古军在中原凯旋的捷报后，花刺子模沙便派遣使臣到成吉思汗那里，吩咐使臣去证实外间所散布的那些关于蒙古征服者的种种谣传，并搜集成吉思汗兵力的确切情报。这个使臣到达成吉思汗的行宫是在北京被攻占以后，他受到了成吉思汗的优渥款待。成吉思汗很珍惜这次与东方伊斯兰教文明国家建立贸易关系的机会——这将使几乎没有任何生产力的蒙古游牧民族找到供应他们所需商品的新来源。成吉思汗通过老朋友——伊斯兰教徒商人得悉花刺子模帝国的情况，并正确地估计到，与花刺子模发展友好贸易关系可以获利。而这种相互的利益也同样是伊斯兰教徒的贸易者想要得到的。至此，他们坚信，资本家的利益与成吉思汗的利益完全一致。因为成吉思汗虽然是异教徒，但无疑还是一个宽宏大量和强有力的统治者。

成吉思汗在给花刺子模沙的旨意中，承认后者是西方的统治者，正如他自己是东方的统治者一样，他希望互相缔结友谊关系，并允许商人们在两国之间自由往来。因为两个帝国接壤而获得了实际利

阿刺丁·摩诃末

① 阿姆河(Amu)，《史记》《汉书》作“妫水”，《隋书》《新唐书》《旧唐书》作“乌浒水”(均为希腊语“Oxus”的对音)。《元朝秘史》作“阿梅河”。位于中亚境内，流向咸海东南面。

② 阿刺丁·摩诃末(？-1220)，或译为摩诃莫、摩诃墨。是花刺子模沙阿，也是图儿干可敦和前任沙阿刺丁·帖乞失的儿子。

③ 不花剌(Bokhara)在中亚，在撒马儿罕西面，现译作“布哈拉”。

④ 讹答剌(Otrar)的废墟如今在塔什干北。

⑤ 此节详情参阅冯承钧译多桑《蒙古史》上册第一卷第九章。

⑥ 关于事件的具体经过，《扎兰丁传》、《全史》、《世界征服者史》记载各有不同，但是区别不过是在于摩诃末和亦难出君臣在这一惨案中的责任大小而已，是花剌子模当局制造了这一惨案并且拒不负责则是确凿无疑的。详见本章背景阅读相关条目。

益，花剌子模境内的商人便装备了一列商队，很圆满地到达了成吉思汗的行宫。商人们得到了热情而崇高的款待，但这些外国商人显然不熟悉成吉思汗的性格。起初，他们把自己的商货叫价很高，这引起了成吉思汗的愤怒。但不久以后，他们便感到自己带来的商品对蒙古人来说并不是什么新奇的东西，于是便觉得蒙古皇帝对他们已经很是公道和宽大了（见《史集》第一卷第二分册）。

为答谢花剌子模沙遣使前来，成吉思汗便派遣使节随着商队一起回访。这个使节和商人都是伊斯兰教徒，还是花剌子模、不花剌[③]和属于摩诃末其他各州的人。使臣们带着赠给花剌子模沙的珍奇礼物，以及确保两国间贸易关系的安全提案。使节和商队一行于1216年到达花剌子模。当摩诃末接见使臣的时候，商队却在讹答剌[④]地方遭到劫掠，所有商人都被当地守将下令屠杀[⑤]。成吉思汗派去的人都成了花剌子模沙贪婪和猜疑下的牺牲品。或许摩诃末并没有下达过讹答剌屠杀的命令，但事后他不仅护着其守将，而且拒绝将那个守将引渡给成吉思汗[⑥]。摩诃末甚至杀害了成吉思汗派来要求引渡守将的使节，并且剃光了全体人员的须髯以示对成吉思汗的侮辱。

古代丝绸之路花剌子模钱币

到了如此地步，战争已在所难免。起初，成吉思汗对待此事还如往常一样稳健，他本来希望能够用和平方式加以解决，但后来感到花剌子模沙的野蛮举动对自己得侮辱实在太过分。此外，蒙古人认为，使节的人格不可侵犯。据说，当成吉思汗听到讹答剌屠杀的凶报时，不觉惊怒得泪流满面。按照习惯，成吉思汗在危难关头常常求助于“长生天”，他走到一座小山上，脱下帽子，解去带子，把它挂在头颈上，然后对天祈祷，期盼上苍保佑他一雪耻辱（详见《世界征服者史》）。

当者别结束对屈出律的战事大捷后，成吉思汗便集中精力，准备进行毁灭花剌子模这个庞大的王国的战役。他召集了一次“忽里勒台”（大聚会），与会者有其宗室、将帅和全蒙古的贵族们。成吉思汗召开“忽里勒台”，并不是想让自己的计划得到亲族和贵族的赞同，而是为了以最好的方法去组织实施这一伟大的计划，并亲自向未来战役的统将们发布训令。一般说来，蒙古的“忽里勒台”并非可与欧洲的国会或者希腊城邦国家的议会等量齐观。因为严格说来，蒙古汗，尤其像成吉思汗这种人的权力，实在毫无限制。

至此，西征的准备已经相当周到而详密。但成吉思汗似乎高估了花剌子模沙的兵力。这种判断多半归因于伊斯兰商人提供给他的情报，因为这些人所说的摩诃末的实力当然高于实际情形。但慎重——尤其是对战事行动的慎重——常常是成吉思汗的卓越品质。

在踏上征途以前，成吉思汗委任了他的末弟[①]留守蒙古，木华黎统率着左翼军驻屯汉土，这样他便能够继续去征服各地。成吉思汗的第四个后妃忽兰跟随他一起出征[②]。他的四个皇子及一切重臣及

① 本书英译本只作其末弟而不名。《元朝秘史》及多桑《蒙古史》皆作其弟斡惕赤斤。斡惕赤斤的封地原在蒙古东部，不利于控制整个草原，更不利于和铁木真联系，因此铁木真把西征军的大本营设在古回鹘汗国的故都和林川，即后来的蒙古帝国前期首都哈剌和林。

② 此处可参阅米山梧朗氏《耶律楚材西域滞在的年限和同人的年龄并丁亥之冬奉诏一语考》（《神宫皇学馆史学会报》八）、小林高四郎《成吉思汗西征年代辨疑》、《伊斯兰教圈》第六卷第三号。

③ 参加西征的军队在二十万左右，其中包括畏兀儿和哈拉鲁派出的部队。这支军队在成员和装备上已经和之前的蒙古轻骑兵有所不同。大批汉人和契丹人参加进来，带来了抛石机、火器、战船、攻城器械、桥梁架设等先进的军事技术。蒙古军队中已经有了炮水手军、匠军等专门的部队。而参加西征的中亚穆斯林商人的加入，则为大军提供了向导和情报支持。

④ 撒儿塔兀勒是蒙古人对花剌子模国的称呼。当时蒙古人似乎还不知道花剌子模沙的名称，所以在元代（尤其是初期）汉籍里尚未发现此称呼。《元史·西北地附录》里面虽记着花剌子模的名称，但此为元代中叶编纂《经世大典》时所增录，而且仅指州名，并非指花剌子模国整体。在一般纪传中皆称其为“回回国”，《元朝秘史》的蒙文则作“撒儿塔兀勒”，耶律楚材《西游录》作“谋速鲁蛮（Musulman）”。

⑤ 据《元朝秘史》二五六节蒙文此处译为：“你曾说过做我的右手！我（现在）被撒儿塔兀勒砍断了金縻绳，我要出征，向他们讨个说法，（你便）做我的右手上马出征罢！”

⑥ 当时的唐兀惕主即西夏神宗李遵顼《元朝秘史》称其为“不儿罕”。

⑦ 据《元朝秘史》二五六节蒙文应译为：“没

耶律楚材都随行从军。成吉思汗调动了一切可以使用的兵力[3]，加上属邦诸王所派遣的分遣队，军势大大增强。成吉思汗又对唐兀惕（西夏）的统治者发出外援军征发令，因为最近（1218年）一次征讨唐兀惕的战役获得了巨大胜利。以下便是成吉思汗的使节传达给唐兀惕主的旨意：“你先前答应与我做右手。如今撒儿塔兀勒[4]（Sartagul）百姓杀了我使臣，我要去与他索赔，你可与我做右手。”[5]当其君主[6]尚未回答使节之前，唐兀惕主的廷臣阿沙干布（Asha-Ganbo）插嘴道：“你（指成吉思汗）力量既然不够，就不必做皇帝。”[7]唐兀惕主认为他的廷臣所说有理，便拒绝向成吉思汗派援军。成吉思汗闻言大怒：“阿沙干布如何敢这般说！我将这军马径去征他，也有何难。但照我初意，现在不去征他。若天佑护（我），待（战胜）撒儿塔兀勒处回来时，却去征他。”[8]

成吉思汗对自己的远征计划是有发言权的。因为他常在出发前起草对未来战役详尽的计划，并对将来的战术予以仔细研究，这主要是

有气力，做甚么大汗呢！”

⑧ 据《元朝秘史》二五六节蒙文此处译为：“想阿沙敢不（阿沙干布）为什么要这般说呢，若先去征讨他们呵，这有什么困难呢。因为如今正要出征别的国家，故把这事且罢休罢！若蒙‘长生天’所护佑呵，西征胜利归来时，就再去征讨他们！”

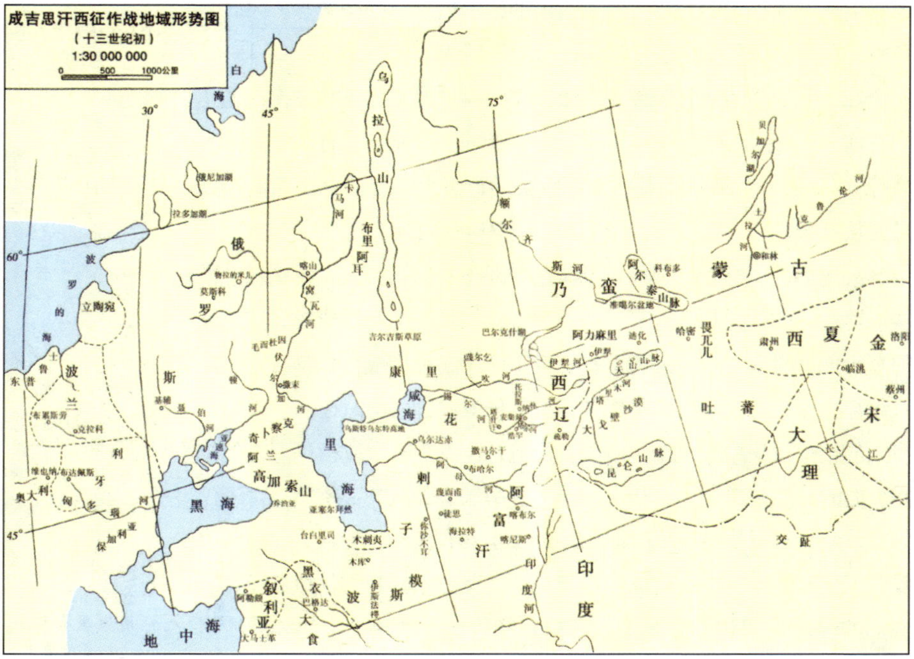

⌃成吉思汗西征作战地域形势图

蒙古大军围攻花剌子模城堡

根据伊斯兰商人们的报告。他对敌国的政治情形也同样熟悉，因此能巧妙地利用弥漫在花剌子模沙领域里的不满情绪①。

1219年，成吉思汗（**时年五十八岁**）同主力军队一起驻扎在也儿的石河②畔。秋天的时候，他便南下和属邦诸王所派遣的军队会师于海押立③。实际作战开始前，其军队曾举行了大规模的狩猎。这不仅是为从事演习和喂饲战马，也是为了获得粮食供应。

成吉思汗远征花剌子模的部队总数还不到二十万人，而花剌子模沙能够指挥的兵力却远远高于这个数字，但其军士素质却较成吉思汗的军士低劣得多。这是因为花剌子模军队中的种族成分极其复杂，而且纪律松弛，加上摩诃末又素来不太信任其将帅，同时也忌惮将大批军队的指挥权集中在一个人身上。况且，他没有一个能指挥三军的统帅。他的大多数部众中，竟没有一个能率领小部队的英雄将领。不仅如此，他的王子扎兰丁（Jalal-ud-din）虽然有天才也有活力，但却也没有能力去指挥大军。而成吉思汗统率的蒙古军却有如铁般的纪律，他们的千户长们和万户长们，都被有经验、有高超才干的统帅所指挥，而且整个军队完全由一个人统率，毫不夸张地说，成吉思汗是一

① 当时的花剌子模虽然疆土广阔，东北至锡尔河，东南至印度河，西北至阿塞拜疆，西南至波斯湾，但是大部分为新征服地区，统治并不稳固。虽然花剌子模是一个伊斯兰国家，但内部教派众多，彼此倾轧。加之摩诃末横征暴敛，因此得不到民众支持。而摩诃末的母亲秃儿罕太后擅权乱政，其令旨经常与摩诃末的诏令公然对抗。她重用大贪官纳速剌丁，任用康里籍将领（她自己是康里人）。这些军事贵族骄

纵跋扈，对摩诃末心怀二心，并且残暴横行，民怨沸腾。

② 也儿的石河（Irtysh）在西伯利亚境内，流入斋桑泊。即今额尔齐斯河。

③ 海押立（Kayalik）在巴尔喀什湖东面。

个“军事天才”。

花剌子模沙没有勇气在平原上迎战敌人。他将大量卫戍部队分散在突厥斯坦的好几个城市里，而他自己却撤退到内地，企图集结军队。但他无法在伊斯兰教徒间凝聚力量，以燃起宗教感情，从而替他去对抗异教的进攻者。因为一般人都知道了蒙古军侵入的直接原因，况且讹答剌血腥事件的大多数牺牲者又都是伊斯兰教徒。同时，成吉思汗的一员统将（者别），已经很轻易地击灭了伊斯兰教的残害者，而他已经成为东突厥斯坦伊斯兰教徒们的解放者，这个事实也是无需隐瞒的。

骁勇的蒙古士兵

背景阅读：十二至十三世纪初的花剌子模

花剌子模是一个很古老的文明国度，上古时曾是波斯帝国、马其顿帝国、贵霜帝国的一部分，后又被萨珊波斯统治。八世纪以来相继被阿拉伯帝国、萨曼王朝和哥济宁王朝的统治。十一世纪中叶又被塞尔柱突厥帝国征服，1197年花剌子模沙（波斯语，意为王）被叛乱者所杀，塞尔柱帝国呼罗珊总督任命出身奴隶的突厥官员阿努斯的斤的儿子护都不丁·摩诃末为花剌子模长官，并袭用花拉子模沙的称号，塞尔柱苏丹辛扎儿继位后承认了这一项任命，并帮助护都不丁·摩诃末平定了内乱。1141年，西辽进军河中地区，大败塞尔柱苏丹辛扎尔，花剌子模沙阿齐斯（护都不丁之子）向西辽称臣，每年向西辽交纳贡金三千金第纳尔，并贡献大批货物和牲畜。阿齐斯之子阿尔斯兰在位时趁塞尔柱衰落之际，占领呼罗珊西部。1194年，阿尔斯兰之子帖乞失消灭塞尔柱王朝最后一位苏丹，势力扩张到波斯西部，被哈里发授予“首相”称号。1200年，帖乞失死去后其子摩诃末继位，在西辽皇帝直鲁古的支持下征服了呼罗珊东部的古尔王朝，实力更加强大，不愿意再臣服于西辽。当直鲁古派马哈穆德泰去花剌子模索取贡品时，摩诃末借故离开，而由他的母亲图尔汗可敦（皇后）去接待。可敦向西辽交付了全部贡品，并保证，花剌子模依然遵守投降时

^ 十三世纪初的花剌子模

确立的那些条件。可敦还派遣使臣随同辽使向西辽致歉，但是，马哈穆德泰已看出摩诃末的不忠，并报告给直鲁古。花剌子模的使臣因此不再受到礼遇，西辽与花剌子模的关系到了破裂的边缘。

1209年西辽照例派使节到花剌子模索取贡品，使者态度倨傲，摩诃末一怒之下将使者杀死，尸体抛入河中。摩诃末打出圣战的旗号，在征服阿姆河北岸地区之后派出一支军队到不花剌，并和撒马尔罕的算端奥斯曼相联络，煽动反抗西辽。投奔西辽但心怀不轨的屈出律也成了他们的同盟者。1210年，花剌子模军队在塔拉斯河打败了西辽军队，占领了很多城市，这让摩诃末在伊斯兰世界获得了很高的声誉。西辽各地的穆斯林居民纷纷欢迎他的来临，中亚人则把他称作“亚历山大大帝第二”。1212—1213年，摩诃末占领了河中地区，迁都撒马尔罕。1215，他灭亡了古尔汗国。志得意满的摩诃末派使节到巴格达请求哈里发封自己为苏丹，并同意他在巴格达设置官员管理市政。哈里发断然拒绝，于是摩诃末拥立阿拉莫勒克为哈里发，出兵西征，打败了支持哈里发的法尔斯和阿塞拜疆国王，迫使他们称臣纳贡，兵锋直指巴格达。只是因为突遇大风雪，才只好罢兵。此时的摩诃末已经拥有了一个庞大的帝国。

摩诃末对东方的局势也十分关心，所以派出以巴拉丁为首的使团访问了中都。当然这并非因为如传说中那样是出于征服中国的狂妄野心，而是因为维持丝绸之路的贸易是中亚政权的经济命脉，而东方的政治变动必然会威胁到丝路的安全。同样，此时的成吉思汗也还没有征服中亚的野心，只是想通过花剌子模来维持与西方的贸易，从中收取赋税和获得奢侈品。所以铁木真在回信中承认摩诃末是西方的统治者，并希望两国能加强贸易。

背景阅读：幸运的花剌子模商人

有三个花剌子模富商带领商队携带布匹和金锦来到蒙古，其中一人为总共价值不过一二十个第纳尔的商品索取高达一个八里失（等于七十五个第纳尔）。气愤的铁木真命人将府库中所藏的金锦缎匹给他看，表示这类商品并不新奇，并没收了这个商人的货物。其他商人看到后，不敢再要价，说这些都是送给大汗的礼物。于是成吉思汗很高兴，命以每匹金锦一锭黄金、每匹布半锭白银的高价收购，之前要高价的那个商人也被付给同样的价钱。

背景阅读：蒙古使节和商队在花剌子模遭劫掠屠杀

蒙古出使花剌子模的使团由花剌子模人马哈姆、不花剌人阿里火者和讹答剌人玉素朴率领，同时在铁木真的号召和异国奢侈品的诱惑下，蒙古诸王、大臣、后妃都派了亲信组成了庞大的商队，共达四百五十人之多。1218年春，摩诃末在河中接见了使团，使丞递交了铁木真的书信，其大意为自己已经征服了东方，愿意与花剌子模友好往来，愿两国相互援助、共同保护商旅的安全。摩诃末单独召见了花剌子模人马哈姆，探询成吉思汗的底细，马哈姆见他十分狂妄，十分恼怒，便故意说蒙古军队根本比不上花剌子模军队。摩诃末十分高兴，便答应缔结友好条约。

蒙古使团离开花剌子模不久，蒙古商队到达花剌子模边境城市讹答剌，讹答剌长官亦难出贪图商队财物，污蔑他们是间谍，将商队扣留，遣使向摩诃末报告。摩诃末竟下令将他们处死并没收财物，仅有一位商队的驮夫得以逃脱。

背景阅读：西夏（唐兀惕）附蒙侵金政策的开始

1211年七月，西夏齐王遵顼废夏襄宗，继立为帝（神宗）。遵顼即位未向金国求册封，西夏开始附蒙攻金。当月，神宗派万骑围金东胜城。同年冬季，蒙古围金中都，夏神宗侵入金泾州、邠州，又进围平凉府。

1212年三月，金国主动册封遵顼为西夏国王，年底，遵顼遣使谢封，但仍继续攻金。

1213年六月，夏兵破金保安州，围庆阳府。八月，破邠州，十二月，破巩州。1214年八月，攻庆、原、延安诸州。1215年十月，破金临洮府。

1216年秋，成吉思汗侵金，西夏配合出兵，攻延安、代州，破潼关。十一月，夏神宗派兵四万余，围金定西城，战败而回。十二月，金兵反攻西夏，攻打盐、宥、夏、威、灵等州，被击退。

1217年正月，西夏应蒙古征调，派兵三万攻金，大败于宁州。蒙古西侵花剌子模，向西夏征兵。西夏不堪频繁征调，拒绝出兵。（引自《中国通史》）

︿成吉思汗王书

背景阅读：摩诃末消极应战蒙古大军

摩诃末预料到蒙古军即将入侵，便将伊拉克交给儿子鲁克那丁，率军向呼罗珊进军，经不花剌、撒马尔罕，到达边境，追上了追歼蔑儿乞残部后撤退的速不台所部蒙古军。尽管蒙古军并不愿意恋战，但摩诃末依旧紧追不舍，一场激战之后，摩诃末却中军溃败，若非扎兰丁死战保护，他便成为蒙古军的俘虏。入夜后蒙古军燃放篝火，以为疑兵之计，安然撤退。摩诃末回到撒马尔罕后却惊慌失措、悔恨交加，甚至不得安枕。占星家也警告他凶相已现，要逃避战斗。

大军压境之际，花剌子模内部却争论不休。有的主张集结重兵，扼守锡尔河，在边境阻挡蒙古军。有的主张退到阿姆河死守，更有人主张退往哥疾宁，实在不行就逃往印度。惊慌失措的摩诃末把四十万大军大部分放在突厥斯坦和河中地区，分城据守，自己则把家眷送往波斯，自己也在下令增铸成墙后离开撒马尔罕退到不花剌附近的那黑沙不，不久又渡过阿姆河避往阿富汗境内的巴尔赫。一路上他还对军民说："你们自求活命吧，蒙古军队是挡不住的。"花剌子模因此人心丧尽、士气低落。

另外，摩诃末不敢集结军队，也是因为他害怕军队集结起来之后会叛乱推翻自己，这种担心确实并非空穴来风。

第十三章　三大战役与会见长春真人

中河之战是全盘战役过程中伊斯兰教徒军和成吉思汗亲自会战的唯一战事。根据蒙古的传说，扎兰丁算得上是成吉思汗所有敌人中的佼佼者。现在的蒙古人，似乎已经忘记了一切关于花剌子模沙摩诃末那个极不名誉的角色，但当他们对成吉思汗获得光荣胜利的大纛致敬时，一定会忆起扎兰丁，并且认为战败扎兰丁应归功于他们的守护神。

1219年秋，成吉思汗进军讹答剌并将其包围，著名的战事[①]由此爆发。围城军由数个军团（万户，Tumen）组成，术赤麾下的另一支军队向锡尔河[②]下游进发，同时派遣一支小部队进攻锡尔河上游[③]。成吉思汗与小儿子拖雷统率中军挺近不花剌。此时，讹答剌的一员大将[④]逃到蒙古围城军的阵地，吐露了花剌子模沙帝国的详细军情。匝儿讷黑堡和讷儿城两座城池未加任何抵抗便归降了蒙古军，这里居民的生命财产安全得以保障。成吉思汗的兵士纪律性极佳，即使放任他们通过这些城镇时也没有发生任何掠夺之事。蒙古军只是破坏了其堡垒，围攻了征集备作围城使用的工事部队，以及让讷儿城居民缴纳些贡赋而已。1220年开始，成吉思汗围攻不花剌。守城军企图逃跑，可他们的队伍只有极少部分成功撤离，大多数都战死了。其后，这里的居民决定投降。当时只剩下一支小部队困守在内堡，他们还继续抵御着蒙古军。经过12天的围攻后，内堡也被攻克，守御者悉数被杀。蒙古军队进入不花剌后，成吉思汗要求交出富商、达官和贵族们的名单，按照他们财产的多少强征军税，同时令全体居民出城，除随身衣服外，不许携带任何东西。而后成吉思汗将这座荒凉无人的城市交给了他的军士，遭洗劫之后便被一把大火烧毁。

成吉思汗带着充作围城工事的俘虏，从不花剌进军撒马尔罕。同时，经过长期围攻和城堡守军的拼命抵御后，讹答剌被攻克。当时屠杀了成吉思汗使节及商队的守将成了俘虏，他被带到成吉思汗面前，成吉思汗终于等来了复仇的时刻，这名守将被处以极残酷的死刑。围

撒马尔罕是中亚最古老的城市之一，居住着善于经商的粟特人（九姓胡人）。敦煌莫高窟45窟《胡商遇盗图》中有表现九姓胡人形象

① 蒙古西征军首先进攻讹答剌城，亦难赤率军两万坚守，粮食充足，又有哈拉札汗援兵万名骑兵相助，守备严密，蒙古军无法攻下。铁木真便留下察合台、窝阔台所部和亦都护所率畏兀儿军继续围攻。讹答剌在孤立无援中坚守了五个月，哈拉札汗见难以久持，便提出投降，遭亦难赤拒绝。哈拉札汗乘夜间出逃，被蒙古兵杀死，外城也失陷。亦难赤退入子城，又坚持了一个月之久，终因寡不敌众而被俘。窝阔台和察合台将子城夷为平地，处死了亦难赤，率军赶往撒马尔罕，与成吉思汗大军会合。

② 锡尔河就是古代的药杀水（Jaxartes）。

③ 术赤的右路军首先兵临西格纳黑，派回回商人哈撒哈只去劝降，结果被市民杀死。术赤军围攻此城，七天攻破，城中居民尽数被杀。术赤军随即攻下讹迹干、巴尔赤干、阿失纳斯，而后兵临毡的城下。毡的守将望

风而逃，城中群龙无首。蒙古军派汪古人成帖木儿劝降，险些被杀死。术赤便整军攻城，市民们不加抵抗但关闭城门。蒙古军架起云梯攻入城中，将城中居民逐出城外，在田野中露天呆了九个昼夜，蒙古人则在城中肆意抢劫。不花剌人阿里火者被任命为毡的城市长。术赤军稍作休整，进入花剌子模本土，分兵占领羊吉干，派驻达鲁花赤。

④ 据多桑《蒙古史》载，这员大将就是哈剌札汗。

⑤ 撒马尔罕的守军人数，各位史家的记述各不相同，从四万到十一万不等。摩诃末离开之前，曾大力加强撒马尔罕的城防。

城军到达撒马尔罕城，与成吉思汗的主力会合。

由于突围失败，撒马尔罕的守军和居民在被围城五天后投降。蒙古军入城，毁坏其堡垒，驱逐居民出城，接下来纵兵劫掠馆舍。这时，只有伊斯兰教徒及在其保护下的人幸免于难。内堡是在猛攻后才被占领的。它的守军⑤，包括突厥兵在内，都被残酷地杀死，而他们的统将也被处以死刑。此举的目的是威吓那些依附于花剌子模沙的突厥人，同时使他们丧失对抗蒙古军的战斗意志。

成吉思汗围攻撒马尔罕时得到报告，获知他所派遣的沿着阿姆河两方面前进的部队已经击溃敌人，同时得知，花剌子模沙为建立新军，重新组织

撒马尔罕曾是花剌子模帝国的新都和文化中心，1219年被成吉思汗的蒙古帝国攻陷之后，遭受了灭顶之灾。城内的大多数建筑，则是由后来的帖木儿大帝敕令修建。图为撒马尔罕雷吉斯坦广场，后方高耸的建筑是古尔艾米尔陵墓（局部），是帖木儿及其后嗣的陵墓

防御力量，已经退到内地[①]去了。于是成吉思汗立刻命令者别、速不台、脱忽察儿统率三个万户，跨渡阿姆河[②]。他一面下令不许扰害城民，一面又吩咐他们去追击花剌子模沙，直至将其擒住为止。派遣部队力图粉碎沿途的一切抵抗，尽力突入敌人后方，以便以后成吉思汗亲统主力挺进时，迫使敌人在二线里作战。

但花剌子模沙已不能再作任何抵抗了，他成功逃避了追击，最后逃到宽田吉思海（里海[③]里的一个小岛上，不久以后死在那里[④]）。同时，者别和速不台越过太和岭[⑤]（Caucasus）进入南俄罗斯的草原，在迦勒迦河畔击败了俄罗斯大公们[⑥]。在进行了惊天动地的攻击之后，他们取道钦察草原[⑦]回到成吉思汗的行宫。

1220年夏，成吉思汗驻营在那黑沙不[⑧]（Nesef）附近，这个地方就是现在的卡尔什（Karshi）城址。因为此地最适宜作游牧民族的夏季牧场。成吉思汗在这里驻营，饲养马匹，休养士卒。最近的征服之地，已从战争造成的破坏中开始逐渐恢复。蒙古皇帝设法使居民生活恢复正常，便

^ 花剌子模遗址

① 当蒙古大军侵掠河中地区时，花拉子模沙摩诃末已经退到阿姆河以南的卡里弗和安德忽的，企图据河而守。撒马尔罕被围时，摩诃末曾两次派军援助，兵力达三万之众，但他们却不敢接近城市，均无功而返。有人主张集结全国兵力扼守阿姆河。但摩诃末决定退守哥疾宁，哥疾宁若沦陷则逃亡印度。摩诃末到达巴尔赫时，又采纳了儿子鲁克那丁的建议，决定撤往伊拉克，扎兰丁苦谏不从。此时摩诃末得到了不花剌和撒马尔罕相继沦陷的消息，连忙逃离巴尔赫。扈从的士兵都是康里人，将领均是太后图尔汗可敦的亲戚。这些人打算谋杀摩诃末，结果事情败露，摩诃末连夜转移帐幕，早晨起来发现自己的营帐已经被乱箭射穿。之后摩诃末抵达你沙不儿，不久得知速不台和者别的部队已经进入呼罗珊，便以行猎为名，仓皇逃亡伊朗沙布尔。鲁克那丁率军三万在这里等待，部下劝摩诃末据险聚众，抗击蒙古，但摩诃末拒不纳谏。

② 成吉思汗在撒马尔罕做了分兵：者别、速不台、脱忽察儿各率一万骑兵渡过阿姆河，如遇重兵得不接战，而要等待大军到来，如果摩诃末不战而逃则要穷追不舍；阿拉亥那颜和千户亚萨乌尔率军攻取瓦赫什和塔里寒。

③ 原文“Caspian”译作“宽田吉思海”，据《元史·速不台传》，现称里海。

④ 速不台、者别进军呼罗珊，沿路城市或降或屠，攻克你沙不儿。此后两人分开，速不台连破徒思、达姆甘、塞姆，进军至德黑兰以南的剌夷。者别攻占扎哈台、马赞德兰，也在剌夷和速不台部会师。摩诃末得知蒙古军进逼的消息，立即逃往哈伦堡，次日又向巴格达逃跑。蒙古军得知消息后，穷追不舍，摩诃末改道逃亡哥疾云西北数十里的萨尔察汗，辗转又到了马赞德兰。蒙古军依旧紧追不舍，摩诃末只得躲避到里海中一个偏僻的小岛上，当年年底病死。临死前他将苏丹之位传给扎兰丁。

⑤“Caucasus”译作“太和岭”，亦据《元史·速

不台传》，现称高加索山脉。

⑥ 详见背景阅读“1220-1224 年者别、速不台追击作战”。

⑦ 原注：钦察草原就是现在的哈萨克斯坦。

⑧《新唐书·西域传》作“那色波”，《元史·西北地附录》作“那黑沙不（Nakhsab）”。

⑨ 原注：忒耳迷现称“铁尔梅兹（Termiz）”，在阿姆河畔。

⑩“玉龙杰赤”（Gurganj）为《元史》所译，《元朝秘史》译作“兀笼格赤”，清译作“乌尔根齐”。城跨阿姆河两岸，阿姆河自城下进入花剌子模境内，流入咸海。10世纪时，玉龙杰赤为花剌子模最大的城市，也是丝路在中亚地区的重要交易都市之一。12世纪时，花剌子模王国兴起，玉龙杰赤成为该国首都，但摩诃末苏丹时期将首都迁到撒马尔罕。古城于2005年被列入联合国世界遗产名录，属于世界文化遗产。

蒙古士兵驻营在那黑沙不

在所征服的城镇委任一个长官。一般情况下，这些长官都是从伊斯兰教徒里选拔出来的。而在蒙古守军所驻扎的城镇里，除委任土著做当地的长官外，同时还设置一个蒙古戍将。

一到秋天，成吉思汗便向忒耳迷[9]（Tarmiz）进军。这座城池的防御非常坚固，强袭以后才被攻打下来。在短短的围攻期内，蒙古军用一种石猛轰城池，这样一来，敌人的武器便无用武之地。成吉思汗命令围城军的冲锋队突进到城下。种石砲是回回工匠制造的，因为成吉思汗懂得利用其所征服的文明民族的创造能力为己服务。在成吉思汗看来，他所用的这些外国人（色目人）也不过是他的驯顺工具而已。

1220-1221年之交的冬天，成吉思汗在阿姆河畔驻营。这个地方最适宜作冬季牧场。同时，在成吉思汗三个皇子和博尔术统率下，蒙古的精锐部队向花剌子模沙及其首都玉龙杰赤[10]进发。那个地方在当时很繁荣，它或许能够变成一个反攻的起点。这个城市曾被花剌子模沙那个有权势的母亲图尔汗可敦[①]管辖。当她听到自己的儿子已经放弃了阿姆河沿岸地方的时候，也想赶快逃走。不久，她终于被驻在波斯的蒙古军俘虏。这个残酷而充满野心的妇人最后被成吉思汗派人押送到蒙古，在那里她住了很长一段时间，最后死于伟大的征服者成吉思汗之后。经过长时期的围攻，玉龙杰赤终于被攻陷。1221年春，察合台和窝阔台在当时围攻中的塔里寒[②]（Talkan或Talikhan）与父亲成吉思汗会师。

1221年春天，在跨渡过阿姆河以后，成吉思汗占领了巴里黑[③]（Balkh），并前进到塔里寒。为完成一项特殊任务，成吉思汗从中军里派遣诸王拖雷率领一支分遣队进入呼罗珊[④]。

摩诃末的儿子扎兰丁[⑤]（《元朝秘史》作“扎剌勒丁”）从花剌子模沙那里撤退以后，终于摆脱了蒙古军的追击，甚至还击败了追兵中的一个纵队。他回转到阿富汗的哥疾宁（即《西域记》里的鹤悉那，在今阿富汗喀布尔西南的加兹尼），在那里整编新军，徐图反攻。他是一个果敢而活跃的人物，他不愿意仿效父亲，在没有仔细研究蒙古军及其统帅的卓越特质、没有考察自己军队是否可靠的情况下，扎兰丁便贸然与成吉思汗的军队展开较量。扎兰丁的这种的决断显然是被勇气或一种责任感所鼓舞，但要紧的是，这正是有勇无谋的表现。失吉·忽秃忽奉命进攻扎兰丁，但在八鲁湾[⑥]一役被扎兰丁击败，几乎溃不成军，被迫率领残余部队狼狈逃回成吉思汗的行营[⑦]。在整个西进战事中，这场战役是蒙古军所遭遇到的唯一一次严重挫败。而成吉思汗却再次表现出他的宽宏大量，他泰然接受了战败的消息。他说：“失吉·忽秃忽习惯了经常的胜利，还未曾经历过命运的残酷。现在遭遇了

① “可敦”或“哈敦”(Katun)，是蒙古语(或突厥语)“夫人”或“后妃”之义。

② 塔里寒在阿富汗、突厥斯坦。“塔里寒”，《元史》又作“塔里堪”或“塔里干”。

③ 巴里黑(Balkh或Bahliha)是据《元史》所译，《元史》有时也作“勒纥”或“板勒纥”。《西游录》作“班城”，《西游记》作“班里城”，在塔里寒西面。1221年春蒙古军兵临巴里黑，尚未攻城，巴里黑居民便主动献出大笔财宝请降。但此时扎兰丁正在南面的哥疾宁集结军队准备抵抗。成吉思汗害怕巴里黑市民响应，便以清点人口为借口，将城民都驱赶到郊外，全部屠杀。之后把城市夷为平地。

④ 呼罗珊(Khorassan)全境当时分成四郡，以马鲁(Meru)、也里(Heri)、你沙不儿(Nishapur)和巴里黑为郡治。这个地区就是前苏联中亚、伊朗和阿富汗三国的邻接地区。

⑤ 扎兰丁，阿剌丁·摩诃末长子，臂力过人，骁勇善战。受封于古尔(今阿富汗哈扎里斯坦)及哥疾宁之地。摩诃末死前传位扎兰丁。

⑥ 八鲁湾(Perwan，应作Paruwan)，据《元史》所译，在哥疾宁东北。

⑦ 详见本章背景阅读“八鲁湾战役”。

⑧ 这段出自《史集》塔塔儿篇(参阅冯承钧译多桑《蒙古史》上册第一卷第七章128页注)。

玉龙杰赤内修造的扎兰丁塑像

这样的挫折，以后应该格外谨慎才好。”（参阅多桑《蒙古史》第一卷第七章）成吉思汗曾一再体验过命运的残酷，他也经常对将帅们说，命运变幻莫测，所以提醒他们要学习自己所具有的卓越特质——慎重。比如，当成吉思汗听到者别那颜征讨屈出律得手的消息时，便遣使传旨，告诫他不要因胜而骄，因为克烈部的王罕和乃蛮部的太阳汗都是因骄傲而失败的（参阅多桑《蒙古史》第一卷第五章末）。成吉思汗之所以钟爱失吉·忽秃忽，是因为着他聪明，善于应付新事物，且有坦荡的胸襟及大无畏精神。失吉·忽秃忽的这种勇敢精神，在幼年时代便已显现出来。那时，在严冬的一天，成吉思汗在大雪里迁移营帐时，距营帐不远的地方有一群野鹿经过。失吉·忽秃忽当时只有十五岁，目睹了这件事，便请求营帐总管，在得到许可后，他就到外面去追猎那些由于深雪而不能快跑的野兽。等到日暮驻营时，还不见失吉·忽秃忽回来，这引起了成吉思汗的注意。当他得知孩子迟迟不归的原因时，便恼怒营帐总管，说他不该在大雪天允许一个小孩子独自远离阵营。但就在此时，失吉·忽秃忽回来了，声称自己杀死了三十头野鹿中的二十七头。果然，那些野兽的尸体以后在大雪里被找着了。成吉思汗为此对这个孩子的大胆行动大加赞赏，比以往更喜爱他了。[8]

确认了失吉·忽秃忽的败北程度之后，成吉思汗便采取措施去消除战败的影响。扎兰丁胜利之后，便残酷地杀戮了被俘的蒙古军。他甚至不能杜绝麾下将帅们的争吵，也无法扑灭那些异种混合部队里所燃起的种族猜忌的怒火。这一再暴露了他不过是一个有勇无谋的莽汉，而不是一个有真才实学的统帅。既然塔里寒此时已落到蒙古军手里，成吉思汗便毫无顾虑地率大军前去讨伐扎兰丁。他路过八鲁湾战场，勘查阵地以后，便埋怨失吉·忽秃忽战场选择不当。扎兰丁在成吉思汗到达以前就早已退却了，成吉思汗一直追击他到申河（Indus，《元朝秘史》译称“申河”，即印度河）河畔。1221年秋，双方在这条河沿岸进行决战①。成吉思汗亲自指挥蒙古军，由于扎兰丁不能强行渡河，也不能将其眷属和财物运送到对岸，最后彻底溃败。在这种情况下，即使他再英武、部下再奋勇杀敌也难逃厄运。在由勇士（把阿秃儿）所编成的蒙古亲卫军——成吉思汗在生死关头方才起用的精锐部队——的攻击下，伊斯兰教军队溃灭。扎兰丁被蒙古骑兵三面围攻，不得不抛下妻妾和子女给胜利者，他自己跃马入申河，一口气游到对岸。据传，成吉思汗当时曾感叹扎兰丁的勇敢行为，并且谕示他的儿子们应该效法这个伊斯兰教斗士。

申河之战是全盘战役过程中伊斯兰教徒军和成吉思汗亲自会战的唯一战事。根据蒙古的传说，扎兰丁算得上是成吉思汗所有敌人中的佼佼者。现在的蒙古人，似乎已经忘记了一切关于花剌子模沙摩诃末那个极不名誉的角色，但当他们对成吉思汗获得光荣胜利的大纛致敬时，一定会忆起扎兰丁，并且认为战败扎兰丁应归功于他们的守护神。

与此同时，皇子拖雷也辉煌迅速地完成了使命：他征服了呼罗珊的三大主要城市②——马鲁（Merv）、你沙不儿和也里③（Heart）。成吉思汗决定转回本土。他最初计划取道印度，经过雪山和吐蕃④回转到蒙古，但由于环境的缘故没能实现。一来因为山道被深雪所没，二来因为许多占卜家，包括耶律楚材在内的人都进谏他不可进入印度。成吉思汗接受了他们的好意，最后在这里传来了唐兀惕人叛乱⑤的消息。1222年夏，蒙古军驻屯在大雪山⑥（Hindukush）山麓的凉爽之地。

此时，成吉思汗这位世界大征服者显示出他的伟大，一则是申河战役，二则是凯旋后他竟然还敢通过遍布许多难以攻克山寨的阿富汗斯坦北部。实际上，成吉思汗不顾地势生疏和言语隔阂的极大困难，统率蒙古大军，一路上竟从未发生过任何危险。

1222年春，著名的道士长春真人（本名丘处机，登州栖霞人，见前注释）来访，这是一件令成吉思汗高兴的事情。长春真人是从汉土

---

① 详见本章背景阅读“扎兰丁的背水一战”。

② 详见本章背景阅读“成吉思汗征服呼罗珊”。

③ 马鲁，《元史》有时也作“麻里兀”，在前苏联中亚南部，靠近阿富汗和伊朗；你沙不儿《元史》有时也作“乃沙不耳”，位于现在伊朗的北部；也里（Heart）的对音或作 Heri，在阿富汗境内。

④ 此处“雪山”指喜马拉雅山脉，“吐蕃”即西藏。

⑤ 详见本章背景阅读“西夏叛乱”。

⑥ 即兴都库什山脉，在阿富汗境内，靠近印度边境。

⑦ 本节出自李志常（1193～1256，丘处机弟子之一，字浩然，号真常子，又号通玄大师，后掌全真道门）所著《长春真人西游记》卷上（据王国维1926年校注本）。

⑧ 此处所引的三段问答，均出自《长春真人西游记》上卷（王国维校注本）。

出发到成吉思汗的行营里来的。成吉思汗久慕真人的虔敬生活，早在1219年汗便邀请他前去，希望能够获得“长生不老的仙药”。因为成吉思汗曾经听说过，中国圣贤老子的道教流派从事炼铸“金丹”，精通法术。而实际上长春真人却是一个哲学家和诗人，他不仅是属于求道于“净性养气”一流的道家，而且还是排斥其他一流专心从事物质方面的“炼丹术”者。

按照成吉思汗的命令，这位中国的真人在长久而寂寞的西进途中受到优渥的待遇。途经撒马尔罕时，他停驻了很长时间，在这里他接到成吉思汗给他的旨意：“真人来自日出之地，跋涉山川，勤劳至矣。今朕已回，亟欲闻道，无倦迎我。”[7]

于是，长春真人便来到当时驻跸在大雪山南方的皇帝行宫，不久以后便谒见了成吉思汗，受到这位可敬畏的征服者优礼接待，并且还被赐予优渥的敕语：“他国征聘，皆不应。今远逾万里而来，朕甚嘉焉。”他叫长春真人就座，赐食，问道：“真人远来，有何长生之药以资朕乎？”真人答道：“有卫生之道，而无长生之药。”[8]对此回答，成吉思汗并没有感到失望或不满，相反地，他嘉许了这位中国贤人的诚实和坦白。本来已拟定日期（**即四月十四日**）约请长春真人来讲解教义，但因为发生了战事，不得不将此事延期，因为在这里仍有许多敌军部队盘踞在山上。

长春真人丘处机

长春真人被允许回到撒马尔罕[9]。后来，在1222年秋天，成吉思汗回转蒙古途中，他再次去拜访成吉思

⑨ 丘处机于1220年正月率随行弟子十八人，自莱州启程北上，二月抵燕京居玉虚观，四月离开燕京出居庸关，五月至涿鹿居龙阳观，八月抵宣化居朝元观。1221年二月出张家口，五月抵路局河西行，沿途王公大人热烈接待、普通百姓奉香火叩拜迎接。七月至阿不罕山，留下弟子赵道安等九人设立栖霞观，自率赵志坚等九人轻骑而行。八月越过阿尔泰山，经别失八里、阿力麻里等地于十一月抵达塔什干，十二月到达撒马尔罕。

汗，并在蒙古行宫里扈从过一段时间①。路上，皇帝非常关心真人，曾邀请他道："真人每日来就食可乎？"（见《长春真人西游记》下卷）还常常赐给他葡萄、酒、瓜、菜等食物。成吉思汗曾经三次倾听过这位中国贤哲论道，每次接见他的时候都在特设的帷幄里，并且进行斋戒茹素并退去侍女。成吉思汗吩咐太师阿海②（Akhai）把真人所说的话用蒙古语翻译了奏知他听，而真人的话正合都符合成吉思汗心意。四月十九日，一个清风明月的夜里，成吉思汗再宣真人前来论道，汗听了很高兴。二十三日那天，又宣召真人来到帷幄之中，礼待如初，成吉思满怀愉悦，认真倾听真人言讲，并且命令左右侍从人将这些言语记录下来。同时又用汉字将其记下来，这样他们就不会忘记了。他对侍从人等说道："神仙三说养生之道，我甚入心，使勿泄于外。"（见《长春真人西游记》下卷）

蒙古皇帝对真人的谈话很感兴趣，所以召见他好几次，每次都向他询问各种各样的问题——例如关于震雷的性质等，且对长春真人所说的话给予极大关注。有一次，成吉思汗召集他的诸王和将相大臣们，对他们说道："汉人尊重神仙，犹汝等敬天，我今愈信真天人也。"他把真人前后所说的话讲给他们听，并说道："天俾神仙为朕言此，汝辈各铭诸心。"（见《长春真人西游记》下卷）

1222年冬，成吉思汗驻营在撒马尔罕附近。到正月底（1223年）已经到达锡尔河右岸。到了三月，他便驻营在乞儿乞克③（Chirchik）河畔的草原。在这里靠近东山的地方，一次成吉思汗逐猎一头大猪，不小心从马上坠下来，险些被野兽断送性命。长春真人便乘机谏奏皇帝说："现在您年纪大了，应该少去行猎为好。"他说："天道好生，今圣寿已高，宜少出猎。坠马天戒也，豕不敢前，天护之也。"成吉思汗答道："朕已深省。神仙劝我，良是。我蒙古人骑射（自）少所习，未能遽已。虽然，神仙之言在衷焉。"（这两段引文出自《长春真人西游记》下卷）

不久以后，长春真人便请求成吉思汗准许他回转山林（二月十四日是初次请辞，三月初七日是再辞），自此以后，这位中国真人便和运筹握算、日理万机并且尊敬自己的大蒙古皇帝永别了。

1223年春，成吉思汗在锡尔河畔跟皇子察合台和窝阔台相会，他

① 丘处机于1222年三月南下，经碣石，过铁门关，渡阿姆河，于四月五日到达目的地——阿姆河南岸的成吉思汗军营。此时他已经七十六岁高龄了。成吉思汗对丘处机拒绝宋金两国皇帝的召见而不远万里觐见自己十分赏识，丘处机的回答则是："山野召而赴者，天也"。由于战事耽搁，正式的召见在十月望日才举行。

② 阿海为哈剌契丹人，任撒马尔罕长官。《元史》卷一五〇有《耶律阿海传》，谓"耶律阿海乃辽之故族，（中略），甲戌金人走汴，阿海以功拜太师，行中书省事，封秃花为太傅濮国公，每宴享必赐坐，命秃花从木华黎取中原，阿海从帝攻西域，俘其酋长只兰秃，下蒲华寻思干等城，留监寻斯干，专任抚绥之责。"根据以上记录，可见阿海并非哈剌契丹（西辽）人，却是契丹人（东方辽朝宗室后裔）。

③ 原注："乞儿乞克河，就是塔史（今称塔什干）

们曾经在泽拉夫珊[4]（Zerafshan）河口以放鹰消磨时间，并在那里过冬。在豁兰巴石[5]的平原上，成吉思汗狩猎野驴，这些野兽是从钦察草原上被术赤驱赶到这里来的。术赤在长时期缺席以后，终于来拜见他的父亲[6]了，他驱赶到汗跟前来的礼物除野驴外，还有白马两万匹。

成吉思汗继续向东进军。1224年夏，他驻营在也儿的石河畔，直到次年方才抵达蒙古驻营地。在乃蛮旧领的边境上，他会见了拖雷的儿子——诸王忽必烈和旭烈兀[7]。忽必烈就是后日的大合罕，并且晋位做了中国皇帝（元世祖），而旭烈兀就是波斯君主。

年幼的皇孙还是第一次出阵狩猎。依据蒙古的习惯，第一次出猎的少年必须用肉和脂肪去涂抹中指。成吉思汗亲自为两个皇孙举行这种仪式。其后成吉思汗便由三个皇子做伴共登归途，长子术赤却留在钦察草原。

至此，在伊斯兰世界变成了蒙古统治的出发点，并在亚洲和世界历史上扮演着重要角色的战役终于落幕。

成吉思汗尚未完成对花剌子模沙的领土征服，便回转本土。但蒙古霸权已在突厥斯坦确立，并实施了新的政策，同时，各地也迅速从战祸中恢复生机。[8]

成吉思汗与他的儿子们（《史集》手抄本插图）

地方的河。”塔史（Tsahkent）在前苏联中亚南部，撒马尔罕东北。

④ 泽拉夫珊河就是古代的粟特河（Soghd）。《隋书》作“那密水”。发源于帕米尔高原（葱岭），经撒马尔罕，消失于阿姆河附近的沙碛中。

⑤ 豁兰巴石（Kulan-Bashi），多桑《蒙古史》作“豁兰塔石”。

⑥ 多桑《蒙古史》：“术赤不至，仅遵父命驱猎物无数至豁兰塔石。”

⑦ 忽必烈时年11岁，旭烈兀时年9岁。

⑧ 关于本节的详细叙述，可参阅巴托尔德《蒙古入侵时代的突厥斯坦》第四章《成吉思汗与蒙古人》。

背景阅读：撒马尔罕

“撒马尔罕”（Samarkand），位于今乌兹别克斯坦境内，《元史》作“寻思干”或“薛迷思干”，《元朝秘史》作“薛米思坚”。耶律楚材记作“寻思干”城。

“撒马尔罕”意为“肥沃的城池”，本是西辽国都，因城建于札拉扶桑河畔，也称河中府。摩诃末同屈出律瓜分西辽后，河中一带成为花剌子模领地，撒马尔罕便成为花剌子模新都。撒马尔罕城是当时中亚地区名城、文化中心，长时期内被视为中亚文化发源地之一。

志费尼在其著作《世界征服者史》中如此说：“论幅员，它是算端（伊斯兰教苏丹别称。中世纪前后伊斯兰教头衔之一，意为“土地拥有者”、“首领”、“王者”、“领袖”等）诸州中最大的一个；论土地，它是诸州中最肥沃的一个；而且众所公认，在四个伊甸园中，它是人世间最美的天堂。”

1220年3月，成吉思汗到达撒马尔罕城外，驻扎在郊区的蓝宫。为了欺骗守军，蒙古人将一路抓来的俘虏变成战斗队形，每十人一队，举一面旗子，远远望去，似乎大军云集。撒马尔罕被围第三天，守军主动出击，结果中了埋伏，全军覆没。被围第五天，突厥人组成的守军在图海汗（摩诃末的舅舅）的率领下投降，城中居民亦派代表投诚。蒙古人冲入

撒马尔罕城

城中，居民被逐出城外，仅有少数法官和教士例外。城墙堡垒尽被摧毁，全城遭到洗劫。子城依旧坚持抵抗，蒙古军拆除了水坝，引水灌城，守军一千余人在猛将阿勒善汗率领下主动出击，突出重围。剩下的一千守军聚集在大清真寺中抵抗，全部阵亡，大清真寺也被蒙古军焚毁。接着蒙古军队将投降的突厥军队调集在一块平地上，三万多人全部遭到杀害。居民被杀者也很多，剩余居民中成吉思汗挑选工匠三万人分配给儿子和大臣们，另外三万充当日后攻城的肉盾。剩下的人则在缴纳了二十万第纳尔赎金后，得以回城居住。耶律阿海成为撒马尔罕的达鲁花赤。此后，居民又数度被蒙古人逐出城外，全城几乎荒废。经此一战，原本有十几万户居民的中亚名城，所存者不过四分之一。

背景阅读：忽毡守军将领帖木儿灭里

成吉思汗围攻撒马尔罕时，还派巴阿邻部的阿拉亥那颜率军五千，围攻本纳凯特城，四天后攻陷，守军均被杀死，工匠被迫随军出征，壮丁则充当攻城时的肉盾。蒙古军随即扑向忽毡，守军将领帖木儿灭里自知无力抵抗，率领一千军队退入锡尔河的一个岛屿之中，此岛离河岸较远，岸上的弓弩器械无法射击到。蒙古人便将随军的俘虏，分成十人一组，两组由一蒙古人做头目，从忽毡城附近的山中搬运石块，由骑兵投入河中，企图填河成坝，然后水攻。帖木儿灭里赶造有棚战船12艘，裹上湿毡，涂上浸透过醋的粘土，以防火攻。守军乘船在夜间到破晓时分袭击河岸蒙古军，摧毁其水坝。但因为矢尽粮绝，守军最后还是只能撤退。某天夜里，帖木儿灭里命士兵们分乘七十艘船，携带粮食物资，举着火把照明，顺流而下。蒙古军沿着河岸尾追，帖木儿灭里箭术卓绝，一路驱散追军。在本纳凯特城附近，蒙古军横河设置铁索阻拦，帖木儿灭里挥刀斩断铁索继续前进。当帖木儿灭里继续前进时，蒙古军队已经沿着两岸部署重兵，连接战船架设浮桥，部署大批弓弩手张网以待。帖木儿灭里至少舍舟登岸，但在蒙古大军追击下丧失了全部辎重和部下，仅有自己得以突出重围，到达花剌子模。这无疑是一位了不起的英雄，但这样的英雄终究无法力挽狂澜。

背景阅读：1220–1223 年者别、速不台追击作战

成吉思汗命速不台、者别追击摩诃末时曾经指示：“你们可在三年内结束战事，通

过钦察草原回到我们的故乡蒙古。”摩诃末逃入里海小岛之后，速不台和者别两军继续抄掠波斯各地，连克剌夷、忽木、哈马丹等城市，逼近阿塞拜疆首都帖比利斯，阿塞拜疆国王主月即伯投降请和。蒙古军在木干平原过冬，并分兵侵扰格鲁吉亚，屠蔑剌哈，逼近第比利斯。次年春天，蒙古军挥师南下，扑向伊拉克。哈里发连忙向各伊斯兰国家求救，扼守答忽哈，蒙古军在哈马丹城一番掳掠后又调头北上，逼近阿兰首都干扎，阿兰交纳金币后才得以存活。蒙古军又入侵格鲁吉亚，格鲁吉亚女王塔马儿出兵三万防守边境，者别率五千军设伏，速不台则佯装战败，将格鲁吉亚军队引入包围圈，杀伤大半，接着屠拜勒寒，格鲁吉亚女王塔马儿退保第比利斯。蒙古军转而北上，攻破失儿湾首府沙马哈，夺取要塞达耳班，越过高加索山北上，当地的阿速人、勒思格人和薛儿科斯人在钦察人召集下抵抗蒙古军，战况激烈，胜负难分。者别、速不台便遣使去见钦察人，说自己也属突厥部落，并将大批金币送给钦察人，骗走了钦察军队。当蒙古军打垮阿速等部之后，再突袭毫无防备的钦察军。钦察十一部纷纷西逃，蒙军占据钦察草原过冬。

西逃的一位钦察首领忽滩汗求救于女婿俄罗斯的加里赤王公密赤思老，后者邀请各罗斯王公到乞瓦（基辅）会商，称如果俄罗斯不援助钦察，钦察必臣服蒙古，造成更大的威胁。此时俄罗斯正处于四分五裂之中，只有部分诸侯参加了盟会。乞瓦、加里赤、契尔尼果夫等国出兵钦察草原，迎击蒙古人。俄罗斯军队虽多，但诸侯们各自为战，难以一致对敌。加里赤击败蒙古先锋后，者别、速不台故技重施，诱敌深入。1223年5月，俄罗斯军队渡过阿里吉河之后，蒙古军整军迎战，加里赤王公贪功心切，独自与钦察军出战，被蒙古军打败。溃退的军队又冲垮了联军的营盘，蒙古军乘胜追击，六位王公阵亡，俄罗斯联军大半被消灭，加里赤王公逃归罗斯。乞瓦王公此时驻军于阿里吉河对岸的高岗之上，经坐视不救，蒙古军围攻他们三天之久，乞瓦军队在得到者别允诺不杀之后被迫投降，王公将卒尽被杀害。蒙古军队深入俄罗斯南部，烧杀掳掠，又沿黑海北岸进入克里米亚，攻陷苏答黑城。1223年底，者别、速不台率军东归，经伏尔加河时攻入中游的不里阿尔，遭到顽强抵抗，便沿河南下，经里海、咸海之北，与成吉思汗会师东归。

1223年，蒙古军击败了俄罗斯大公们

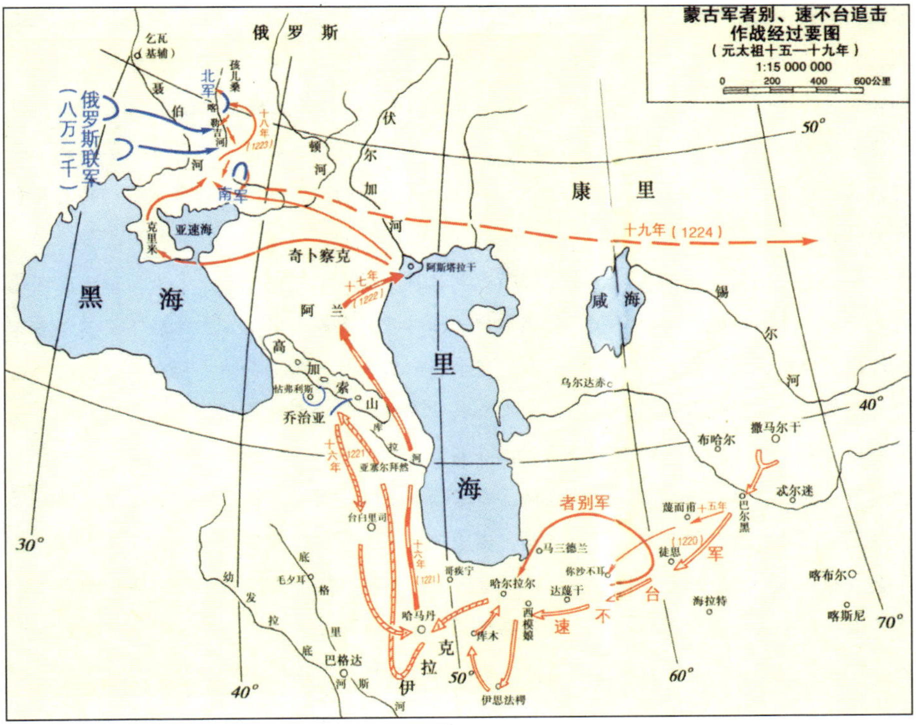

^ 者别、速不台追击作战经过要图

背景阅读：图尔汗可敦被俘，玉龙杰赤被攻陷

摩诃末从阿姆河退却时，曾遣使到玉龙杰赤，敦促母亲图尔汗可敦避往马赞德兰，成吉思汗亦派遣使节，利用母子间的矛盾劝降。可敦都没有答应，随即带着摩诃末的后妃、王子公主们西逃，躲避到马赞德兰附近的亦剌勒和剌儿占城堡。蒙古军尾随而至，包围两个城堡四个月之久，城堡虽然易守难攻，但正值夏季却连月不雨。因为缺乏水源，守军饥渴难耐被迫出降，图尔汗可敦等被俘获，戏剧性的是他们刚刚投降便天降豪雨。摩诃末的女儿们和年纪小的儿子同时被俘，王子们均遭杀害，公主们则被分给投靠成吉思汗的穆斯林高官们，据说有些还成了术赤、察合台的妃子。可敦自己则被押送到蒙古，约于1232年在蒙古病逝。

可敦出走后，玉龙杰赤群龙无首，便推举可敦的亲戚胡玛尔的斤为苏丹。城中有军士九万，帖木儿灭里也到达这里。他整顿军务，出兵收复养吉干，杀死蒙古达鲁花赤，随即撤回。不久，扎兰丁等三位王子在埋葬了摩诃末之后，由海路率领七十名骑兵抵达玉龙杰赤，宣布了摩诃末的死讯和扎兰丁继位的遗命。控制玉龙杰赤的突厥将领们素来与扎兰丁不合，对他继位大为不满，企图发动政变、杀害扎兰丁，扎兰丁被迫于1221年2月逃出玉龙杰赤，仅有帖木儿灭里率三百骑兵追随，抵达纳撒。三天后，扎兰丁的二位弟弟也弃城而逃，路上被蒙古军包围，与其追随者一起战死。三人走后，玉龙杰赤的康里将领乌马儿自立为苏丹。

察合台、窝阔台率领右翼诸军，经不花剌从东南面进入花剌子模，术赤的军队也从毡的南下，博尔术所统帅的怯薛军也赶来参战，各路蒙古大军云集玉龙杰赤城下。玉龙杰赤城跨阿姆河两岸，中有桥梁相连。蒙古军用水浸的桑木作为炮石向城中抛射，并在两天内填平壕沟，又企图夺取桥梁，结果三千人全被守军杀死。于是城内守将士气大振，屡屡杀死攻城的蒙古军，加之术赤和察合台钩心斗角，号令不一，连攻数月均徒劳无功。成吉思汗大怒，命窝阔台统一指挥，猛攻入城，守军顽强抵抗，蒙古军用石油纵火焚烧，巷战极为激烈，连妇女都奋起参战。七天之后，城中仅有三个街区，守军力竭投降。蒙古军将居民全部赶出城外，命工匠聚集在一起，押送到蒙古为奴；年轻女子和儿童沦为奴隶分给蒙古各部，剩余人员全部屠杀殆尽。大屠杀之后，又掘开阿姆河堤坝，放水灌城，藏在城中的少数人也被淹死。昔日繁华富庶的花剌子模首都，变成一片水乡泽国。

如今的阿姆河

背景阅读：八鲁湾战役

扎兰丁到达纳撒之后，击退七百名蒙古巡逻骑兵，进军到你沙不儿，摆脱了追军，经也里回到自己的封地哥疾宁，当地驻军将领康里人阿明灭里（图尔汗可敦之侄，扎兰丁的岳父）和赛甫丁纷纷来投靠，阿富汗人和葛逻禄人也前来助战，大军集结十几万之众，声势大振。1222年初春，扎兰丁北上八鲁湾，击败围攻瓦里延堡的蒙古军，打死一千多人。成吉思汗闻讯，派失吉·忽秃忽率三万骑兵出征，扎兰丁亦带兵三万迎战。两军在八鲁湾相遇，花剌子模军队手握马缰，下马步战，战况十分激烈。扎兰丁勇敢坚毅，率军抵抗住了蒙古军的冲击。第三天，见蒙古军兵峰已挫，扎兰丁命将士们上马总攻，大破蒙古军，失吉·忽秃忽仅率少量残部逃走。此战是蒙古军西征以来遭受的最大失败，消息传来，很多被蒙古人占领的城市纷纷起义，杀死蒙古守将，响应扎兰丁。但战后为了抢夺战利品，阿明灭里和赛甫丁发生争执，赛甫丁率部离去，扎兰丁无法支撑，只得返回哥疾宁。

背景阅读：扎兰丁的背水一战

成吉思汗得知失败的消息后，迅速率军从塔里寒南下，越过大雪山围攻范延城，此战中察合台的儿子木秃干中箭身亡，城破之后，成吉思汗不但杀光了城中居民，连牲畜动物都全部杀光。察合台和窝阔台也从玉龙杰赤率军来会。扎兰丁得到蒙古大军扑来的消息，便放弃哥疾宁而走，哥疾宁被蒙古军占领。扎兰丁向印度河方向退却，抵达河岸后下令准备渡船，成吉思汗亲自率领蒙古大军尾随而至。由乌尔汗率领的花剌子模断后部队与蒙古军先锋部队接战，被打败。蒙古大军在扎兰丁准备好渡船前抵达印度河畔，此时只有一艘渡船到达共女性眷属渡河，但也因波浪冲击而损毁。扎兰丁除了背水一战已无可选择。

1221年11月21日，印度河畔决战爆发。扎兰丁率领中军猛攻蒙古人，后者阵势大乱，据说成吉思汗都曾逃离阵地。但是埋伏的一万怯薛军（非万不得已不投入战斗）参战后反攻由阿明灭里率领的花剌子模军右翼，转败为胜。阿明灭里败逃后，蒙古军又攻打左翼，花剌子模军队全军覆没。扎兰丁之子年仅七岁，被蒙古军俘虏后杀死。扎兰丁中军仅剩七百余人，几次伺机突围都被击退。蒙古军步步紧逼，成吉思汗想活捉扎兰丁，劝降他之后便可利用他的声望和地位，不战而平定各地的起义。扎兰丁命人将自己的母亲、妻子和其他贵妇投入印度河之中，以免她们遭到蒙古人的污辱，自己则跃马截流而渡。蒙古军本要万箭齐发，成吉思汗加以阻止，并对儿子们夸奖此人。扎兰丁到达对岸后，仅收集了四千残部，次年成吉思汗派两万军队追击扎兰丁。但蒙古军来自寒冷的草原，对热带气候很不适应，便撤回中亚。

背景阅读：成吉思汗征服呼罗珊

1221年初，成吉思汗从塔里寒派遣拖雷平定呼罗珊。拖雷本部仅有两万，但从归降各城中征发了至少五万军队。自摩诃末离开后，呼罗珊境内群龙无首，陷入军阀割据状态。者别、速不台军经过时，呼罗珊本身没有遭到很大的破坏，蒙古大军过境后，有的城市的蒙古达鲁花赤被杀，投降蒙古的官员被捕杀，蒙古小部队被消灭，尤其是蒙古大将脱忽察儿（成吉思汗的女婿）在进攻你沙不儿时被射死。但是由于各路抵抗力量不团结，所以拖雷仅三个月时间便攻陷了呼罗珊的主要城镇。马鲁在2月被围攻，守军突围失败，马鲁长官出城投降，拖雷谎称不会杀害军民，但进城后便把居民都赶出城外，居民除四百工匠外均遭杀害；4月你沙不儿城沦陷，因为脱忽察儿之死，其遭到的报复特别惨烈，尽管城中居民派人请降，但拖雷加以拒绝，破城后纵兵屠杀，脱忽察儿之妻（大汗公主）率万人入城，见人就杀，市民中除少量工匠外全部被杀，城市亦遭毁灭。接着拖雷率军猛攻也里，七天后投降，虽然城民得以侥幸生存，但守军均被杀死。

背景阅读：夏神宗附蒙侵金政策的终结

1217年，蒙古发兵渡河攻打西夏，十二月包围中兴府。夏神宗出奔西凉，留太子德任守中兴府。蒙古兵退，神宗返回。

1218年二月，夏神宗起用主张联金抗蒙的秘书监苏寅孙为枢密都承旨。三月，夏神宗联络金保安、绥德、葭州，商请恢复边地互市，与金朝谈和。金宣宗不许。

1219年二月，夏神宗派枢密都招讨使寧子宁去四川与宋朝守将联络，企图联宋侵金。时金宣宗发兵渡淮，南侵宋朝。宋朝利州路安抚使丁寧同意，联兵抗金。

1220年五月间，宋四川安抚使安丙正式联络西夏，定议宋、夏同时出兵，夹攻金军。

1220年八月，西夏发兵万人围金会州，破会州城，金守将乌古论世显投降。九月，寧子宁、嵬名公辅领兵二十万攻打金巩州。宋安丙派张威、王仕信等攻定边城，与夏兵会于巩州城下。金行元帅府事赤盏合喜派兵拒守，夏兵攻城不下，又遇金朝伏兵邀击，伤亡甚众。十月，宋安丙再约夏兵攻秦州。夏兵未出战。

1221年，蒙古木华黎部由东胜州渡黄河经西夏攻金，再向西夏征兵。夏神宗派塔哥甘普领兵五万归木华黎指挥。十月，蒙古兵攻绥德，再向夏征兵，神宗又派迷仆领兵会师。

1222年，蒙古命夏兵由葭州攻金陕西，夏兵败于质孤堡败。

1223年春，木华黎进兵凤翔，神宗发步骑十万随蒙古军攻城。

1223年三月，木华黎在山西闻喜病死，子孛鲁继续领兵。四月，夏神宗废德任太子位，囚于灵州。十月，蒙古兵侵略西夏积石州。十二月，夏神宗退位，传帝位于次子德旺（献宗）。献宗改变国策，抗拒蒙古。派使者与漠北诸部落联络，企图结为外援，牵制蒙古。（引自《中国通史》）

背景阅读：全真教的创立

全真教是金初中原兴起的三大教派之一，其创始者为王喆（1113–1169），原名王中孚，入道后改名喆，字知明，号重阳子，一般称作王重阳。王重阳出生于陕西咸阳大魏村，出生于家业丰厚、以财富称雄乡里的豪强地主家庭，从小喜欢读书，曾为京兆府学生员。《重阳仙迹记》称他“美须髯，目长于口，形质魁伟，任气好侠”，年轻时也曾热衷于做官，但是生不逢时，其青年时期正值宋金交战、生灵涂炭，王重阳年轻时曾参加抗金大业，但是因为南宋对金国议和称臣，金国开北方抗金人士大多失望。金国于1138年开始开科取士，王重阳也参加了考试，考中了武举，但是仕途不顺，仅为小吏。

王重阳心怀亡国之耻，对金国的民族压迫不满，但是却没有勇气与征服者拼死相搏，又仕途失意，心灰意懒，不得不寄情于宗教。他自称1159年在甘河镇酒肆中遇到异人授以口诀，其弟子则声称王重阳遇到的是吕洞宾（应该是钟吕系内丹派的后人）。此后，王重阳假托疯病，弃家入终南山修炼，他掘地为隧、封高数尺，在四隅各栽种海棠一株，居于穴中修炼，名为活死人墓。三年后他自填其穴，开始收徒，但人数不多。1167年夏天他焚毁了茅庵，东出潼关，到山东传道。王重阳在山东收了七大弟子，合称“全真七子”。其中最早拜他为师的是宁海州富豪马钰，他曾问王重阳：“何为道”？王重阳回答：“五行不到处，父母未生前”。因此被马钰敬重，得以在马家后园结庵而居，有匾额“全真”，此即全真教之始。虽然马钰之妻孙不二反对，但王重阳用分梨暗示五十五次终究让马钰出家为道。其后，谭处端、丘处机、王处一、刘处玄、郝大通、孙不二相继入教。丘处机是全真七子中年纪最小的，出生于1148年，字通密，号长春子，世居栖霞，出身当地望族，自幼聪敏过人，日记千余言，久而不忘，少年时就向往神仙之道。1168年三月，王重阳和马钰到栖霞传道，十九岁的丘处机就慕名而来，拜王重阳为师。

王重阳善于随即劝化，擅长用诗词歌曲宣扬教义，以气功神奇惊世骇俗，不到一年就小有成就，在栖霞、宁海、福山、登州、莱州建立了三个全真教会社。传教三年后王重阳携弟子们西归，在开封无疾而终，年仅五十八岁。王重阳死后由大弟子马钰继任全真掌教，丘、刘、谭、马四人将王重阳灵柩扶回关中，安葬于终南山旧隐之地，此地成为全真教的祖庭。全真七子大多隐居修炼，艰苦的传教重任主要由马钰完成。金廷害怕汉人利用

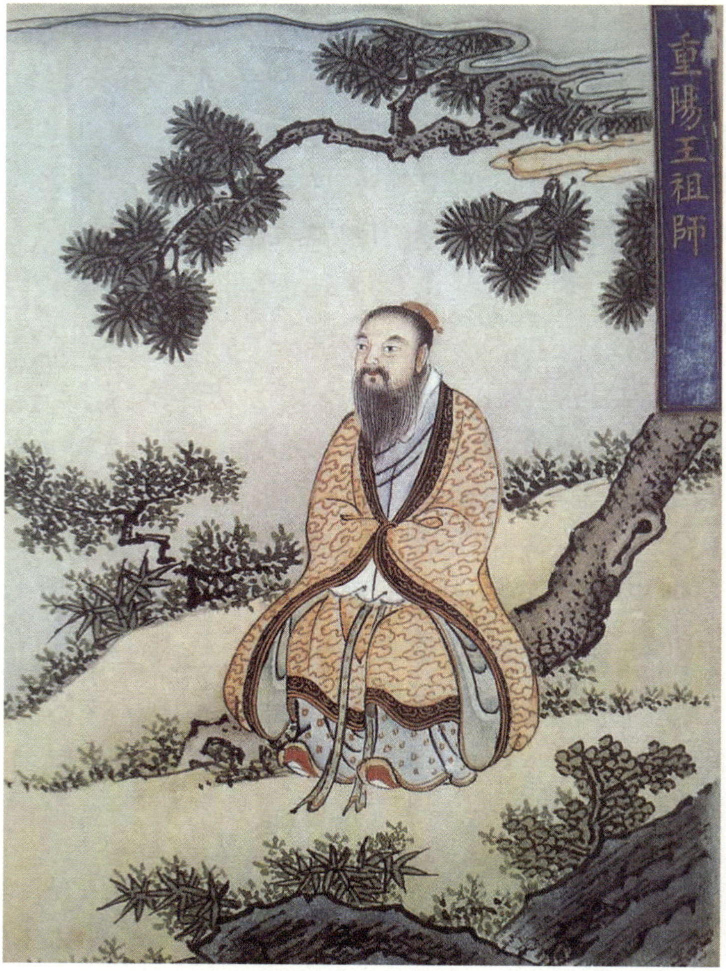

∧ 王重阳

宗教进行反金活动，曾一度禁止全真道，将马钰从关中驱赶到山东。与此同时，其他六子也开始在各地传教，其中丘处机在宝鸡穴居修炼，苦修六年之后迁居陇州龙门山龙门洞苦修六年。

全真七子的传教活动，经过近二十年的努力，终于使全真教成为新兴教派，也因此金廷的注意。暮年的金世宗，由于纵情声色不胜疲惫，对养生术产生了兴趣，全真教得到了接近上层的机会。1187年，王处一奉诏觐见金世宗，世宗亲自问养生之道，王处一对曰：“含精以养神，恭己以无为”。金世宗嘉奖其言，又命赐毒酒给他喝，王处一果然展现神迹，居然不死。同年，世宗又两次召见了丘处机，丘处机为他讲解教理，备受礼遇。金章宗继位后虽一度禁止全真教，但很快解禁，先后召见王处一、刘处玄，出资修筑众多道庵、赠送大批度牒，全真教逐渐成为中原大教派。

1203年，丘处机继任全真掌教，不久中原进入刀兵频繁、战火纷飞的年代，痛苦中的人们更多的将希望寄托于宗教，全真教在很多地方起到维护秩序、稳定人心的作用，而许多全真道士也因为做了有益于民众、救济急难的事情而受到敬重，因此全真教得以茁壮成长。也因此，全真教成为金、蒙、宋三方都竭力争取的庞大宗教势力，金宣宗、宋宁宗、成吉思汗先后都派出使节邀请他。丘处机虽然一度效力于金廷，比如利用自己的影响力帮助金国诏安胶东的反金起义。但是审时度势，他认识到金国行将灭亡而南宋力量孱弱，唯有蒙古势力方兴未艾，便婉言谢绝了金宋的邀请，而选择了投靠蒙古。这就是丘处机应成吉思汗之请西行的背景所在。

〈 北七真。中间端坐者为王重阳。丘处机居其左首第一

背景阅读：全真教的教义

全真教教义是儒释道三教合一的产物，结合了新儒学、道教内丹派和禅宗的思想。其创始人王重阳就以“三教金莲会”、“三教平等会”、“三教玉华会”等为会社名称，自称“太上为祖，释迦为宗，夫子为科牌”，主张三教“似一根树生三枝”、“如鼎三足”，传教时所用的经典中既有道教的《道德经》、《清静经》，又有佛教的《般若心经》和儒家的《孝经》。其弟子自然传承这一观念，如丘处机说“儒释道源三教祖，由来千圣古今同”，刘处玄说“三教归一，弗论道禅”，谭处端说：“三教由来总一家，道禅清静不相差”。王重阳和其子弟们更和佛教和儒家人士有着广泛的交游，诗歌唱和不断。

在教义上全真教则继承了钟离权—吕洞宾一系的内丹派学说。其著述中有着强烈的悲观厌世情绪，这不仅是因为人生短暂：“百年恰似一转头”（王重阳语）、“浮生弹指一生中”（王处一语）、“过了一日无一日”（马钰语），也因为功名利禄都没有价值：“任使高官厚禄，金鱼袋肥马轻裘，争知道庄周梦蝶，蝶梦庄周”（丘处机语）、“养家苦，镇常忙，忙来忙去到无常，作阴囚，住鬼房”，连死后都会遭受地狱、轮回之苦：“丰都路，定是个凌迟处，便安排了镬汤，刀山剑树”（王重阳语）、“恋恩亲，恩生害，死难逃，气不来身卧荒郊，改头换面，轮回贩骨几千遭”（刘处玄语）。全面否定现实人生，旨在劝人们看破红尘，而把人生意义引向成仙证真，跳出三界五行之外。只要修道内炼成丹，结成阳神，可随意从顶门初入，一旦上帝诏书降下，便可遗弃躯壳、长辞人间，即便不能位列仙班，也可以优游于仙岛仙山，长生不死、逍遥自在。

全真教不似外丹派那样追求肉体不死、肉体飞升，斥之为妄想，而主张遗弃肉体、超越生死。而达成的途径就是找到自身无形无质、不生不灭、超出生死的心性、元神、本真、真性。如刘处玄说“外容有老，有形有终，内貌无形，仙寿无穷”，丘处机说：“生灭者形也，无生灭者性也，神也有形皆坏，天地亦属幻躯，元会尽而示终。只有一点阳光，超乎劫数之外，在身中为性海，即元神也”。而自心真性皆是被妄念遮蔽迷乱而不自觉，所以必须体证心性、顿悟超脱。这较之内丹派的性命双修学说显然更进一步。

而修炼的方法就是“真功”和“真行”。全真教首重心性的修炼，明心见性为内丹修炼最重要的功夫：“三分命功，七分性学”。王重阳说“心生则性灭，心灭则性现”，即至于消除意识分别、情绪夹杂的妄心、人心，不为声色货利所动，清除世俗欲念，才能让自己的本心、真心、天心、元神觉悟，做到内不滋生杂念，外不受环境污染，一言以蔽之“清静”也。“真功”的主要方法是“打坐”，这并非指通常意义上的打坐，事儿全天住行坐卧一切动静中间都心如泰山、不动不摇，不令物欲沾染、不为声色利害所动，实际上就是自然主义、禁欲主义，仅满足吃饭睡觉的最低生理需求。为此全真教还反对多读书，以防“寻文而乱目”。关于内丹的修炼，全真道士著有《金关玉锁诀》、《五篇灵文》、《大丹直指》等专著，主张性命双修，依靠各种气功炼化精气神以结丹成仙，这与外丹派炼制丹药或研究房中术而求升仙的方法截然不同。内丹又分上中下三乘，上乘功法强调自然炼化，见于王重阳所作伪托仙人所授的《五篇灵文》，共分玉液、产药、采药、得药、温养五个步骤，但仅有少数教派领袖有此境界。一般道士和信道者的炼化则在丘处机的《大丹直指》中有最详细的描述，其内丹炼制方法，共分龙虎交媾、周天火候、肘后飞金精、金液还丹、太阳炼形、三田既济、炼神入顶、炼神合道、弃壳升仙超凡入圣九个阶段。而全真七子中唯一的女性孙不二更创造了适合女性修炼的女丹。为了修炼，全真教实行彻底的禁欲主义，要求斩断酒色财气，将物质生活降到最低水平，摈弃一切物欲，连吃睡都尽可能减少，赤脚褴褛，寒暑亦不避。而且在人际关系上要收摄自心、柔弱谦卑、不生愤怒嗔怒。

全真教七祖师图

但仅是“清静”还是不够的，还需要泯绝清净心地的念头，也就是尹志平所说的“寂无可寂”，这就需要实践“真行”，无为中发有为之用。“真行”就是济贫拔苦、拯救患难、传道度人。为此全真教不但重视医药，行医施救、救治病苦，道观也经常接待过客、周济贫苦。更有丘处机不远千里西游劝成吉思汗戒杀戮、免赋税，王志谨在关中开渠引水，范园曦散财救民、收留落难士子，李志远劝阻女真贵族以婢女为母亲殉葬等善行。全真教既然主张禁欲，便反对家庭，即便原本为夫妻者也需分离方能入教，道士出家后或云游或住庵，最初只能以祈食充饥、庵堂简陋，后来发展壮大后有了自己的宫观和田地，则由道士耕田自养，有结余时则救济灾民。对道士的德行约束则十分严格，崇尚简朴，杀盗酒色财气食肉均在戒条之内，不愿出家的道徒则劝诫其忠孝仁义。这些也正是金元之际全真教享有很高声望的原因之一。

背景阅读：全真教的鼎盛

成吉思汗向丘处机询问长生之道，丘处机回答的要义为“道生天育地，日月星辰，鬼神人物，皆从道生”。长生必须学道而非寄希望于长生药，要清心寡欲、固精守神，以戒色节欲、止杀保民、以孝治国、宽免赋税来顺应天道才能修道证真。成吉思汗对此十分重视，命耶律阿海用蒙语翻译上奏，并用汉字记录。对丘处机也很赞赏，称呼其为神仙，并向诸王大臣宣扬。1223年二月初七，丘处机请求东归，三月七日再次请求，被允许。成吉思汗赐以虎头金牌与玺书，令他掌管天下道教，免除道教的赋税徭役。当月丘处机率随行

元代八思巴文金圣旨牌，长21厘米，宽6.5厘米，藏于内蒙古大学民族博物馆，金质，两面刻八思巴文，意为：借助长生天力量，皇帝的名字是不可侵犯的，不尊敬服从的人，将被定罪致死。

丘处机看儿孙争闹图

弟子启程东归，经蒙古南道，自科布多到阿尔泰山，偕宋道安等人东归。沿途受到蒙古官员保护供奉，1224年三月返回燕京。

蒙古高官贵族争先奉承，石抹明安派人请求丘处机留下长居太极观，得到允许。后太极观改名长春宫，成为全真教掌教驻地。此时中原大乱，蒙古兵到处杀戮掳掠，丘处机命弟子持成吉思汗的金牌挽救了二三万人免于被杀害或沦为奴隶的命运。成吉思汗对此更加敬重，当年夏天又遣使向丘处机传旨："自神仙去，朕未尝一日忘神仙，神仙无忘朕！"丘处机由此声望更隆，全真教亦进入全盛时期。丘处机出于救世情怀，深刻认识到战乱年代给全真教发展带来的契机："今大兵之后，人民涂炭，居无室，行无食者，皆是也。立观度人，时不可失。此修行之先务，人人当铭诸心"，由此全真教开始多建宫观、广收门徒，仅丘处机就有三十九个门徒，其他全真六子徒子徒孙亦有不少。燕京、河北、河南、山东、山西、陕西、甘肃等地建造宫观数十处。

丘处机未能看到这一天，在1227年7月去世，享年八十岁。临终前他对弟子说："马钰曾告诉我说：'我死之后教门会大兴，你正当其时，道院都有朝廷赐的名额，会主持大宫观，会有使者佩符乘车管理教务，这时候就是你功成名遂归休之时'，今天他的话都一一应验，况且教门中人才济济，我此去没有遗恨了！"

背景阅读：成吉思汗继承者们的争端

到了成吉思汗晚年，黄金家族的内斗就已经显示出来了。西征之前，成吉思汗与诸子、贵戚商议继承人选。按照惯例，他先征询长子术赤的意见，术赤尚未说话，察合台就嚷道："父亲问术赤，莫不是要委附他？他是蔑儿乞种带来的，我们如何教他管？"兄弟二人几乎生死相搏。这是因为当年孛儿帖曾被蔑儿乞人抢走，为了报当年也速该抢夺诃额仑之仇，将孛儿帖配给了赤勒格儿。后来虽然铁木真在王罕和札木合支持下夺回了孛儿帖（一说蔑儿乞人主动将孛儿帖送给王罕，王罕送还给铁木真），但是她回家的路上才生下术赤，因此术赤的出身血统是有争议的。当然，这只是问题的导火索，事情的根源在于当初蒙古分封时，分配的只是牧民和牧地营盘。此时矛盾尚不激烈，随着蒙古的扩张，占领了大量城市和农村地区，它们属于黄金家族的公有财产，各支系都有份子。而支配"公地"的权力实际上掌握在蒙古大汗手中，汉地、河中及阿姆河以西之地，都由大汗派官治理、编籍民户、征收赋税，大汗再将部分民户分给诸王，他们可以派达鲁花赤并收取赋税，但是军政大权则由大汗所派的镇戍军将领和行政官员掌握。全国赋税收入，除各支宗王的份子之外，都上交中央兀鲁思国库，由大汗支配。大汗作为各兀鲁思的共主，有权统领全国军队，可以征召各兀鲁思的军队参加征伐。各兀鲁思的汗位继承也要由大汗认可（至少在名义上）或直接由大汗指定，各兀鲁思之间的争端也由大汗仲裁。所以大汗的位子就成为各支贵族争夺的目标。

由于术赤的血统问题和他与察合台的争端，铁木真选择了窝阔台为自己的继承人，虽然术赤表面上答应，但是作为长子无法继位，无疑是怀恨在心的。加之他的领地远在额尔齐斯河以西、里海以北，远离蒙古本土，离心倾向最早也最为强烈。成吉思汗西征回军时，屡次召他来见，他都托病不来，只是派人送来礼物。成吉思汗听说他不但没病还能打猎，大怒之下，曾准备出兵讨伐，直到因得知术赤的死讯才作罢，但蒙古帝国的最初一丝裂纹在成吉思汗生前便显现了。

第十四章 一代天骄的陨落

1225年冬至1226年夏，成吉思汗都驻营在土兀剌河畔的龙庭，这个地方从前就是王罕的营帐。至今，成吉思汗已到达其人生巅峰。这个广袤帝国的元首，其帝国完全依照自己的意志组织，他的臣民必须绝对服从他的意志，他也是一个世界闻名的百战百胜的忠顺军队统帅。

1225年冬至1226年夏，成吉思汗都驻营在土兀剌[①]河畔的龙庭，这个地方从前就是王罕的营帐。至今，成吉思汗已到达其人生巅峰。这个广袤帝国的元首，其帝国完全依照自己的意志组织，他的臣民必须绝对服从他的意志，他也是一个世界闻名的百战百胜的忠顺军队统帅。围绕其左右的，又都是为建设帝国而奔走多年的信实幕友。他们既不是卑微的家仆，也不是阿谀的廷臣，而是由成吉思汗分配给他们任务的那些可靠而有效率的执行者。成吉思汗曾一再向他们重复他那句对博尔术说过的话："你又与木华黎将应行的事，助我教行。不可行的事，谏我教止。承你们如此行为，我所以得到这个大位子里。"[②]而他不放心的人只有他的长子术赤，因为术赤要跟他的父亲和这个帝国脱离关系了。他妄图独自去建立一个属于自己的王国，这个王国将包括最近被他征服的一部分土地。在跟花剌子模沙作战的时候，术赤曾对父亲和几个孝顺弟弟们的政策提出过质疑。战后，趁着自己的封地距父亲的帐殿颇远的机会，他便公然显示出反抗姿态。在成吉思汗的安逸晚年时期，术赤似乎是笼罩在其头上的唯一一块乌云。

成吉思汗还有一项没有完成的心愿，那就是去惩罚拒绝派遣援军的唐兀惕王。当他开始西征的时候，成吉思汗曾立誓要惩罚唐兀惕，

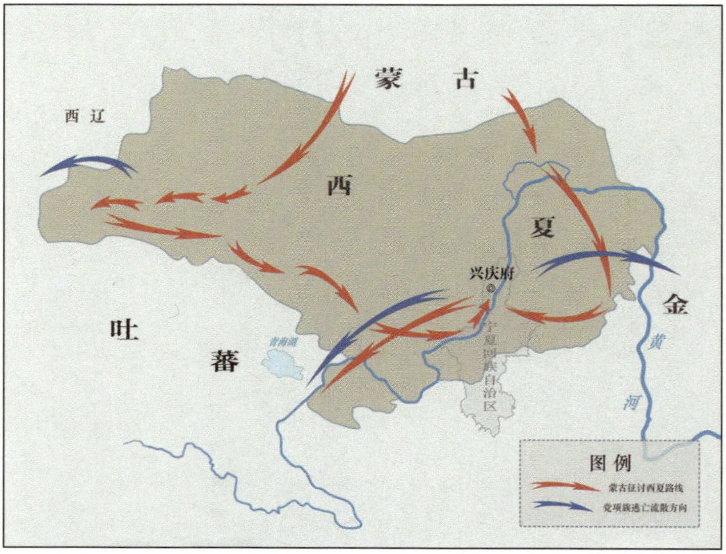

蒙古灭西夏示意图

① 土兀剌河是斡儿寒河的支流，也是薛灵哥河（Selenga）的支流。土兀剌河在蒙古国乌兰巴托附近。

② 据《元朝秘史》二〇五节蒙文此处译为："孛斡儿出、木合黎两个，将我的正当的事，帮助着直行了，我的不正当的事，止挡着直立了，教得到了这位子里。"

③ 这位将军名为脱仑，官号为"扯儿必"，晃豁坛氏人。

④ 据《元朝秘史》二六五节蒙文此处译为："唐兀惕百姓有筑了的城池，有不动的营盘。筑了的城池，那些人每不会抬着去的。不动的营盘，那些人不会撇着去的。咱们且退着，等到合罕的肌肤凉了呵，咱们再上马来罢！"

而现在是实现誓言的时候了。1126年，成吉思汗召集全部兵力前去征讨唐兀惕。然而，强迫他对唐兀惕用兵，并非仅仅因为渴望复仇，而是还有其他更好的理由去征服这个国家。

成吉思汗从汉地撤退以后，金人乘机夺回大部分被占领土，蒙古国王木华黎为此与他们长期作战。成吉思汗想到，由于没在攻略金京最便捷的唐兀惕建立蒙古霸权，所以要从地理的因素上给金人致命一击，即便并非不可能，至少也很困难。因此他非常重视对唐兀惕的战争，便不顾自己高龄，也不依靠部下将帅，而是亲自担任军队指挥。成吉思汗是想向人们表明，他仍旧有精力和体力征战。

战事开始在1226年秋天，皇妃也遂和诸王扈从着成吉思汗一同前往。战役开始的时候，也曾获得不少胜利。但在冬天，有一次成吉思汗出去围猎，因为一头野马的出现，他所骑的战马受惊，将这位上了年纪的骑士掀下马来。成吉思汗因此得了重病，诸王和老臣们共同商议对策。其中一位将军[③]说："唐兀惕是有城池的百姓，不能移动。如今我们且回去，待合罕安好了时再来攻取。"[④]这种依附着游牧民族心理的典型见解为众人附议，但这些建议禀奏给成吉思汗时，他却明确表示反对，他说："唐兀惕百姓看见我们回去，必以我为胆怯。我且

^ 回鹘王子供养像。甘肃敦煌莫高窟409窟壁画（局部）

^ 西夏王妃供养图。甘肃敦煌莫高窟409窟壁画（局部）

在这里养病。先差人去唐兀惕处，看他们怎么回话。”于是便遣人向唐兀惕主传旨道：“你曾说要与我做右手，及我征回回，你却不从，又将言语讥讽。我如今已取了回回，我要来与你算账。”而唐兀惕主的回答，因为出言不逊，激起成吉思汗的愤怒。成吉思汗说道：“他说如此大话，我们如何可回去？虽然死呵，也要去问他。长生天知道了吧！”[①]谁知一语成谶，成吉思汗虽然消灭了敌人，可自己也在这次战役中殒落了。

在从前的战役里，成吉思汗不仅仅在战斗和围攻方面指挥其主力，而且在整个战场上去指导他们作战，他指挥着好几个军团到战斗位置，并且主要进攻敌军的主力。唐兀惕人虽然顽强抵抗，但他们的城堡却落入蒙古军手里，他们的军队也被成吉思汗及其部将们相继击败。攻克灵州以后，成吉思汗率军进围唐兀惕的首都宁夏[②]。1227年成吉思汗驻扎在清水县地面，秦州城附近的西江江畔[③]。

1227年8月（十八日），成吉思汗在这里去世[④]，享年72岁[⑤]。而他在最近期内才接到长子术赤的讣告[⑥]。当他感到死期临近，便预先立下了遗嘱。当时诸王里面仅有最宠爱的儿子拖雷在他身旁。成吉思汗便对拖雷和诸将交代了征讨金人的方略，同时命令，待唐兀惕的首都被攻陷时，一定要把其国王和所有重臣们都处死，并且吩咐诸将，他死后要暂时保密，不要发丧。剌失德丁说：“帝离开了混沌堕落的现世，遗赠帝国的皇位给一个光荣的氏族。”

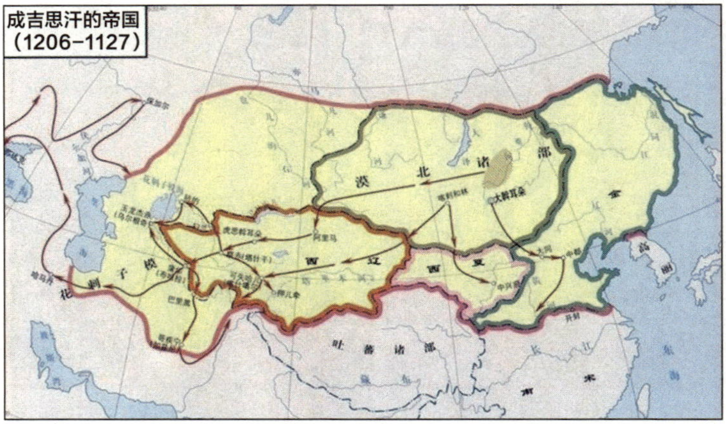

成吉思汗的帝国（1206–1127）。箭头所示为成吉思汗及其大将的进军路线

① 据《元朝秘史》二六五节蒙文此处译为：“唐兀惕百姓说咱心不能着（心怯）回去了。咱们且先遣一个使臣去，只教使臣在这搠斡儿合惕地面试着，察着他的言语，若是（可）退呵，就实行罢！”于是派使臣去传递着话道：“不儿罕呀！去年你曾说：‘俺唐兀惕百姓将做你的右手’，根据你的许诺，通知你：‘撒儿塔儿勒百姓不从协议，我们将要上马（征讨）了’，当遣人索（援兵）时，不儿罕呀！你既不遵言语（约束），也不与兵力，却教言语来讥讽着。我们只好留待以后与你算账，上马出征撒儿塔兀勒百姓去了，蒙长生天所佑护，我们证服了撒儿塔兀惕百姓，如今（我）要至不儿罕处来（与你）算账了”。又，成吉思合罕大怒说：“他们说着这般大话，怎生可退呢！即便死时，亦要照着他们说的话去攻打他们！长生天呀，你知道罢！”

② 灵州和宁夏这两座城池，都在甘肃省的黄河河畔。”宁夏在夏时先作兴

州，后升兴庆府，又改中兴府。

③ 清水县属秦州，元时隶属于陕西行省，今隶属于甘肃省。《元史·太祖本纪》曰："二十二年闰五月避暑六盘山。六月，帝次清水县西江。"

④ 据小林高四郎研究："关于成吉思汗的殂落地点，向来就有各种各样的说法，假使对于盖世英雄的临终地点也不能探明，那实在太遗憾了。而箭内亘博士在《元初史实解疑三则》中的第一则中，已把这个问题考证出来，并且驳斥了六盘山说（本于剌失德丁《史集》）和灵州说（本于《蒙古源流》）。他根据《元史·太祖本纪》所载，断定是在清水县附近的西江，或者在那附近的地方（参阅《蒙古吏研究》53-57页）。又，德国海涅士氏在《成吉思汗的最后远征和其殂落》一文中，只引证了蒙汉文的史料和介绍些各种各样的不同说法，却没有做出决定性的结论。"

⑤ 关于成吉思汗的享年，据《元史·太祖本纪》、《亲征录》和《蒙古源流》卷四所载，都作六十六岁。

⑥ 关于术赤之死，据巴托尔德书458页所载，是在1227年的2月里，先于其父6个月死去。

成吉思汗的遗骸被运送到蒙古他那常住的帐殿里，诸王、后妃和那颜（领主、官长）们都为他举哀痛悼。其后，成吉思汗的遗骸被埋葬在不儿罕合勒敦山他生前所指定的地点。这是因为，有一次成吉思汗在这座山上狩猎的时候，曾凝视着一棵孤树出神，他很喜欢这棵树，还坐在树荫下休息了一会儿，静静地、愉快地遐想，同时他对左右说道："这里很适合作我最后休息的地方，死后便埋葬我在这里罢！"（出自《史集》第一卷第二分册）

^ 坐落于内蒙古鄂尔多斯草原中部的伊金霍洛旗甘德利草原上的成吉思汗陵

^ 坐落在内蒙古自治区兴安盟乌兰浩特市罕山之巅的成吉思汗庙

背景阅读：1226年蒙古—金—西夏形势

1223年12月，金宣宗病逝后太子完颜守绪继位，改年号正大，即金哀宗。哀宗上台后重用诸多主战派官员——赤盏合喜、完颜赛不、石盏尉忻、张行信、胥鼎、李蹊权，分别担任枢密副使、平章政事、尚书右丞、尚书左丞、参知政事等重要职务。贪婪的酷吏蒲察合住被处死，降蒙的大军阀武仙被招降。为了避免四面受敌，他派使节到南方宣布停止与南宋的战争，禁止宋金边境守军擅自杀害过淮的红袄军。同时，金国也停止了与西夏的战争，1225年9月，金夏达成和约：金夏为兄弟之邦，西夏正式结束了百年来对金国的臣属关系，不再使用金国年号。在稳定了内部和后方之后，1226年金军在移剌蒲阿的率领下出兵山西，收复平阳、太原、绛州等重镇，蒙军将领攸哈剌拔都、刘德仁、李伯温等人被打死。与此同时，在山东地区，宋、金、蒙三方进行了激烈的争夺战，至少在成吉思汗亲自出兵进攻西夏的1226年时，蒙古军还处于不利境地。由于此时金国首都已经迁移到开封，在北面和东面受挫的蒙古军队，只能从西线向陕西发动进攻。而由于金夏间已经结成军事同盟，蒙军进攻陕西时很容易受到来自西夏方面的夹击，所以必须先消灭西夏。这就是成吉思汗生前最后一次出征的历史背景。

西夏王陵位于宁夏回族自治区银川市西约30公里的贺兰山东麓，是西夏王朝的皇家陵寝。

背景阅读：成吉思汗的死因考

据小林高四郎研究："关于成吉思汗的殂落原因，《元朝秘史》卷十二所述，乃是在围猎时成吉思汗骑着的一匹红沙马被野马所惊恐而坠马跌伤的。但柏朗迦宾书里却说是遭受雷击致死的。《黄金史》（Altantci）则称由于热病的缘故。一说，当成吉思汗进围一座名叫合州（Caaju，冯承钧译、沙海昂注的《马可·波罗行纪》作哈剌图）的要塞时，因为膝上中着流矢，便负伤死了。又一说乃是《蒙古源流》卷四所记，谓成吉思汗把唐古特（即唐兀惕）美后古尔伯勒津郭斡哈屯带回自己的斡耳朵里，是夜就寝，汗体受伤，因致不爽。哈屯乘便逃出投哈喇江（意为黑河）而死，从此称为哈屯额客江（即'母后河'，意指今日的黄河）。上面这些传说，我们当然得推《元朝秘史》所说是最靠得住了。"

^ 成吉思汗石碑，210.5厘米×66.0厘米× 21.5厘米，出土于尼布楚

背景阅读：成吉思汗的灭金遗嘱

成吉思汗的灭金遗嘱内容为："金国在潼关集结重兵以保卫中原的门户，潼关南面有秦岭为依靠、北面有黄河为屏障，难以迅速攻破。如果向宋朝借道，宋和金是世代仇敌，肯定会答应我国。那么我们的大军攻破唐、邓二州，逼近开封。金国朝廷危急，肯定会调潼关守军回援。但是数万大军，千里驰援，人困马乏，即便赶到也无法与我军交锋，肯定能消灭金军"。

而后来的事情与他所预测的大致相同，但又有所不同。成吉思汗死后两年，1229年在不儿罕山下、斡难河畔召开了蒙古贵族的忽里勒台大会，窝阔台在会上被选为蒙古大汗，大会同时决定全力伐金。此后一年间，蒙古军队先后取得了一些战果，占领了代州、石州和凤

^ 金朝白釉执壶

翔，但对庆阳、卫州、潼关发动的进攻均被金军击退。1131年五月，窝阔台在官山九十九泉召集诸将会议，商讨作战方略。决议兵分三路，中军由窝阔台率领，攻河中府，转向洛阳。左军由斡陈那颜率领，进兵济南。右军由拖雷率领，自凤翔过宝鸡，入小潼关，经过宋境沿汉水而下，自唐、邓攻汴京。计划在1232年春季三路大军合围汴京，消灭金朝。金朝中有人主张调动陕西军到河中驰援，但被早已看破蒙古军预谋（也就是成吉思汗遗嘱）的枢密副使移剌蒲阿阻止。然而此时的金国已经军力枯竭，虽然有明君贤将都已无力回天。十月，窝阔台中路军猛攻河中府，陕西方面只能派出王敢率一万步兵援助，一个月后援军赶到。金军拼死守城，日夜不休，城西北楼橹被攻破，又在城中巷战半月。到十二月初，守军死伤殆尽，守将完颜讹可被俘遇害，城池方告陷落。

与此同时，拖雷统率的右路军四万人攻破宝鸡，逼近宋朝边境，实施成吉思汗假道灭金的计划。然而南宋并非不懂得唇亡齿寒的道理，何况早在1227年成吉思汗就曾派军侵入宋朝四川境内，杀害军民数十万人，让宋朝失去了对蒙古的信任。所以，此次宋朝拒绝了蒙古使节的要求，并且在宋蒙边境整军备战。但是四川宋军统帅桂如渊却拒绝了属下郭正孙的建议，错误的将主力部队部署在西线。结果蒙古军队却从东路突破宋军防线，破大散关，屠洋州，攻兴元。宋军弃饶峰关不守，桂如渊甚至为蒙古军提供向导和粮食。蒙古兵攻入饶峰关，由金州东下，直指汴京。邓州告急。

无奈之下，哀宗急诏完颜合达、移剌蒲阿率军驰援邓州，杨沃衍领兵八千，武仙率军一万也赶来援救。拖雷军渡过汉江，临淄郡王张惠建议半渡而击之，被移剌蒲阿拒绝。蒙古军四万人进驻禹山，完颜合达则将二十万金军部署在通往邓州的隘口，准备伏击蒙古军，可惜消息被蒙古间谍侦知。拖雷留下步兵辎重，仅率少量轻骑兵突击，金军两次击退蒙军进攻，完颜合达亲自斩杀一名蒙古千夫长，金军向朝廷奏报胜利的消息。但这其实只是拖雷的声东击西之计，蒙古军队的主力趁机北上逼近汴京。1232年正月初二，完颜合达率领金军仅有的十五万精锐之师挥军北上，在五朵山与杨沃衍、武仙军会合。蒙古骑兵不断袭击金军，金军无法扎营休息又粮食匮乏，而此时哀宗的圣旨来到，命令完颜合达火速率军驰援汴京。蒙古军队重兵集结，阻挡了金军前进的道路。杨沃衍夺得一条去路，完颜陈和尚占据山岭掩护，金兵急速行军，距钧州只有十余里。

蒙古军退至三峰山的东北和西南。武仙和高英领兵袭击西南，杨沃衍、樊泽袭击东北，蒙古兵退到三峰山东。张惠、按得木率骑兵万余，自上而下冲击，蒙古兵又撤退。然而金军沿途作战，极度疲劳，军士已经三日未食。至三峰山，天又下了大雪，军士身穿甲胄冻僵于雪中，枪槊结冻如椽。蒙古军与河北汉军聚集在四围，燃薪煮肉，轮番休息。拖雷采取围三缺一之计，乘金军疲困之际，故意让开去钧州的一条路，放金军北走。金军果然上当，遭到蒙古军伏兵夹击，金军大败，杨沃衍、樊泽、张惠三军争路，张惠持枪奋战而死。蒙古兵围攻杨、樊及高英兵，战于柿林村南，樊泽、高英也都战死。武仙率三十骑逃入竹林。移剌蒲阿领兵北走，蒙古军追到，被俘虏。完颜合达与完颜陈和向率领金兵残部数百骑败入钧州。蒙古军继续围攻钧州城，不久完颜合达城破身亡，完颜陈和尚被俘，英勇不屈，惨遭蒙古军杀害。移剌蒲阿被俘后拖雷多次派人劝降，但他誓死效忠朝廷不屈被杀，杨沃衍则斩杀劝降者自杀殉国。三峰山之战，金军主力部队全军覆没，主要将领均牺牲，金国灭亡已成定局。

此时汴京仅有守军四万和义军四万，其余皆是临时招募的民兵，哀宗还幻想和谈，派宗室子弟为人质，又严禁守军攻击正在挖战壕的蒙古兵，守将完颜白撒亦是无能之辈。但是汴京军民人人死战，又用震天雷和突火枪攻击蒙军，激战十六昼夜，蒙军只好撤退。然而由于各地人民均逃难于汴京，城中人口膨胀至数百万，导致瘟疫蔓延。不久，因为奸佞误事，原本驰援汴京的武仙大军也被击溃，而城中缺粮，军民均已无食。当年六月，蒙古使节要求金国称臣投降，蒙金和谈破裂，但哀宗却不顾群臣反对，率军出逃，在路上又犹豫不决，终遭卫州惨败，不得不出逃归德。消息传来，恰逢速不台率大军攻打汴京，城中粮尽援绝，又瘟疫蔓延，饿死病死者数十万，守军杀死留守官员投降蒙古。

金国骑兵

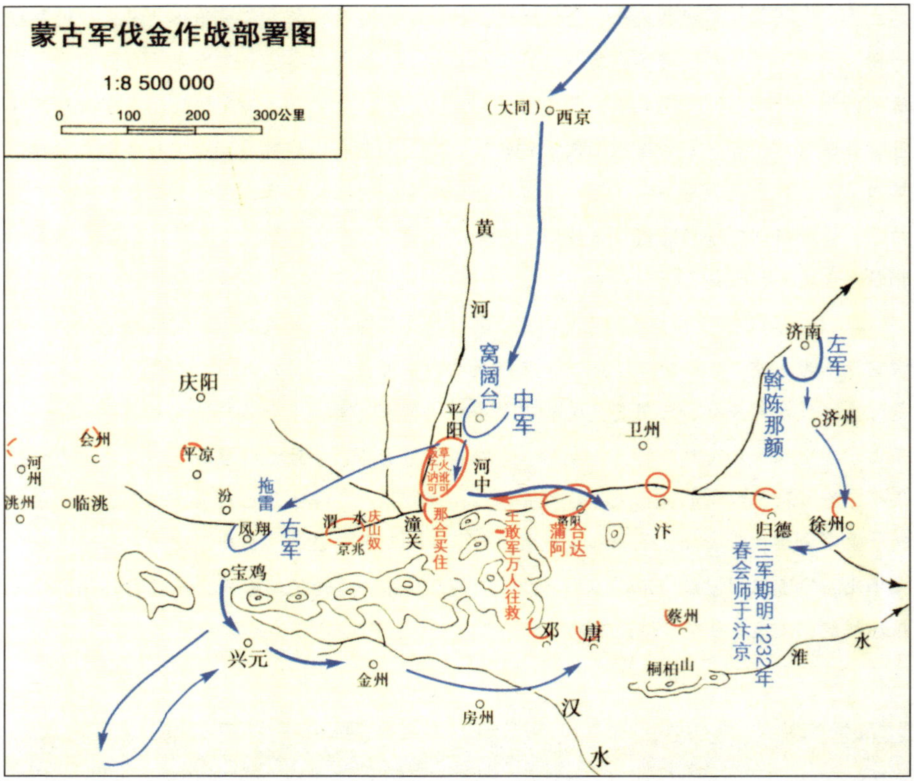

^ 蒙古伐金作战部署图

^ 位于蒙古乌兰巴托的成吉思汗雕塑

哀宗在归德虽有数万军人来投靠，但是却无粮可供应，不得不命他们四散就食，元帅蒲察官奴趁机起兵诛杀大臣、操控哀宗，又欲投降蒙古，因忠孝军将士反对才作罢。忠孝军四百五十人袭击蒙军营寨，蒙军死者数千人，不久官奴又被哀宗所杀，而洛阳此时也告沦陷，守军不屈殉国，哀宗只得决议逃亡蔡州。驻守徐州的金军最后一位名将完颜仲德奉命来主持军务，他招募军队万人，修缮装备、严肃军纪，又得几路义军相助，但是此时不但蒙古军队大兵压境，宋朝也派孟拱率军来夹击蔡州，南线各将领或是降宋或是阵亡，金国灭亡之日已经来到。哀宗派使节告知宋朝："蒙古灭国四十，以及西夏，夏亡及于我，我亡必及于宋。唇亡齿寒，自然之理。若与我连和，所以为我也是为宋"，但此时金国已无联合价值，反倒会给蒙古口实，所以理宗加以拒绝。

蔡州被蒙宋联军包围，徐州又告沦陷，蔡州已沦为孤城，但战斗依旧十分激烈。完颜仲德率军四面御敌，数月来连续打退敌军，但终究孤木难支，哀宗连御马也全部宰杀来充当军粮。他自知破城亡国已在朝夕之间，对大臣说"我为金紫十年，太子十年，人主十年，自知无大过恶，死无恨矣。所恨者祖宗传祚百年，至我而绝，与自古荒淫暴乱之君等为亡国，独此为介介耳。"又表示："古无不亡之国，亡国之君往往为人囚縶，或为俘献，或辱于阶庭，闭之空谷。朕必不至于此。卿等观之，朕志决矣。"1234年元旦，蒙军在城外会饮鼓吹，哀宗命近侍分守四城，各级官吏都出供军役。初九，蒙军在西城墙凿穿了五个缺口，冲入城中，完颜仲德率军与之激烈巷战一天，才暂时打退。当夜哀宗传位给完颜承麟说："你矫健有才略，万一逃出去能延续国祚，正是我的意思。"第二天，完颜承麟登基为敌，百官朝贺完毕马上四散御敌，而南方已经出现宋军的旗帜。完颜仲德率一千兵马与蒙古军展开巷战，坚持了两个时辰，哀宗为了避免被俘的耻辱，自杀身亡。完颜仲德得知消息后也投水自尽，手下将官与军士五百余人纷纷以身殉国。完颜承麟退入子城，听说哀宗去世，率群臣痛哭，还没有祭奠完毕，子城也已经失守，禁卫们只好将哀宗的尸体焚烧，把骨灰撒入河中。蒙古军队冲入子城，完颜承麟也被杀害，金国彻底灭亡。

虽然具体过程有所不同，但是大致上与成吉思汗的遗嘱是相似的。由此也不难看出，为什么对成吉思汗的评价历来就争议巨大，褒之者视作伟人，贬之者谓为恶魔，但是成吉思汗高超的军事才能却是公认的。

第十五章 成吉思汗的未竟事业

成吉思汗相信，他的子孙和蒙古贵族都将永远过着这种游牧生活。因为游牧生活既简单又自由，况且游牧民族还容易统治定居民族。成吉思汗认为，城乡的定居民族都是游牧统治者的终身奴隶，所以，为使后者过着更为自由和优越的生活，就要强迫这些奴隶去劳作。

成吉思汗带兵征战，一则为自身，再则也是为了自己的宗室和亲族的利益。他把广大的帝国遗留给子孙，并且留下包含其行政指导思想的律令（札撒）和训言（必里克）。在征服了广大领土和文明民族之后，成吉思汗并没有改变固有己见，他的思想仍旧与一切有“毛毡帐裙的百姓”刚刚被他统一时一样。及至晚年，他把帝国

成吉思汗和他的妻子孛儿帖，右边是他们的九个孩子（《史集》手抄本插图）

① “uruk”是蒙古语，有“家族”、“家系”、“亲族”、“种族”、“亲戚”等义。《元朝秘史》音译为“兀鲁黑”，旁译作“亲”，或“子孙”、“子子”、“孙孙”等。

看作其氏族财产。在这个帝国中，一切事情都这样安排，那就是他的氏族成员及其僚友都可以为自己去榨取更多的利益，从而使他们更好地享受生活。成吉思汗相信，他的子孙和蒙古贵族都将永远过着这种游牧生活。因为游牧生活既简单又自由，况且游牧民族还容易统治定居民族。成吉思汗认为，城乡的定居民族都是游牧统治者的终身奴隶，所以，为使后者过着更为自由和优越的生活，就要强迫这些奴隶去劳作。

虽然跟文明民族接触频繁，但成吉思汗的思想仍旧没有丝毫改变。蒙古帝国被他的家族——黄金家族（阿勒坛·兀鲁黑，Altanuruk）[①]、诸王（皇子们）和近亲们所统治，他们跟全蒙古贵族、汗的幕僚及其子孙、“近卫”和“答儿合惕”（自由人）等联合组成了帝国的统治阶级——这个阶级是建立在他们的利益之上的，而且只有符合他们的利益才能继续存在。一个氏族的集团统治观念，决不反对合罕的个人权威观念，这是因为他本来就是被上天和全体氏族人员推举到高位上去的自己的氏族领袖。帝国必须统一，帝国的领袖必须是唯一的皇帝。成吉思汗说：“朕让诸子里的一个，继承朕的大位。朕的言语是永不能改变的。朕将不允许他们去违背它。”

元代铜铁合金达鲁花赤牌

在那些拥有定居民族的新征服国的封地中，成吉思汗的亲族们也都能够分得一杯羹。但一个定居的州郡并没有成为“分封”（Inju）[1]的一部分，它的岁入也没有付给附近驻营的皇子，却被合罕和一切封地里的统治者们全体皇室人员分享了。在其他方面，每一个“分封”人员却收受了一定数额的工匠及其技艺等，这些人完全被“分封”人任意处置，并且还随意被他们定居在什么地方[2]。文明些的州郡被直接对合罕负责的监督官（达鲁花赤[3]，Darugachi）所统治，并且不允许“分封”诸王去干涉定居民的财政或内政。合罕在当时是整个帝国的元首，他拥有包含着“兀鲁思”、“嫩秃黑”（即Yurt）、工匠和领地在内的自己个人“封地”（Inju）。另外他还拥有自己的亲卫军。

皇室氏族的集团统治观念，在大聚会（忽里勒台）中有另外一种表现。这个大会不只是推举合罕，还讨论整个帝国的全盘事务。在这种情形下，成吉思汗的思想也始终保持着一贯作风。在“忽里勒台”（汗的氏族和蒙古贵族的会议）上，必须敬奉合罕为一个被“长生天底气力里”所统治着的帝国元首。

成吉思汗亲自选择了继承人，那就是他的第三个儿子窝阔台。由此证明了他平素的洞察力和知人善任。成吉思汗和皇后孛儿帖所生的四个儿子（术赤、察合台、窝阔台、拖雷）当中，没有一个人继承了父皇的天才，也没有一个具有作为蒙古帝国统治者所应具备的铁一样的意志。然而，窝阔台却是一个豁达大度和具有仁慈心肠的人，他秉性敦厚，善于收揽民心，同时还具刚毅志向，不屈服于暴乱势力和权谋奸计，并且能够在必要时采取严厉行动。这就是成吉思汗选择窝阔台继承大统的原因。为此，他不选取最宠爱的儿子拖雷，虽然他既是一个勇敢的战士又是一个天才的统帅；也不选察合台，虽然他严格遵守其父皇的全部律令，而且精通成吉思汗所重视的“札撒”。当成吉思汗把自己的决定告知窝阔台并征求他的意见时，窝阔台答道：“承父亲恩赐教说，我难说自己不能，我当尽力谨慎地做下去，但只恐后世子孙不成器，不能承继。我所言者如此。”成吉思汗道：“若窝阔台的子孙们都不成器，我的一切子孙们，难道连一个好的都没有么？”[4]

① “Inju”的意义，波斯语辞典里作“Aroyaldomain”，意为“皇室领地”。巴托尔德将其解释为“封地”“分封”。同时还包含着三种成分在内：一为“Ulus”，即“分民”；二为“Yurt”，即“分地”；三为“Inju”，就是供给宫廷和军队需要的收入。多桑《蒙古史》将其译为“Domaine”（领地、产业）和“Domainesprives”（私产）。而冯承钧除将其译为“私封”、“私产”外，又释作“分赋”。

② 关于蒙古的封建制度，可参阅符拉基米尔佐夫《蒙古社会制度史》。

③ 详见本章背景阅读“达鲁花赤”。

④ 据《元朝秘史》二五五节蒙文应译为：“若是父皇恩赐着教（我）说话呵，我（应该）怎样说才好呢！我能说自己不行吗？今后尽我的能力去做罢！久后在我的子孙里，若是生出了虽然裹着青草，而不为牛所吃；虽然裹着脂膏，而不为狗所吃的（不成器的子孙）呵，出了

从以上言辞可以看出，成吉思汗想从窝阔台的直系中选拔他的继承人，这种在蒙古诸王和贵族间流行的做法，并没有什么可以惊异的。在这么多言辞里，成吉思汗似乎并没有怎样说过（其对待继承人的看法）。然而这件事无疑表明，成吉思汗急欲知道自己亲手创立的帝国将来会产生什么样的统治者。成吉思汗留下遗命：“一个继承者应该要有统治能力，而且应该从委任帝国者的嫡子中选拔，同时还应该预先予以确认。”

“忽里勒台”并没有实权去变更合罕的决定，于是只能承认成吉思汗的继嗣选择。当成吉思汗去世以后，诸王和其他贵族们在克鲁伦河畔召开了“大聚会”，这件事在《蒙古秘史》中是这样记载的：“依成吉思汗遗命，立窝阔台做皇帝，将成吉思汗原宿卫护卫的一万人并众百姓们都交给了他。”⑤

窝阔台完全实现了父亲的期望。因为他的父亲也深知他的为人，所以单单选择了他。在他统治时期，帝国始终维持着统一，以合罕为首的皇室共同统治制度也没有被动摇过。成吉思汗的种种计划和梦想，看上去都要被窝阔台实现了。窝阔台甚至还能够照顾平民

孛儿只斤·窝阔台画像

麋鹿敢在他面前穿越，老鼠敢在后面走的无能子孙，那又怎么办？我就说这些了。其他还有什么可说的呢。”又同节末蒙文旁译，成吉思汗道：“在斡歌歹的子孙里，若是生出了虽然裹着青草而不为牛所吃，虽然裹着脂膏而不为狗所吃的（不成器的子孙）呵，但是在我的子孙里，难道连一个好的也不会生出来么。”

⑤ 据《元朝秘史》二六九节蒙文应译为：“鼠儿年（戊子、一二二八年、时窝阔台年四十三岁），察阿歹（察合台）、巴秃（拔都）等右手的大王每，斡惕赤斤那颜、也古、也孙格等左手的大王每，拖雷等大内（宫中）的大王每、公主每、驸马每和万户长、千户长等一切人众，都聚集在克鲁伦河的阔迭兀·阿剌勒，依照成吉思合罕的遗命，推立斡歌歹（窝阔台）合罕为汗。”

的福利，他常常这样说："我成吉思合罕艰难创立了国家，如今教百姓们安宁快活，休教他们辛苦。"[1]实际上，成吉思汗已建立了"皇室"，而他在建造皇室世袭财产和希望确立良好秩序传承子孙的帝国中，曾历尽艰难。

直到临终前， 成吉思汗仍不失为一个畏兀儿文化的信徒，他始终认为畏兀儿教育最适于蒙古民族，这就是成吉思汗伟大洞察力的表

这幅波斯细密画描绘了窝阔台汗的加冕礼

① 据《元朝秘史》二七九节蒙文应译为："父皇成吉思合罕所辛苦创立的，教休苦国民。教放着他们的脚在土里，他们的手在地里，使快活着罢！坐在父皇现成（的位子）里，不要教百姓受苦。"

现。他秉承的畏兀儿文明信念，并没有因为跟中国和伊斯兰教国的高度文明相接触，或者跟这种文明的代表者——如耶律楚材和长春真人那样著名人物结识而有所损减。成吉思汗认为，等到受畏兀儿教育的蒙古人数量急剧增多，那时候在内政上便可以不再雇用外族人（色目人）了。他看到教育（假使没有教育，要想维持帝国统一，并在有文明的定居诸州里确保帝国的权力，那简直是不可能的）和游牧生活完全可以并存。他希望他的子孙有组织内政的能力，就像他从前给军队灌输“札撒”的精神一样。他对自己民族的组织力，或者说对游牧贵族制抱有巨大希望。

成吉思汗死后，它的伟大帝国大约存续了四十年。而他的王朝，在统一帝国分崩离析后所诞生的分邦（诸汗国）中维持了数代之久。今日统治着蒙古民族的封建王公，大部分都是成吉思汗的苗裔。蒙古帝国的组织，在其瓦解后所生长的各“汗国”的组织中仍旧遗留着许多痕迹，他们里面的某几部直到现在还残存着。所有这些都表明了成吉思汗这位伟大征服者的组织力。

孛儿只斤氏的枭雄们。第一行从左至右：元太祖铁木真、元太宗窝阔台、元世祖忽必烈、元成宗帖木儿；第二行从左至右：元仁宗爱育黎拔力八达、元武宗海山、元文宗图帖睦尔、元宁宗懿璘质班。

但从大体上说来，成吉思汗的野心计划终不免归于失败。他的帝国已经解体了，虽然蒙古民族曾经凭借军事和政治上的天才力量被领导着走上世界历史舞台，可他们并没有持续多久。在被征服的国家，他们被同在一起的人数众多的、文化更高的国民所吸收①；在本土，他们又倒退到从前在成吉思汗领导下所表现出来的状态②之中。

成吉思汗政治制度的弱点，就是想把文明跟游牧生活结合，同时他坚持地希望其宗室不会瓦解，并且还希望以汗为元首继续行使他们的集体统治权，而汗则被“长生天底气力里”所统治，并服从其万古不谬的“札撒”法则。这两种希望都被证明是不可能的。因为文明和游牧制度势不两立，而“札撒”没有力量制止许多因素，尤其那些与皇室统一的存续相冲突的因素。

△蒙古西征

① 居住在汉地的蒙古人不得不适应定居生活，并受到一定的汉文化影响，但在宗教上主要信奉喇嘛教。当明朝建立后，他们一部分重新回归草原，但是大部分已经被汉人同化。窝阔台、察合台、术赤三汗国以草原为中心，得以维持游牧生活，但均被伊斯兰化和突厥化。伊利汗国则被波斯化，也改信伊斯兰教。今天，除了蒙古国、中国北方草原和俄罗斯南西伯利亚地区（也就是蒙古刚刚统一时候的版图），已经不再存在数量众多的蒙古族，蒙古帝国其他地区的蒙古人则已消融于被征服民族中。经过几百年的历史之后，蒙古民族回到了原点。

② 指蒙古人民共和国建立前。

背景阅读：蒙古贵族的游牧生活观

成吉思汗相信，他的子孙和蒙古贵族都将永远过着这种游牧生活。因为游牧生活既简单又自由，况且游牧民族还容易统治定居民族。这种观念在蒙古贵族中普遍存在，也影响到后世。如窝阔台统治时期，蒙古军队占领中原大部后就有近臣建议说："汉人无补于国，可悉空其人以为牧地"，也就是杀光、赶走汉人，将中原变成牧场。耶律楚材无法直接反驳，只得用利益来诱惑窝阔台："陛下还要南征灭宋，亟须军资战费，中原可收取地税、商税、盐税、酒税、铁税、山泽之利，每年可得银五十万两、帛八万匹、粟四十余万石，怎么能说汉人对国家无用呢？"窝阔台未知可否，只是命耶律楚材试行。耶律楚材奏请设立燕京等十路征收课税使，用陈时可、赵昉等宽厚年长的士人掌管，普通官员则用金国的旧官吏。不久，窝阔台到云中，耶律楚材献上各路征集来的金银布帛和账册，窝阔台十分高兴，这一计划才告失败。忽必烈上台后，部分采行汉法，将草原游牧帝国向中原式官僚帝国转变（虽然只是部分的、浅尝辄止的，而且很多政策半途而废），西北诸国的蒙古贵族（金帐、窝阔台、察合台三汗国）开始了与忽必烈的长期战争，虽然蒙古帝国的内战主要是汗位争夺和诸王的尾大不掉，但是他们的理由就是忽必烈破坏了铁木真的祖训："本朝旧俗与汉法异，今留汉地，建都邑城郭，仪文制度，遵用汉法，其故何如？"

∧ 习惯于游牧生活的蒙古人

背景阅读：达鲁花赤

"darugachi"《元朝秘史》作"答鲁合臣"，旁译作"镇守官"，《元史》作"达鲁花赤"。其语义和"职守"大意相同，可参阅箭内亘《元代社会的三阶级》（《蒙古史研究》所收）。详情可参阅爱岩松男《元代都市制度和其起源》（《东洋史研究》第三卷第四号）。

据《黑鞑事略》徐霆疏证："管民则曰达鲁花赤"。赵翼则解释为"掌印办事之长官"（《廿二史劄记》）。《羽庭集》卷七谓"达鲁花赤乃括囊玉也"。叶子奇《草木子》谓"达鲁花赤犹荷包上压口捺子"，意为"控制一切"。《东维子集》卷4页八："国朝监官，郡邑咸设达鲁花赤，于官属为最长，其次有令、有丞、有簿尉、又有案牍官，以首领夭，六曹之吏，凡事会之来，吏与令丞得相可否议论，然后白之达鲁花赤。其署事也亦然，其职秩为甚尊，而职任为甚优，朝家近令以大事责守令，达鲁花赤任与令等，昔之尊而优者，今转烦剧矣。"

"达鲁花赤"的职责，与监督官相似。科瓦列夫斯基（Kowalewski）辞典（1671–1672页）所载有下列意义：1."Daroukhou"（动词）为：压迫、紧握、压制、隐匿、窝藏、隐瞒、克制、制驭、弹压、约束、束缚、印入、盖印、印刷、封印、严刑、涵盖；2."Darougha"（名词）为：头目、首长、领袖、总督、长官、州长、知事、副官、监督、代理人、委员、监察官。

背景阅读：蒙古帝国的分崩

1259年蒙哥在钓鱼城下伤重而亡（一说病死）之后，留守漠北的阿里不哥按照幼子守灶的惯例成为监国，临时代理大汗之位，并成为即将召开的选举新汗的忽里勒台大会当然召集人。他得到了蒙哥的儿子阿速台和汗廷高官的支持，一面向诸王发布消息，召集他们来哈剌和林开会，一面派心腹在漠南地区集结军队。正在率领东路军侵宋的忽必烈面临被前后夹击的危险，幸得怯懦的宋朝宰相贾似道主动求和，才得以摆脱困境北上。他拒绝了按照阿里不哥的要求到哈剌和林开会，而且暗中获得了塔察儿、也先哥、忽剌忽儿、爪都等东道诸王（均系铁木真的侄子、侄孙）及其他蒙古贵族四十余人的支持，三月一日在开平抢先举行忽里勒台，二十四日拥戴忽必烈为大汗。新政权中虽然依旧以蒙古贵族为主，但汉人、契丹人、女真人的势力都有所增长。得知这一消息后，阿里不哥在大批蒙古贵族的支持下在哈剌和林继位为大汗。双方的战争持续了四年之久，由于忽必烈切断了从汉地向哈剌和林的物资供给，原本支持阿里不哥的察合台后王阿忽鲁又背叛了他，加之阿里不哥自己的倒行逆施，1264年，穷途末路中的阿里不哥不得不向忽必烈投降。胜利的忽必烈自知自己自立为汗是不符合"札撒"的，便向诸王发出通告，约定在1267年于斡难河畔召开忽里勒台大会，选举大汗。

然而此时蒙古帝国西部的政局变化最终让这次大会没能举行。旭烈兀借支持忽必烈之际，获得了原本直属于大汗的阿姆河以西地区，建立伊利汗国。而此时金帐的统治者拔都的弟弟别儿哥则支持阿里不哥为大汗，在金帐汗国的货币上有阿里不哥的名字。双方在宗教上的冲突加剧了矛盾，别儿哥改信了伊斯兰教，而旭烈兀则娶了一位基督教的妻子。而最终引发战争的是双方对高加索地区的争夺，1262年金帐军队首先发动进攻，旭烈兀集结大军反攻（这也是蒙古西征军兵力锐减，最终败于马木留克的原因），别儿哥又率军将其击退。而为了争取察合台兀鲁思的支持，忽必烈同样将直属大汗的河中地区送给阿鲁忽，但别儿哥也派军来争夺，虽然击退了金帐军队，但阿鲁忽也很快病死。察合台兀鲁思内部发生了激烈的斗争，胜利者八剌却转而持反忽必烈的立场。而原本和拖雷系对立的窝阔台系后王以海都为首也趁机起事，并与八剌结成安答。在此情况下，原本定于1267年召开的忽里勒台大会宣告流产。

公元十三世纪的蒙古骑兵

1269年，海都联络术赤系、察合台系后王在中亚的塔拉苏河畔召开忽里勒台，公开宣布否认忽必烈的大汗地位，至此蒙古帝国不仅在实际上而且在名义上完全分裂。之后发生了帝国内部长达三十年的内战，终于迎来了和平。1303年术赤、窝阔台、察合台的子孙开会承认忽必烈一系的汗位，为此伊利汗完者都甚至喜悦地给法国国王菲利四世写信说蒙古帝国已重新统一，黄金家族又合为一体。此后，各兀鲁思向大都的遣使朝贡一直不绝，然而兼任元朝皇帝的蒙古大汗已经不可能再号令全国了，彼此的关系也仅限于礼仪了。庞大的蒙古帝国虽然叱咤风云，但终究没有逃过三世而亡的命运。

背景阅读：四大汗国时期

窝阔台汗国：1308年，察合台汗笃哇入侵窝阔台汗国，元朝趁机派军西进，海都的察八儿投降笃哇。次年察八儿被杀，窝阔台汗国灭亡，领土被元朝和察合台汗国瓜分。

伊利汗国：1335年，伊利汗不赛因死后无嗣，汗廷请来阿里不高的玄孙阿尔巴即位，但次年也被杀，伊利汗国陷入分裂。诸侯、将领各自拥立傀儡可汗，二十年间汗位七易。国家分裂成东波斯、阿富汗的卡尔提德王朝，西波斯的穆札法尔王朝和两河流域、阿塞拜疆的札剌亦儿王朝，小亚细亚的楚邦王朝，互相攻杀。1355年，钦察汗国贾尼别克汗攻入大不里士，杀死操纵朝政的出班后人，伊利汗努失儿完不知所终，伊利汗国灭亡。

察合台汗国：1346年，察合台汗合赞被大异密突厥贵族加兹罕杀害，这引起了汗国内部原本就存在的东西两部分的公开分裂。加兹罕拥立窝阔台的后代、海都的孙子答失蛮察为汗，而东部的蒙古贵族不予承认，拥立铁木真七世孙察合台的旁支后裔秃黑鲁帖木儿为汗，察合台汗国公开分裂为东西两个汗国。此后虽有1360－1363年短暂的统一，秃忽鲁帖木儿成为察合台汗，但很快就分裂。

统治河中地区的西察合台汗国的实际权力掌握在伊斯兰化的突厥化贵族巴鲁剌思氏手中，答失蛮察、拜延忽里、阿的勒算端、合不勒沙诸汗均为加兹罕家族祖孙三代的傀儡。1369年帖木儿战胜加兹罕的孙子忽辛，1270年处死合不勒沙汗，自立为苏丹，西察合台汗国名存实亡。1402年，西察合台末代汗麻哈没的去世，帖木儿未立新汗，西察合台汗国灭亡。

统治蒙兀儿斯坦的东察合台汗国国都屡次迁徙，明朝的中国史书便以国都为其国号，先后称作别失八里（今新疆吉木萨尔）、亦力把里（今新疆伊宁市）、吐鲁番（今新疆吐鲁番

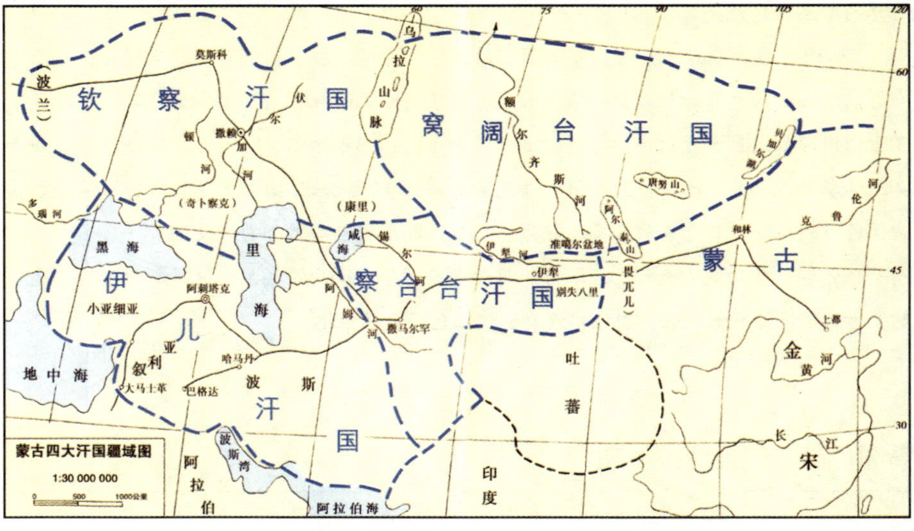

︿蒙古四大汗国疆域图

伊利汗国的蒙古人

市）。1570年吐鲁番汗国最后一任大汗马速与同是察合台系的叶尔羌汗国交战被俘，东察合台汗国正支汗统结束。叶尔羌汗国东察合台汗国汗速檀阿黑麻之子赛德于1514年建立，亦可看作察合台汗国的继承者。但是汗国后期，随着阿帕克和卓家族的兴起，汗权逐渐被架空，大汗逐渐成为各派贵族与教会轮番掌控的傀儡。1680年，准噶尔汗国噶尔丹派军占领了内乱中的叶尔羌汗国，使后者成为自己的附庸国，察合台后裔对内亚的统治彻底终结。

金帐汗国与其后继者：从十四世纪中叶开始，金帐汗权逐渐衰落，各万户尾大不掉，政局极度混乱。札尼别汗（1340–1357年）以后24年间共更换了20个汗，各被征服地区逐渐独立，如1380年莫斯科大公顿斯科伊便一度击败金帐军队。虽然在脱脱迷失的统治下一度复兴，但东面的帖木儿帝国又频频侵掠，国势日益衰微，并在十五世纪终于走向分裂：克里木汗国1430年独立，喀山汗国1438年独立，西伯利亚汗国1460年独立，阿斯特拉罕汗国1459年独立，剩下的部分被称作大帐汗国。1472年阿合马汗所率领的金帐军队被莫斯科公国击败，1480年，阿合马汗被诺盖汗国所杀。1502年，末代大汗赛克赫阿里被克里米亚汗国击败，钦察汗国灭亡。曾经被金帐征服的莫斯科大公国建立了近代俄罗斯国家，并反过来不断的向东扩张，攻打金帐汗国的各后继国家：1552年喀山汗国灭亡，1556年阿斯特拉罕汗国灭亡，1598年西伯利亚汗国灭亡，只有克里米亚汗国受奥斯曼土耳其的保护，一直维持到1783年才被俄罗斯消灭。

元朝及北元：1351年，中国南方爆发红巾军大起义，各路反元义军如徐寿辉、陈友谅、张士诚、方国珍、郭子兴等蜂拥而起。1355年，刘福通拥立韩林儿为大宋皇帝，年号龙凤，史称后宋。1368年，郭子兴的女婿朱元璋战胜各路群雄，建立明朝，派徐达率大军打着“驱除胡虏，恢复中华”的旗号北上伐元。北伐军占领山东、河南，逼近大都，元顺帝北逃上都，元朝结束，残余的元朝廷被称作北元。此后二十年间，明朝对北元发动了多次北伐，虽然各有胜负，但随着陕西、甘肃、云南、辽东的元朝势力相继被铲除，高丽、女真归附明朝，北元渐落下风。1387年蓝玉率大军突袭捕鱼儿海（今贝尔湖）附近的北元朝廷，明军击溃了元军，斩杀北元太尉，俘获皇次子地保奴等宗室一百二十余人、官属三千、军士七万，虏获马牛驼羊十五万及宝玺、图书、金银印等，北元小朝廷与北元军队主力被团灭。元帝脱古思帖木儿仅带着太子天保奴、知院捏怯来、丞相失烈门等数十人逃往哈拉和林方向，但在路上脱古思帖木儿父子被阿里不哥后裔也速迭儿所杀，知院捏怯来、丞相失

△金帐汗国军队

△帖木儿帝国的大军

烈门投降明朝，北元作为一个政权被消灭。

但是黄金家族的遗留影响毕竟巨大，再加上铁木真弟弟的诸兀鲁思依旧是强大的力量，所以实际统治草原的卫拉特统治者们除了也先曾短期自立为大汗外，还是要拥立忽必烈的后代为大汗，这个政权在明朝史书中被称作鞑靼。1480年，在满都海夫人的扶持下，达延汗继位（明人称作小王子），在他几十年的治下恢复了黄金家族对异性封建主的优势地位，他将草原分封给自己的儿子们。百年之后，末代大汗林丹虽然有中兴蒙古帝国之志，但却卷入了明金之间的战争，并最终在1634年战败，死于青海，次年他的妻子和儿子投降后金。尽管在清朝时期，黄金家族的后代们依旧是草原的大贵族，但是蒙古大汗之位已然永远离铁木真后裔而去。

此外，术赤家族的几个旁支于十五、十六世纪在中亚地区先后建立了乌兹别克汗国、哈萨克汗国、希瓦汗国、不花剌汗国等小政权。1785年，不花剌汗国的阿斯特拉罕王朝（金帐的分支）被弘吉剌王朝取代；1804年希瓦汗国的昔班尼王朝（术赤之子昔班的后裔）被盖诺人的曼吉特王朝取代；哈萨克汗国维系到1847年才被俄罗斯灭亡。至于迎娶察合台后裔而成为黄金家族驸马的帖木儿帝国与其后身莫卧儿帝国则灭亡于1857年。

1920年，母系血统中有着铁木真血脉的希瓦汗国被苏俄红军废除，此时距离1206年铁木真建立大蒙古国已经七百多年了。

第十六章 成吉思汗的日常生活

成吉思汗有正后四人：孛儿帖、忽兰、也遂、也速干。因此便有四个大帐殿，或者叫作四大行宫（斡儿朵）。此外尚有许多妙龄的妃子、贵嫔和宫女。当成吉思汗在龙庭的时候，总喜欢叫许多千娇百媚的美妇如众星拱月般地围绕着他。甚至当他出征的时候，经常除携带一位（或更多）后妃外，还有许多乐妓随行。

成吉思汗有正后四人：孛儿帖、忽兰、也遂、也速干。因此便有四个大帐殿，或者叫作四大行宫（斡儿朵）。此外尚有许多妙龄的妃子（其中一个便是金帝的公主）、贵嫔和宫女。当成吉思汗在龙庭的时候，总喜欢叫许多千娇百媚的美妇如众星拱月般地围绕着他。甚至当他出征的时候，经常除携带一位（或更多）后妃外，还有许多乐妓随行。例如，根据宋将孟珙（应作赵珙）的记录："国王出师，亦以女乐随行，率十七八美女，极慧黠，多以十四弦等弹大官乐等曲，拍手为节、甚低，其舞甚异。"同书著者又记录了关于访谒成吉思汗的记事，引述如下："我使人于彼，国王①最有宠。"

虽然有这些记载，但这并不说明成吉思汗"滥爱"后妃和其他妇女。事实上，成吉思汗不只是享得了寿年，而且也保持着身心上的壮健活泼以迄晚年，他在临终前不久还一直在围猎，这就表明成吉思汗绝不是一个荒淫无度和沉湎美色的人。但要说成吉思汗究竟有没有滥爱过任何妇女还有些困难，因为我们还缺乏更确凿的证据。但根据蒙古传说，他曾经热烈地钟情过蔑儿乞部的美女忽兰：成吉思汗的臣属纳牙阿曾经把处女忽兰呈送到成吉思汗那里，因此被汗所信赖。事情

成吉思汗王后的胸花

① "国王"英译本原文作"汗"(Khan)，其实是错误的，现据王国维笺注《蒙鞑备录》将其改正过来。查上引二文，前者出自"燕聚无乐"条，后者出自"妇女"条。二文所记的事情，都是指国王木华黎，可是本书英译本（包括俄文原本）把它误解为成吉思汗，这一定是根据欧译本的缘故。又，"我使入于彼"的我字，备录作"北"。

② 据《元朝秘史》一九七节蒙文此处译为："成吉思合罕好生发怒着说："纳牙阿你怎么止挡住了呢？"严厉地仔细问着说："依法审讯罢！"正问时，忽兰可敦说："纳牙阿曾经说：'我是成吉思合罕的大官人，咱一同把你（这个）女子去献给合罕。'路间，因军士每作乱，就给劝住了。如今若遇着和纳牙阿相异的军士每呵，不知入在乱里（还是）入在正里呢？遇着了这纳牙阿，便成为我的好运了。如今给纳牙阿审问间，若被合罕恩赐呵，就审问上天的命令里父母所生了的皮肤罢！"。纳牙阿被问

的经过是这样的：纳牙阿因为惧怕敌人，便把忽兰留在自己的营帐里住了三天，之后才把她献给成吉思汗。成吉思汗知道此事后，愤然作色道：“仔细问了以后，把他处死罢！”在纳牙阿经受严刑拷打时，忽兰说：“纳牙阿曾说：‘我是皇帝的大官长，我们一同将这女子献去’。路间因为乱兵，所以留住。若不遇着纳牙阿留住呵，如今也不知如何了。且不必问他，若蒙皇帝恩赐呵，就试验我的贞操好了。”纳牙阿也说：“我只一心奉事主人，凡外邦得的美女好马，要献与主人。除此之外，别有心呵，我便死罢。”成吉思汗说：“忽兰的言语是。”当日，便把检查忽兰，发现她果然保持着处女贞节，这令成吉思汗很满意。从此以后，成吉思汗便格外宠爱忽兰了。同时也把纳牙阿释放了，说：“此人至诚，以后可以委以大任。”②

一切妒忌，成吉思汗都把它看作是私有财产，他的后妃贵嫔们当然也是能引起他是妒忌之心的。有一天，他在两个塔塔儿部出身的皇后——也遂和也速干陪伴下饮酒，他发现也遂长吁短叹，这立刻引起成吉思汗的猜忌和怀疑。此时，在离帐殿不远的地方发现一个青年男子，这个人并不属于成吉思汗的部落。成吉思汗便问他是什么人。这个青年答道：“我是也遂的夫婿，初她被掳时，我们逃去。如今事定了，方才出来。我想在许多人中间必认不出我来。”成吉思汗知道他是塔塔儿人，于是下令将其斩首，并说：“原来是仇人子孙，今遍又来窥伺。似他般的都杀尽了，更有何疑！”③

成吉思汗虽然颇有脾气，然必要时他是能够控制住自己的妒忌的。例如，当他的正后孛儿帖

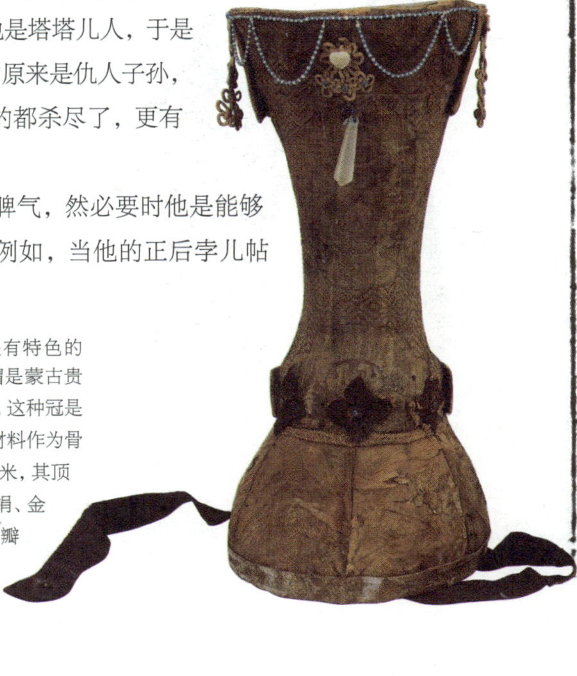

蒙古族女子，时兴戴一种很有特色的“罟罟冠”。罟罟冠是姑姑帽是蒙古贵族妇女身份和社会地位的标志。这种冠是用桦树皮或竹子、铁丝之类的材料作为骨架，从头顶向上高约70～100厘米，其顶端扩大成平顶帽形；外面以红绢、金锦或毛毡包裱。图为菱纹地四瓣团花纹织金锦罟罟冠。

时，答道：“除合罕外，我的心没有（外向过）。如遇着外邦百姓里容貌美的女子妇人，臀节好的骟马，我总是说‘这是合罕的’。若除了这个我另有外心呵，我便死罢！”成吉思合罕道：“忽兰可敦的奏事，是对的”。便在这日里审试呵，果然与忽兰可敦所说的不差，成吉思合罕便对忽兰可敦恩赐宠爱了。纳牙阿的言语，也被证实了，（成吉思合罕）很赞赏他，说：‘是说真话的（人），以后可委以大任。’”

③ 据《元朝秘史》一五六节蒙文此处译为：“那人说：‘我是娶着塔塔儿部也客扯涟女子名叫也遂的夫婿。当（她）被敌人掳去时，（我）是怕着躲过了。如今安妥了，逃出来。在许多人中间，（我）想怎么能够认得出我来呢。’把这些言语奏给成吉思合罕呵，（汗）便下了令道：‘只以为敌人是在做着劫贼了。如今又来窥伺什么了。似他般比车辖高的人都杀了，还有什么疑问呢。（把他杀了），抛弃在看不到的地方罢！’随即斩了。”

被蔑儿乞部掳去，被配与力士赤勒格儿做妻子。等到孛儿帖被夺还以后，成吉思汗对孛儿帖的态度一如既往，仍旧对她恩爱有加，也很尊敬她，且永远承认她为正后。唯有对于她和他（赤勒格儿）所生的儿子术赤，却只给予其诸王的权力和称号。

有时候，为了自己身和僚友们的妃妾供应得到保证，成吉思汗也会把后妃中的一个赐给有特殊功勋的将帅。这便是把札合干布（Jagan-bo）的女儿——王罕的侄女——他的妃子亦巴哈赐给了主儿扯歹。之所以这么做，是因为成吉思汗跟这个妃子一起睡着的时候做了一个噩梦，恰巧这时候由主儿扯歹担任他的警卫。于是成吉思汗便对亦巴哈说道："我不是嫌你无德行，无颜色，亦不曾说你身体不洁，我把你列为我的后妃之一。如今为主儿扯歹征战时舍性命，将离了的百姓能收集，有功之故，将你赐予他。你父札合干布当初教厨子阿失黑帖木儿等引二百人来与你做从嫁。你如今去时，留着阿失黑帖木儿等一百人做纪念罢。"①

成吉思汗最大的爱好便是围猎，同时也爱好骏马和美酒，而后者是他和他的人民共同的嗜好。但在这方面，成吉思汗也和其他方面一样，表现出其常有的自制心和节制力。虽然他的军队禁止嗜酒无度，但绝不硬性规定完全禁止饮酒。他说："假如人不能禁酒，务求每月仅醉三次，三次以上便是罪过。能醉两次就比醉三次为佳，能醉一次更佳，不醉尤佳。然何处能觅此不醉之人呢？"②

△ 元代的蒙古贵族女子袍式宽大，袖身很肥，但袖口收窄，衣长拖地，走路时常需两个女婢扶拽。这种宽肥的袍式，被称为"团衫"或"大衣"。图为甘肃安西榆林窟元壁画。

有一天，成吉思汗询问其僚友博尔术那颜："人生何者最乐？"博尔术答道："春日骑骏马，搴鹰鹘出猎。"成吉思汗又问博尔忽和其他将领，他们的回答都跟博尔术一样。成吉思汗说道："不然，人生最大之乐，

① 此处根据剌失德丁《史集·部族志》蒙古兀鲁兀部篇（参阅多桑《蒙古史》第一卷第十章末）和《元朝秘史》二〇八节而来。但是剌失德丁《史集》所载的人名，似乎有些讹误，所以本书便专据《元朝秘史》里的人名。据《元朝秘史》这一节的蒙文译述如下："成吉思合罕把亦巴哈别乞恩赐予主儿扯歹时，对亦巴哈说：'我不是嫌你的性行，也不曾说过（你的）看相容貌恶。我把怀抱中的妃子你恩赐给主儿扯歹时，想着大道理，主儿扯歹在厮杀日子里做了掩护我们的等于盾牌，聚集起分离了的部众，把溃散了的部众全部聚拢到一起，因为想着他的功劳，所以将你赐予了。'成吉思合罕又对亦巴合说：'你的父亲札合干布曾把二百人的从嫁与你，把阿失黑帖木儿厨子、阿勒赤黑厨子二人给与你。如今当你到兀鲁兀部的百姓那里去时，从陪嫁人员里把阿失黑帖木儿厨子等一百人留给我做纪念吧。'说着要了。"

即在胜敌、逐敌、夺其所有，见其最亲之人以泪洗面，乘其马，纳其妻女也。”[③]

这就是成吉思汗独特的想法，由此也显露出成吉思汗的很多个性。他绝不会被勇武的欢乐、光荣，甚至被权力所诱惑。他珍视胜利成果，其复仇之后的快感便是从敌人那里占有新财物。这种占有本能，是依恋着物质的占有所支配的草原战士的理想体现。

依仗巨大的意志力，成吉思汗能够控制这种本能，并且利用它们达到最好的效果。成吉思汗的意志力和自制心、避免片面冲动的能力，如我们此前所强调过的，便是成吉思汗的主要性格特色。他很懂得“随机应变”，同时也要求部下跟自己一样做。根据蒙古的传说，他曾经说过这样的话，这绝不是完全无益的：“在每天过活里，犹如两岁的犊儿动作般，在厮杀时，却又如老鹰般。在筵会里犹如驹儿般，在厮杀里袭着仇人时，却又如海青般。在白天里敏捷得有如老狼般，在黑夜里小心得犹如乌鸦般。”[④]成吉思汗很懂得怎样去等待机会，并且还知道怎样去继续等待。同时他每次都能够控制住自己的意志，这就是说，蒙古皇帝能够克制愤怒，从而使自己服从理智。例如，成吉思汗的叔父答理台曾经帮助王罕反对自己，成吉思汗想把他处死，但博尔术向他谏奏道：“自己的家自己毁坏，好像自己的火自己熄灭一样。你父亲的遗念，只留得你这个叔父，你怎忍废他呢？”[⑤]于是，成吉思汗便平息了怒气，接受了僚友的意见，赦免了叔父。

② 该段出自刺失德丁《史集》。参阅多桑《蒙古史》第一卷第十章、洪钧(1839-1893)《元史译文证补》卷一下。

③ 本节出自刺失德丁《史集》。可参阅冯承钧译《多桑蒙古史》第一卷第十章160页、洪钧《元史译文证补》卷一下。

④ 据小林高四郎译《蒙古黄金史》(Altantoboi)27页说：“有如骟马的头般突了进来。又如做了黄帽顶子的‘扯克’(？)般。结刀的能力好像叠石般，我伴当的影儿呀！如竹般并列着的城子，我周围的官人和军人们听着罢！在闲暇时有如牧儿般！在敏捷地跳跃着做事时，又如上冲的鹘儿般！在游玩时有如婴儿和驹儿般！在彼此互相厮杀时，好像跳跃徘徊地上冲着的鸦鹘般！在过活里有如无力的牡犊般！在厮杀袭击时，好像上冲着的海东青般！在互相嬉笑过活时，好像游玩着的三岁犊儿般！在跟仇人互相射击时，好像跳跃着的苍鹰般！你们！好像饥饿的猛虎般，又如愤怒的鸷鸟般！在白天里小心得犹如雄狼般！在黑夜里忍耐得犹如乌鸦般！”

⑤ 据《元朝秘史》二四二节蒙文应译为：“孛斡儿出、木合黎、失吉·忽秃忽三人说：‘如自己熄灭自己的火般，如自己毁坏自己的家般，你的良善父亲的遗念，单留下你的叔父，怎样能舍弃呢？对于他那不曾懂得的事情，休(想着)罢！就让他也住在你的良善父亲幼时所住的营地上，同升起灶火的烟吧。”

元代统治者穿的袍子，一般是交领、窄袖、腰间打成细褶，用红紫线将细褶横向缝纳固定的样式，使人们在穿着时腰间紧束，便于骑射，这就是元代的“辫线袄”。图为河南焦作金墓出土陶俑。

在这一点上，成吉思汗跟伊斯兰教裁判官瓦希德丁·不申扎（Washid-ud-dinBushenji）的关系尤其特殊，成吉思汗常常同他讨论关于伊斯兰教的问题。有一天，皇帝对这个裁判官说起自己的名声，由于他消灭了花剌子模沙——摩诃末，他的声名已经誉满全世界。摩诃末并不是一个真正的国王，而是一个盗匪，他曾经杀死过成吉思汗的使节，这件事情也是任何国王所没有的。过了一会儿，成吉思汗询问裁判官，自己的名声在后世究竟光荣不光荣呢？瓦希德丁·不申扎垂着头说，假使成吉思汗能够保证他的生命安全，那他就会回答这个问题。成吉思汗点头答应，裁判官便接着说，在后世将没有一个人会提起蒙古皇帝的英名，因为皇帝的将士已把所有的人都杀光了。当裁判官说完，成吉思汗便把手里拿着的弓箭丢在地上，情绪好像很激动，他从对谈者的方向转过身去。裁判官可以看出，这位可怖的征服者很愤怒，他想自己肯定完了，性命就要不保。但一霎时之后，成吉思汗突然回过头来，对裁判官说，他自己一向把他当作有理性的人看待，但听到这些话以后，才明白裁判官也并非很有见识。世界上有许多国王和王国，但无论哪一个庇护盗匪摩诃末，都将遭到蹂躏。但是异民族和外国的国王必定会永久传颂着成吉思汗的名声。（本节出自术兹札尼书）

关于成吉思汗控制发怒的能力，我们已经有了一些可靠的证据。有时当他感觉理应宽大为怀，甚至对违犯纪律者也不加以严惩，虽然他历来对此不主张宽贷。例如，在西征战役中，当他派遣者别、速不台和脱忽察儿三个万户去追击花剌子模沙的时候，曾颁严令，告诫他们不得侵占也里总督篾力克汗·额密儿·木勒克（Malik-KhanAmir-ul-Mulk）（《元朝秘史》作“篾力克汗”）的领地。者别和速不台都能遵守他的训令，唯有脱忽察儿把阿秃儿蹂躏了其中部分领土。成吉思汗得知此事后，起初想把脱忽察儿处死，但考虑再三，仅仅严厉申斥了他，撤消了他的指挥权。（本节可参阅《元朝秘史》二五七节）

当成吉思汗在其军队中实行了最严厉的纪律，并在他的帝国建立最严格秩序的时候，他也始终是一个自由、宽大和仁慈的人，

元代精致银酒壶

这十分符合草原战士的理想。从长春真人、宋朝使节（赵珙）、伊斯兰教徒和畏兀儿人等人关于成吉思汗接待来客的记载中，我们可以发现他对异邦人（尤其是当他认为这些人有利于己时）还是很宽容的。

史学界似乎已经习惯地想象成吉思汗是一个残酷和反动的暴君，他在血路上行进，有时他踏在被杀戮的和平市民的尸山上，有时他踏在被毁灭的繁荣城市的废墟上。我们掌握的资料中，确有成吉思汗造成的一连串血腥事件：从谋杀其异母弟别克帖儿起，一直到后来战役中的整批大屠杀，这是不可否认的。

设若我们将这些资料与成吉思汗性格上的另一面对照起来，或可认为他是一个具有矛盾性格的人。他是残忍嗜杀的暴君，也是史诗上的英雄；是野蛮的破坏者，也是建设的天才。如此种种特性，复杂而令人惊奇，令人难以弄清其本色。但这样的见解是否与事实相符呢？

经过慎重而批判性地研究资料，今日那些没有偏见的学者们确信如下事实：当成吉思汗还被人称作铁木真时，或者后来被人称为蒙古民族的“汗”时，他都没有表现出任何放恣的残忍及任何破坏的热情，但无论他是天才或是怎样伟大，他毕竟是那个时代和民族的人。恰恰因为这个缘故，与其把他转移到其他时代和其他国家来评判，还不如以他的时代和他的环境作背景来评价他更为妥当。成吉思汗的行为在当时是很容易被理解的，即便在最大的战事中，成吉思汗的残忍性或嗜杀性绝不会超出同时代其他国家的兵士们的所作所为。成吉思汗也像任何时代和任何民族的大征服者一样，都有能力去从容不迫地破灭自己和敌人的兵士。假使他认为与己有利，他甚至有能力去屠杀一城居民，但他绝不会常常如此放恣、残暴，也不会单单为复仇而对俘虏显示出野蛮的残忍性。比成吉思汗文化更高的民族，而且还是与他同时代的一部分人，他们看着那些被致死拷问的俘虏时（如扎兰丁在八鲁湾战役以后的所作所为），甚至对拷问者的野蛮举动也大加赏识。成吉思汗也许从来想象不到，眼界远比自己更为开阔的亚细亚另一个人——帖木儿（Tamerlane）的暴行更令人发指，因为帖木儿竟将两千个活人一个一个堆叠起来，再用砖和瓦灰泥砌成一座高塔。

^ 西方画家笔下的成吉思汗

纵观成吉思汗一生，他始终是一个有自制力、有纪律性、卓越而实际的游牧民，他并没有因为单纯的算计而变成一个渴血的嗜杀者。他深知，定居而有文化的民族会给那些常常恣意破坏文明城乡的游牧君主带来极大的利益。为了这种利益，他要通过战争达到目的，这时他也就不会阻止对城市的破坏。

在成吉思汗的私生活中，我们尚且不知哪些事实可以作为他特别残暴的证据。相反，我们所掌握的一切资料，却都能为他的宽大和我们已经证明了的他的自制力提供许多例证。别克帖儿的暗杀，及被成吉思汗下令进行的其他谋杀和屠杀等，假使人们能够了解当时的观念和习俗，那就不会把这些看作是他的残忍或嗜杀的证据了。成吉思汗所犯的罪恶，或者准备去犯的罪恶，在他周围的道德标准及培养他精神伦理和宗教观念的衡量之下，便是些平常的事情。他始终是一个信奉原始“珊蛮”教的游牧民，他对于“长生天”和守护神抱着基本的道德责任感，并且还拥有充分发展的占有本能。

战事中，他时常使用计谋，甚至也有各种各样的背信行为[①]，但在私生活上，他绝没有表现过这种特性。讲到其他事情，正如我们所说过的那样，他对公正无私格外尊重。其他方面，他也有一种猜疑性的贪婪，并且还十分警觉地爱惜他的财产（领土）。

成吉思汗——这位经历过无数次战役、指挥过好些次战斗和围攻伟大征服者，似乎并没有表现出明显的匹夫之勇[②]，他心目中将帅的才干是应该胜过兵士的。无论如何，他并没有传奇式勇武的倾向，同时也没有抱着一点儿冒险侥幸心理。假如他在青年时代曾表现出过“匹夫之勇”，那么在他登上汗位以后，便可常常在不适当的状态下显示其勇武了。他虽然统帅着军队作战，并且在正式交战时担任指挥，但从来没有参加过

︿ 纵观成吉思汗一生，他始终是一个有自制力、有纪律性、卓越而实际的游牧民，他并没有因为单纯的算计而变成一个渴血的嗜杀者

① 如1203年春天，桑昆等率领部众突然包围铁木真于金界壕附近的驻地。铁木真率领他的护卫军仓促应战，遭遇到了自起兵以来最大的失败，甚至面临着在克烈部的优势兵力下身死国灭的危险，只得派使者向王罕求和。然而几个月之后，铁木真乘派遣使节交好之机，得知了克烈部的虚实，在王罕举行宴会的一天，蒙古军突然包围了王罕的营帐，展开连续三昼夜的激战，王罕、桑昆父子突围逃去，最终双双毙命。

② 如在1201年和王罕联合攻打札木合为首的泰亦赤兀、蔑儿乞、塔塔儿、合塔斤、散勒只兀、弘吉剌、朵儿边、亦乞剌思、斡亦剌、乃蛮等部联军的战役中，铁木真率部与阿兀出、豁敦斡儿长率领的泰亦赤兀部军队在斡难河畔相遇，鏖战一天之久。战斗十分激烈，铁木真被一位神箭手射中颈脉，受伤流血不止，战斗结束后因为受伤、干渴和疲惫而昏倒在战场上，险些丧命。

骑兵队的列阵混战。因为他很清楚，这并不是统帅的任务。

有一天，成吉思汗的幕僚巴剌那颜问他：“主上如是神武，无坚不破，请问有何征兆？”成吉思汗答道：“我未即位之先，尝独出，遇六人守隘口，不得过。我持刀以前。矢如雨集，而我无一伤。杀此六人而行。归途经六尸旁，其六骑仍在。我即驱之以归。所谓征兆，如是而已。”③成吉思汗认为这就是一种“征服的征兆”。“上天”已经注定他不会遭受“不测之死”，他已经杀死了所有敌人，并且还夺取了他们的乘马。他常常用这种见解去观察自己。“长生天”已经把一切“有毛毡裙的百姓”、一切邻邦、以及整个世界的统治权授给他和他的“黄金氏族”——蒙古人。因而，他的义务便是用这种方法率领自己的部队获得真正的胜利，唯其如此，他们或许就可以享受到征服者所赐予的盛福了。成吉思汗的军事组织及其“札撒”，同样适合管理一个小部落以及统治整个世界。在未来的日子里，假使有人能够服从他的律令，那他也将有资格对自己说与成吉思汗所说相同的话：“长生天命朕治理百姓。”这便是“天才的野蛮人”的哲学。

据说成吉思汗身材很高大，体格很强健，而且还生着一对“像猫儿般的眼睛”。（本段出自术兹札尼书）

③ 本节出自剌失德丁《史集》第一卷第二分册，参阅洪钧《元史译文证补》卷一下、《太祖训言补辑》。

成吉思汗金像，位于内蒙古乌兰浩特成吉思汗庙内，是成吉思汗全身坐姿贴金铜像，全高2.8米，重2.6吨。

蒙古2014年本色精致银币，以及蒙古国的流通货币蒙古图格里克（5000 MNT）正面图样。

背景阅读：蒙古入侵中原带来的人口损失

据《金史》卷四十六《食货志第一》记载，金国户数在泰和七年（1207年）时比大定二十七年（1187年）增加了1623715户，人口增加了8827065人，达到8413161户、53232151口，此时距蒙古大规模入侵尚有四年时间，此后人口应还有一定增长；同时西夏约有三百万人口，因此蒙古大规模入侵之前北方人口至少有九百余万户，约五千七百万人口。

蒙古重骑兵扫荡中原

而到了窝阔台汗八年（1236年），金、夏均已灭亡，大蒙古国统治了中国北方，这一年所进行的括户中发现北方仅剩下110余万户。二十多年的灭金灭夏之战，造成了近七百万户、五千万人口的损失，所存人口仅为战前的13%。当然，灭金之战也包括窝阔台在位时期，损失的人口也有可能含有逃亡南方或被北方世侯隐匿者，死亡的人口中相当部分也并非直接死于战争与屠杀，更多的是死于战争带来的饥荒和瘟疫。但是即便考虑了这些因素，说蒙古入侵中原曾带来千万人级别的人口损失也是完全可以肯定的。此外，数以百万计的平民在铁木真的南侵中沦为蒙古贵族的奴隶，还有很多人家破人亡、客死他乡。

背景阅读：残酷的草原社会

《蒙古秘史》中所记载的一首歌谣形容了铁木真统一草原之前的草原社会：

“星空旋转/诸国相攻/厮杀掳掠不休/使人无暇入睡！

“大地翻滚/列国互攻/相斗杀戮不停/使人无暇入寝！

“在那样一个战乱动荡的时候——并非自愿向往而去/而是被掳掠而去的/并非负心背行而去/而是被掳掠而去的/并非爱慕而奔去的/而是被捕捉而去的！”

实际上在充满血腥杀戮的草原社会中，铁木真虽然残酷，但其他首领也并不比他仁慈。比如他打败了塔塔儿人之后，下令将所有身高高于车轮的男子杀死，这一命令确实十分血腥。但考虑到他的叔祖父俺巴孩被塔塔儿人出卖给金国而被残酷杀害，而他的父亲也速该也是被塔塔儿人用毒酒杀害，并因此让铁木真的少年时代在贫困和恐惧中度过。从当时血腥的草原规则看，塔塔儿人的命运便是咎由自取了。

背景阅读：四大斡儿朵

成吉思汗时还没有都城制度，政治中心是四大斡儿朵（汉译为宫帐），大汗则居住于某个大斡儿朵之中。各斡儿朵并非集中于一地，而是分散各地、相距较远，成吉思汗不远征时一般按一年四季分处于四个斡儿朵。四大斡儿朵的主人实际上是后妃们，而成吉思汗驻跸此地时则成为帝国实际上的都城，断事官和怯薛们亦跟随其在此处理军政事务并管理成吉思汗的私人财产、为大汗与后妃们服务与警卫。

在同一斡儿朵之内，后妃因等级不同而居住位置不同。在所有的营盘中居中南向的斡儿朵是最尊贵的，只有成吉思汗能居住，正后的帐幕在最西面，其他后妃的帐幕按级别依次向东排列，最东边的帐幕是地位最低的妃子。侍卫和官员们则分布在后妃帐幕稍后的左右边，每个帐幕之间的距离由投掷石头的距离，约30米左右。斡儿朵内部，正北面用木板搭建高台，装饰金银，上面放置大汗的宝座。高台前面又三道楼梯，中间只有大汗才能行走，两边供贵族和其他人行走。宫廷宴会时，向大汗敬酒的人从一条楼梯走上去从另一条楼梯走下来。高台后的后面还有一道阶梯，供大汗的母亲、妻子和家属行走。在右边就做的是大汗的儿子和兄弟们，左边就座的是他的后妃和女儿们。在举行忽里勒台时，大汗、诸王和后妃都有固定的座位，大汗与正后居中，宗王居右，其他后妃居左。后妃可以获得岁赐、封地和封赏，并有属下管理和经营自己的财产，甚至通过色目商人经营商业。

据称成吉思汗总共有五百个妻妾，有封号留下来的约四十人，但是有事迹可考的只有十几个：

大斡儿朵的长后孛儿帖（弘吉剌部人，成吉思汗的原配夫人，德薛禅之女，术赤、察合台、窝阔台、拖雷的母亲）；

右大斡儿朵长后忽兰（蔑儿乞部人，歹亦儿兀孙之女，阔列坚的母亲，蔑儿乞部战败后献给成吉思汗）；

右第二斡儿朵长后也遂（塔塔儿部人，也客扯连之女，原本已婚，塔塔儿部灭亡时作为战俘嫁给成吉思汗，丈夫被成吉思汗杀害）；

右第三斡儿朵长后也速干（塔塔儿部人，也遂的妹妹，兀鲁赤的母亲塔塔儿部灭亡时作为战俘嫁给成吉思汗）。

以上为成吉思汗的四大皇后，分别掌管四大斡儿朵，其他后妃则需依附于其中一个斡儿朵，事迹可考者有：

古儿别速（乃蛮部人，已婚，原本是太阳汗的庶母，曾被其收继为王后，乃蛮部灭亡时作为战俘嫁给成吉思汗）；

亦巴合别姬（克烈部人，王罕的侄女，克烈部灭亡时作为战俘嫁给成吉思汗，后被成吉思汗赐给臣下）；

^ 成吉思汗坐在帐前（《史集》手抄本插图）

合答安（泰亦赤兀部人，已婚，泰亦赤兀部灭亡时作为战俘嫁给铁木真）；

秃该（蔑儿乞部人，已婚，蔑儿乞部灭亡时作为战俘嫁给铁木真）；

金岐国公主（金国皇帝完颜永济之女，金国战败后宣宗献给成吉思汗）；

西夏公主察合（西夏皇帝李安全之女，西夏战败后献给成吉思汗）；

也速伦（弘吉剌部，答理台之子合塔那颜之女，其父是孛儿帖的堂兄，也就是说也速伦是成吉思汗的内侄女，成吉思汗死后被察合台收继）；

图尔汗可敦（突厥康里人，摩诃末之母，战败后被俘嫁给成吉思汗）；

木格哈敦（别克邻部首领之女，献给成吉思汗，成吉思汗死后被窝阔台收继）。

本书创作团队

主创：何单 刘晓 黄晓诗

视觉：黄丹 王星

营销：牟燕红 胡小茜 陈晶 王婕

指文烽火工作室主编：原廓

官方网站：www.zven.cn

天猫店：zwhxts.tmall.com

投稿信箱：zven@zven.cn

「技术流穿越」又一力作
从历史细节还原先秦时代
《唐朝穿越指南》作者森林鹿
《汉朝穿越指南》作者须菩提小朋友
联袂推荐
官网链接：http://t.cn/RAKbmow
扫一扫
先秦穿越生存手册
XIAN QIN
CHUAN YUE SHENG CUN SHOU CE
更有限量版定制微缩秦军可供选购，以最客观的手法还原秦军本色，再现五彩铁军！
指文
先秦
先秦穿越生存手册
柳馥 著
中国长安出版社